JN295662

子どもは育てられて育つ

関係発達の
世代間循環を考える

鯨岡　峻
Kujiraoka Takashi

慶應義塾大学出版会

子どもは育てられて育つ
関係発達の世代間循環を考える

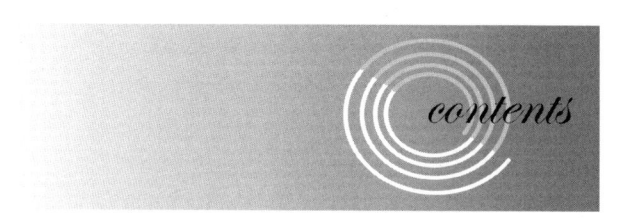

目次

contents

序章　なぜ、「子どもは育てられて育つ」というテーマなのか

第1節　本書の成り立ちの経緯 ……………………………………………… 2
第2節　本書執筆の動機：なぜこのテーマなのか ………………………… 3
　(1) 私の立ち位置　3
　(2) 三つの立ち位置が生かされる本書のテーマ　7
　(3) 育ての歪みと育ちの危うさ：このテーマを選んだ第二の理由　8
　(4) 保育者の描くエピソード記述への注目：このテーマを選んだ第三の理由　14
第3節　本書で取り上げたいこと ……………………………………………… 15
　(1)「育てる」という営みを再考する　15
　(2)「発達」という考えを再考する　16
　(3) 心を育てるという視点を重視する　18
　(4) 人の生涯発達過程を展望する　19
　(5) いくつかの鍵概念を整理する　20

第1章　関係発達という考え方とその再考

第1節　従来の「発達」概念を批判的にとらえ直す ……………………… 24
　(1) 従来の「発達」の考えは個体能力発達論である　24
　(2) 発達の「遅れ」と「発達促進」の考え方　26
　(3) 従来の「発達」の考えの弊害　27
第2節　関係発達という考え方の成り立ち ………………………………… 30
　(1) 関係発達の概念図の成り立ち　30
　(2) この概念図の解説　32
　(3) ＜育てる者＞を広くとらえる必要　38
第3節　4人の保育者の描いたエピソードから ……………………………… 41
　　　　エピソード1：「弟をたたくMちゃん」　　S保育士
　　　　エピソード2：「私は赤ちゃん」　　M保育士
　　　　エピソード3：「新しい家族の誕生」　　T保育士
　　　　エピソード4：「T男くん、抱っこして」　　U保育士

第2章　子どもの心の育ちに目を向ける

第1節　子どもの心の育ちに目を向ける ………………………………… 54
　(1) 子どもの心のありように目を向ける　54
　(2) 他者との関係において成り立つ子どもの心　55
第2節　＜自分の心＞の成り立ち ………………………………………… 56
　(1) 「ヒトやモノやコト」に関わる中で成り立つ面　57
　(2) 周囲の重要な他者たちとの関係の中で成り立つ面　58
　(3) 社会・文化の影響力（共同主観的なもの）が浸透して成り立つ面　58
第3節　重要な他者との心的な関係 ……………………………………… 59
　(1) 自己肯定感や他者への信頼という心の育ちの大切さ　61
　(2) 心の育ちと自己イメージ、重要な他者イメージ　61
第4節　個別具体の子どもの心 …………………………………………… 64
　　　　　エピソード5：「こんな保育園、出ていったるわ」　K保育士
　　　　　エピソード6：「生きてる音」　M保育士
第5節　児童養護施設で生活する子どもの葛藤 ………………………… 73
　　　　児童養護施設で生活する子どもの葛藤　　M・U

第3章　「両義性」という概念と、「主体」という概念

第1節　関係論の根源：「人間存在の根源的両義性」という考え ……… 84
　(1) 乳児の要求とその充足　84
　(2) 養育者と繋がれることの希求　85
　(3) 自己充実欲求と繋合希求欲求との関係：根源的両義性　86
第2節　「人間存在の根源的両義性」と相互主体的な関係 ……………… 88
　(1) 「子ども－養育者」の関係　88
　(2) 相互主体的な関係は喜怒哀楽の情動を伴う　90
第3節　主体という概念は三重の意味で両義性を孕んでいる …………… 93
　(1) 主体は二つの根源的欲望の座である、という意味で　93
　(2) 主体は「ある」と「なる」の相の下にとらえられる、という意味で　94
　(3) 主体は正負両面のありようを示す、という意味で　95

第4節　主体は「私は私」の側面と「私は私たち」の側面からなる ……… 95
　(1) 自己充実欲求に連なる主体の側面：「私は私」　96
　(2) 繋合希求欲求に連なる主体の側面：「私は私たち」　98
第5節　「私は私」と「私は私たち」の両義性 …………………………… 101
　(1)「私は私」の箱の中身について　102
　(2)「私は私たち」の箱の中身について　103
　(3)「私は私」と「私は私たち」の現れ方は、
　　　常に周囲他者との関係のありように規定されている　105
　(4)「私は私」と「私は私たち」は、互いに相手を強化するようにも働く　106
第6節　「ある」と「なる」の両義性 ……………………………………… 107
　(1) 主体は時間軸の中で変容する　107
　(2)「ある」から「なる」へ　108
　(3) 子どもにとって「なる」の目標は周囲の大人や仲間である　109
第7節　一つのエピソード記述を通してこれまでの議論を振り返る …… 110
　(1) 保育の現場の一つのエピソード　110
　　　　エピソード7：「つば　しても　好き？」　　K保育士
　(2) このエピソード記述を振り返る　113

第4章　関係発達の観点から子育て支援を考える

第1節　関係発達最早期の様相 ……………………………………………… 120
　(1) 危機としての出産　120
　(2)「ともかく大変」　121
　(3) 3カ月頃の最初の転機　122
　(4) 子どもを連れて一歩、家の外へ　123
第2節　乳児期後期から幼児期にかけて …………………………………… 124
　(1) 周囲の事物への興味・関心の広がり　124
　(2) 周囲の人や子どもへの興味・関心の広がり　125
　(3) 2歳前後の親子の様子　126
第3節　子育て支援の実態 …………………………………………………… 127
　(1) 保育園での子育て支援の実態　127
　　　　エピソード8：「私の保育園の子育て支援」　　M保育士

(2) このレポートを読んで　131
　(3) 現代の母親たちの抱く二面の心　135
　(4) 母親の不安の出所と子どもの思いを受け止めることの困難　136
　(5) 子育て支援:「子どものために」と「母親のレスパイトのために」との狭間で　138
第4節　子育て支援としての一時保育の概容 …………………… 140
　　　私たちの保育所における一時保育の概容　　A保育士
　　　エピソード9:「1歳半のダイエット」　A保育士

第5章　子どもの思いを「受け止める」ということ

第1節　子どもの思いを受け止める具体的な場面 ……………… 148
第2節　思いを「受け止める」と行為を「受け入れる」の違い ……… 151
第3節　なぜ子どもの思いを「受け止める」ことが必要なのか ……… 153
　(1)「受け止める」は「存在を認める」ことに通じる　153
　(2)「受け止める」は「通じ合う」「傍らにいる」ことに通じる　155
　(3) 子どもの声にならない思いに応える意味をもつ　156
　(4)「受け止める」は「分かる」を基にしている　157
第4節　保育者の描くエピソードから ……………………………… 158
　　　エピソード10:「どうしたらいいんかなぁ」　S保育士
　　　エピソード11:「少し離れていたい」　F保育士
　　　エピソード12:「分かってる」　S保育士
第5節　三つのエピソードを振り返って ……………………………… 171
第6節　「受け止める」ことの奥行き ………………………………… 172
第7節　エピソード7:「つば　しても　好き?」を再吟味する ……… 173
　(1)「関わりの歴史」と「育てる」経験の厚みからくる余裕　174
　(2)「受け止める」と「聴く」態度　175
第8節　「受け止める」から「伝える」へ …………………………… 176
第9節　「受け止める」が難しくなる理由 …………………………… 177
　(1) 大人において「私は私」と「私は私たち」のバランスが崩れている　178
　(2)「与える」「させる」が育てることだという錯覚が生まれた　178
　(3) 問題解決という合理的なものの考え方が子育てに持ち込まれた　179
　(4) 負の世代間連鎖が起こり始めている　180
　(5) 集団で子どもを保育する、教育することが定着した　181

第6章 「養護」と「教育」そして「学び」と「教え」

第1節　養護の働き ……………………………………………………… 184
　(1) 子どもは大人に大事に思われ愛されてこそ、元気に生きていくことができる　184
　(2) 子どもの存在を喜ぶ大人の思いの出所　185
　(3) 乳幼児期、学童期を通じて一貫して必要な「養護」の働き　186
　(4) 子どもの思いを受け止めることが養護の概念の中心にくる　187
第2節　言葉の広い意味での教育の働き ………………………………… 188
第3節　「育てる」営みは養護の働きと教育の働きの両面からなる ……… 189
第4節　「養護」や「教育」は領域概念なのか機能概念なのか ………… 190
第5節　「学ぶこと」と「教えること」 …………………………………… 192
　(1) 相互行為としての「学ぶ－教える」関係　192
　(2) 「学ぶ」から「教える」への世代間循環　195
　(3) 大人になる道程で身につけねばならないもの　197
第6節　就学前の学び＝周囲の人と共に生きる中での「学び」………… 198
　(1) 「まねぶ」こととしての学び　199
　(2) 原初の「学ぶ」かたち　200
　(3) 同一化のメカニズム　200
　(4) 学びの基底　202
第7節　就学を挟んだ「学ぶ」ことの転換 ……………………………… 202
第8節　今日の学校教育の問題を考えるために ………………………… 204
　(1) 就学前早期教育を求める動向は、真に「子どものため」なのか　204
　(2) 「人を育てる」という根本目標が今の学校教育には欠けている　205
　(3) 子どもたちの学習意欲の低下と青年たちの自信のなさという問題　206
　(4) 総合的学習はなぜ頓挫したのか：教師の力量の問題　207
　(5) 年齢ごとの学年進行と「個人差」の問題　208
　(6) いわゆる「小1プロブレム」について　210

第7章　特別支援教育の理念と障碍の問題を考える

- 第1節　特殊教育から特別支援教育への転換 …………………………… 216
  - (1) 従来の特殊教育の問題点　216
  - (2) 特別支援教育への転換　216
- 第2節　なぜ、この度の教育改革は実を結ばないのか ………………… 217
  - (1) 発達の考えが見直されていない　217
  - (2) 「子どもの教育的ニーズ」という概念が曖昧である　218
  - (3) 教師の主体としてのありようの問題が前景に出ていない　219
- 第3節　障碍児教育において「学ぶ－教える」の相互的関係に立ち返る … 219
  - (1) 特別支援教育において教師は一個の主体として浮かび上がる　219
  - (2) 「学ぶ－教える」の相互的関係　220
  - (3) コミュニケーションは相互主体的な関係の中に生まれてくる　221
  - (4) 共に生きるための基本姿勢を育むために　222
  - (5) 障碍のある子どもに教師が関わるときの岐路　222
- 第4節　特別支援教育の理念の実現のためには
  　　　　従来の発達の見方を見直す必要がある ……………………… 224
  - (1) 能力の育ちに視点を置いたこれまでの発達の見方　224
  - (2) 発達促進という考え方が特殊教育のバックボーンになってきた　224
  - (3) 従来の教育評価の枠組みは個体能力発達の考えに基盤を置いていた　225
  - (4) 評価の枠組みを変える必要がある　226
- 第5節　特別支援教育の現場を振り返る ………………………………… 226
  - 学校ボランティアという立場と授業風景　　K・S
  - エピソード13：「もう終わった」
  - エピソード14：「ドングリの樹の下で」
  - エピソード15：「先生の思い」
  - エピソード16：「どうしよう」
  - エピソード17：「指きりげんまん」
- 第6節　障碍を関係論的に考える ………………………………………… 243
  - (1) 「障碍」とは何か　243
  - (2) 発達初期に現れる障碍は、「発達性の障碍」と「関係性の障碍」を必ず随伴する　246
  - (3) 関係論的障碍観の射程　249
  - (4) 関係発達論の立場から障碍への支援を考えるために　251

第7節 「発達の障碍」といわゆる「発達障碍」を考える ……………… 253
　(1)「発達障碍」という概念の由来　253
　(2)「発達障碍」という概念がもたらしたもの　254
　(3)「発達障碍」という概念はミスリーディングである　256
　(4)「発達障碍」を関係発達論的に考えると　258
　(5) 障碍のある子どもの状態像と心のありようとの繋がりを考える　261
第8節 一教員の目から見た一人の自閉症の子どもの様子 ……………… 263
　(1) 自閉症のAちゃんと出会って　　M教諭　263
　(2) Aちゃんと出会った頃　264
　(3) 楽しいことを共感すること　266
　(4) 不快なことを一緒に乗り越える　268
　(5) 笑顔の向こうにある思い　271
　(6) おわりに　271
　(7) 私からのコメント　272

第8章　思春期はいつの時代にも難しい

第1節 身体面、意識面に現れる一連の変化 ……………………………… 276
　(1) 身体・生理的変化がもたらす性への関心とジェンダーの問題　276
　(2) 自意識とその成り行き　277
第2節 親からの離反と友達への依存 ……………………………………… 280
　(1) 親からの離反（自立）の様相　280
　(2) 友達関係の変化　281
　(3) 規範への反発　284
第3節 思春期は親も戸惑う ………………………………………………… 285
　(1) 子どもの身体的・生理的変化への親の戸惑い　286
　(2) 自意識の芽生えへの戸惑い　287
第4節 子どもの自立を見守る ……………………………………………… 287
　(1) 親から離れていく寂しさに耐える　287
　(2) 親批判を聞き流す　288
　(3) 仲間関係での葛藤を見守る　289

第5節　この時期の子どもにどのように規範を示すか ………………… 290
　(1) 思春期の子どもに規範を示すのは難しい　290
　(2) 規範は厳罰主義では身につかない　292
　(3) 「主体として育てる」ことを育てることの基本に据えなかったことのツケ　292
第6節　親もまた難しい思秋期にある ………………………………………… 293

終章　相手の思いが分かるということ

第1節　これまでの議論の振り返り ……………………………………………… 296
第2節　「相手の思いが分かる」を重視するか、それを排除するか …… 297
　(1) 「厳密さ」を追い求める行動科学的心理学：三人称の心理学　298
　(2) 一人称の心理学の必要性　299
第3節　「解釈的に分かる」と「間主観的に分かる」 ……………………… 301
　(1) 解釈的に分かる　301
　(2) 間主観的に分かる　302
第4節　「解釈して分かる」と「間主観的に分かる」の違い ……………… 304
第5節　間身体的に分かる：間主観的に分かることの基底 ……………… 306
　　　エピソード18：「おひたしが苦手なTくん」　N保育士
第6節　第三者が間主観的に分かることから触発されて、
　　　　私にそれが「分かる」という場合 ………………………………………… 309
　　　エピソード19：「Uくんの言葉」　S保育士
第7節　相手に分かってもらうことの大切さ ……………………………… 312
　　　エピソード20：「気持ちを平らに」　筆者
第8節　「大事に思う」と「大事に思ってもらう」：相互主体的な
　　　　関係の基礎 ……………………………………………………………………… 314

あとがき　316
執筆協力者　318

序 章

なぜ、「子どもは育てられて育つ」というテーマなのか

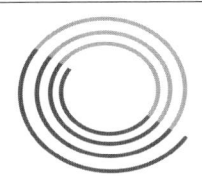

本章では、なぜこのテーマを掲げたかを中心に、本書の成り立ちの経緯や、このテーマを掲げるに至った私の立ち位置について触れてみます。本書の中心にくるのは「育てる」営みを再考するということですが、なぜそれが必要なのかといえば、私がいまの家庭での子育てのありようや保育のありように深い危機感を覚えるからです。また、この序章での議論は、本書全体のスケッチにもなっています。

第1節　本書の成り立ちの経緯

　本書は、月刊誌「教育と医学」に平成20年7月から平成22年6月にわたって都合24回連載された論考を基礎に、かなりの書き直しと追加を加え、全体の整理を図って成ったものです。毎月の連載で、しかも2年間の長丁場という仕事は私にとって初めての経験だったこともあり、一回ごとにある程度のまとまりをもたせて書き継いでいくというのは意外に難しいものでした。出版社の要請もあって、この連載の論考を一冊の本にまとめることになりましたが、論考を読み直してみると、私の書きたいトピックスが次々に取り上げられているだけで、トピックごとの繋がりや全体への位置づけが明確でなく、24回分の論考を単純に繋ぎ合わせただけでは、著者の意図を読者に伝えるのは難しいと思いました。そのこともあって、新たに序章を設け、本書執筆の意図を明確にすることとし、その線に沿って、全体にわたってかなりの書き直しや新たなエピソードの追加をすることになりました。
　また、「教育と医学」には「である調」で書きましたが、読み直してみると、どうもこの書き方では事象から超越したかたちで物を言っているように聞こえるところがあります。私はむしろ事象に密着し、事象の生き生きした様を自分自身が感じ取って、それを読み手に伝えるということを自分のスタイルにしてきましたから、毎回、何かしらしっくりこなさを感じていました。そこで、本書では「ですます調」に改め、事象から超越した雰囲気を薄め、さらに書き手が読者に話しかけるニュアンスを大事にしたいと思いました。そのために、連載をお読みいただいた方は、かえってその雰囲気の違いにとまどいを覚えるかもしれないと、少し危惧しています。
　以上が本書の成り立ちの経緯ですが、以下に、本書への道案内をかねて、このテーマで本書を編むことになった動機について触れてみます。

第2節　本書執筆の動機：なぜこのテーマなのか

(1)　私の立ち位置

　まず、私の立ち位置を明確にしておきましょう。私は「専門は何ですか？」と問われるのが苦手です。その問いを前にすると、いつも一瞬間をおいて、「いちおう、発達心理学ですが」と答えるのですが、釈然としない気持ちが残ります。ストレートに「発達心理学です」と言えずに、「いちおう」という妙な言葉がくっつくところに、私の立ち位置が凝縮されているのかもしれません。それでも最近では「まあ、発達臨床心理学にも、保育心理学にも、障碍児保育にも関心がありますが」と言葉を継ぐことが多いのですが、そう言うと今度は、「では子どもが研究対象なのですね」と言われ、またしても返答にぐっと詰まってしまいます。子どもに関心があるのはその通りですが、子どもだけが関心の的ではないからです。

　専門が何かは分からないというより、ぴったりはまる細分化された専門領域がないというべきでしょうか。しかし、「何に関心がありますか」と問われれば、迷わず、「人が生きるということです」と答えることはできます。

　「人が生きること」と言うと何か抽象的に聞こえますが、私の関心は観念的に「人が生きる」ことを思案することにあるのではなく、あくまでも「具体的な人の生き様」が関心の的です。具体的な人の生き様を描き出すことを通して、その生の意味を掘り起こすことがこれまでの私がやってきた仕事だといっても間違いではありません。

　20数年前から、私は人が生活しているフィールドに出かけてこの作業を続けてきました。かつては家庭に入り込んで、そこでの子どもと母親の生活の様を描き出し、その意味を掘り起こすことに取り組んだこともありましたが、いまは保育の場に出かけて、そこで保育を受ける子どもや保護者や保育者の具体的な生の営みに接し、そこで「人が生きる」ということの意味を探ろう

としています。

　その際、これまでは私が直接出会い、この目で見、耳で聞き、身体で感じた経験を重視する姿勢を貫いてきましたが、最近は保育者が自分の保育の営みをエピソードに描いたものも重視するようになりました。というのも、そのエピソードには、保育者が直接経験した「具体的な子どもの生き様」が生き生きと描き出されているからです。保育者という他者の経験であっても、それが私自身の経験と響き合って私の関心を揺り動かす限りでは、それも広い意味で私自身が個別具体的な人の生に接し、その意味を探ることに繋がります。そしてそれは必然的に臨床的な観点と重なるものです。

　その具体的な人間の「生き様」は、まず第一に、時間の流れの中に立ち現れてきます。子どもであれ、青年であれ、成人であれ、老人であれ、人は必ず過去を引きずり、また未来を展望するなかで「いま」を生きています。私の関心は、ですから、「人が生きる」ということの意味を常に時間軸を参照しながら考えるところにあるといってもよいでしょう。時間軸を参照する姿勢は「発達心理学」と無縁ではありません。「いちおう、発達心理学」と答える理由はそこにあります。ともあれ、私の関心の一つの柱は、人の生き様を発達論的に考えるというところにあるといってよいでしょう。

　第二に、その「生き様」は常に周りの人々との具体的な関係の営みにおいて立ち現れてくるものです。たしかに、命の座は個にあり、生きる主人公が個であることは言うまでもありません。しかし、個に焦点を合わせ、個を関係から切り離してとらえようとすると、たちどころにその個の「生き様」は立ち消えてしまいます。テストや検査でとらえられる個の属性は確かにあるでしょうし、それは個の「生き様」と無関係だとはいえませんが、そのようにして関係から切り離してとらえられたものは静止態であって、動態ではありません。個を動態においてとらえようとすると、必ずそこには周囲の人たちとの生の営みが介在してきます。その限りで、個はどんな場合にも常に他者との関係の中で生きる個なのです。私が臨床場面をはじめ、保育や教育、看護や介護など、人が生きる現場にできるだけ密着したところで人の生き様

序章　なぜ、「子どもは育てられて育つ」というテーマなのか

を考えようとするのは、一人の具体的な人間をその周囲の対人関係の中で理解しようとする姿勢を堅持しようと思うからです。その意味で、私の関心のもう一つの柱は、人の生き様を関係論的に考えることだといってもよいでしょう。

　この二つの立ち位置は、しかし従来の学問動向と必ずしも整合しません。というも、この二つの問題関心を掘り下げようとすると、これまでの学問のパラダイムと抵触する面が必ず立ち現れてくるからです。このことが第三の立ち位置の問題に繋がります。

　これまで「人の生き様」という言い方をしてきましたが、研究者である私も人間として生きている以上、この「人の生き様」の中に含まれます。そのため、「人の生き様を考える」というとき、私の生き様がいつもそこに被さってくるのを避けることができません。そのことを不問に付したままで、「人の生き様」の意味を探り、とらえることなどできるものでしょうか。

　これまでの心理学の多くは、自然科学をモデルに、研究主体である自分を研究対象から括り出して研究に臨むという姿勢を貫いてきました。しかし私という研究者もまた一人の人間です。私自身も人間であるのに、自分の生を不問に付したまま、もっぱら自分以外の人間を対象として「人の生き様」を探求するという姿勢が本当に有効なのかどうか、私は若い頃からずっと疑問に思ってきました。

　自分の生を振り返って見ると、自分がどのように生きてきたかという発達論的な視点、またどのような対人関係の中で生きてきたかという関係論的な視点が欠かせないことは明らかです。だからこそ、人の生き様についても、同じように発達論的、関係論的視点が欠かせないという主張に導かれるのです。実際、私の立ち位置＝問題関心は、私がこれまでどのように生きてきたかと切り離せるものではありません。私が組み立ててきた理論は、多くの人の影響を受けたものであることは当然ですが、学説を組み直してというのではなく、むしろ私自身の生を反省する中で問題を探り、関心を拡げるなかで築き上げられてきたものです。私の経験、つまり具体的な人の生き様に直接

触れた経験こそ、何よりも理論構築の土台となり、素材となってきたものだといって間違いありません。

このことを少し一般化すると、人間についての学問は、従来の自然科学のパラダイムとは異なって、**研究者をも研究対象に繰り入れるような独特の研究パラダイムを必要としている**と私には見えます。つまり、研究する者が研究される者でもあるという不思議な両義性が人間科学にはあって、それが自然科学とは異なる人間科学の特質だと思うのです。そのようなパラダイムに立つ学問がはたして可能か、可能だとすればどのような方法論において可能になるかという問いは、21世紀の人間科学が問うてみてもよい根本問題の一つであるように思います。このパラダイム転換の問題意識が私の長年にわたる研究を貫いてきたものであり、それが私の重要な立ち位置を成しています。

実はこの「研究する者が研究される対象でもある」という不思議な両義性は、養育する人、保育する人、教育する人にも同じように当てはまるのです。養育する人はこれまで養育されてきた人であり、保育する人はこれまで保育を受けてきた人であり、教育する人はこれまで教育を受けてきた人です。ですから、どのように子どもを養育し、保育し、教育するかという実践主体が立てる問いは、実践主体である自分をこちら側に置き、実践の対象である子どもを向こう側に置くというかたちで、両者を単純に分断して考えることはできません。養育を受けてきた者が養育する者になる、保育を受けてきた者が保育する者になる、教育を受けてきた者が教育する者になる、要するに、「育てられてきた者が育てる者になる」という不思議な立場の転換がそこに含まれ、しかもそれが世代間で循環するのです。

なぜこれまでそのことが主題的に議論されてこなかったのでしょうか。それを考えると、発達心理学だけでなく、保育学も教育学も、従来の自然科学のパラダイムに沿って、実践主体を実践対象から切り離して考えてきたことが見えてくるはずです。

ここではこれ以上踏み込んだ議論はできませんが、少なくとも研究上のパラダイムを組み替えないことには、「人の生き様」に迫れないという問題意

識が私の第三の立ち位置であると言ってよいと思います。

(2) 三つの立ち位置が生かされる本書のテーマ

　本書のテーマは、いま見た私の三つの関心にまたがっています。そのことがこのテーマを選んだ理由の一つです。実際「育つ」とは、過去、現在、未来の時間軸の中に立ち現れてくるものです。誕生した子どもは成長を遂げて成人になり、その人生を全うした暁には死を迎えます。私が出会うどの子どもにも、それまでの育てられてきた過去があって現在の育ちがあります。そしてどの子どもも、いまのその姿に固定されることはなく、常に未来に向かって変容していきます。要するに人は常に時間軸の中で時々刻々変容していくということですが、そこに発達論的視点が必要になる理由があります。

　次に、育つ主体は子ども自身ですが、しかし、子どもは一人では決して成長を遂げることができません。どの子どもも、さまざまな人との関係の中で、愛されたり、愛されなかったり、それによって幸せだったり、幸せでなかったりしながら生きています。それがいま現在の生き様に直接関わっています。それが「育てられる」ということの具体的な中身です。一人の子どもの育ちは「育てられる」営みから切り離して考えることができません。そこに関係論的視点が必要になる理由があります。

　さらに、「子どもは育てられて育つ」というテーマは、「子どもはいまは子どもであっても、将来は大人になる」ということを含意しています。つまり、子どもはいつまでも子どもなのではなく、いずれは大人になることが宿命づけられているということです。これを逆に見れば、「大人はみな、かつては子どもであった」ということになります。いまの時点を固定すれば、確かに子どもは「育てられる者」で、大人は「育てる者」ですが、「育てる者」は誰しもかつては「育てられる者」でしたし、いま「育てられている者」はいずれ「育てる者」になるはずの人です。ここに、「育てる－育てられる」という関係の不思議があります。一見したところ、本書のテーマは子どもに力点が置かれているようですが、実は大人が同じ比重で関わってくることが含

意されているのです。ですから、このテーマをもう少し正確に書き表せば、『子どもは「大人によって育てられて大人に育つ」』となるでしょう。このように書き表してみると、子どもと大人は一世代ずれて順繰りに時間軸を動いていくことがイメージできるはずです。

　そのように考えれば、このテーマは何よりも私自身に該当します。私自身、かつては子どもでした。その子どもである私が育てられて育った結果、いまの私があるのです。そしてこれは読者の皆さんのすべてにも当てはまります。ということは、私が研究者の立場で子どもたちを見てこのテーマを導いたというのではなく、むしろ研究者である私自身がこのテーマに吸収されてしまっていることを自覚しながら、このテーマに迫らなければならないということです。このことが先に見た新しいパラダイムの問題と深く繋がっていることは言うまでもありません。

　一見したところでは、このテーマはあまりにも自明な、というより自明すぎてこれを掲げる意味が摑めないようなテーマですが、上に述べた三つの立ち位置に沿って「人の生き様の意味を掘り起こす」という問題関心に迫ろうとするとき、私にとってはこのテーマが自然に導かれました。人によっては、このテーマは育てられることを強調しすぎて、子ども自らの育つ力を軽視することに繋がらないかと疑問視する人もいるかもしれません。もちろん、私は子ども自身の内部から湧き起こってくる育つ力を認めていないわけではありません。しかし、その育つ力は必ず周囲の育てる営みと結びついて現れてくるものであって、それ単独で現れてくるものではないと考えています。

　いずれにしても、このテーマ下に隠されている子どもという存在が抱えている両義性、ひいては大人という存在が抱えている両義性が、本書を読み進めていく上での鍵となることだけは確かです。

(3)　育ての歪みと育ちの危うさ：このテーマを選んだ第二の理由

　私の立ち位置を表現していく上で、このテーマが好都合であることを述べてきましたが、現時点でこのテーマを選んだことにはもっと強い理由があり

序章　なぜ、「子どもは育てられて育つ」というテーマなのか

ます。一つには、これまで私がやってきた仕事の中にもう一度振り返って吟味して見なければならない問題があって、それがこのテーマに結びつくということがあります。これについては第1章で明らかにしたいと思います。

　それよりももっと強い理由は、いま現在私が保育の場をフィールドにしていることに関係があります。昨今のわが国の文化動向の中で、「教育する」という言葉に比重が置かれるようになり、「育てる」とは「教える」ことだと考える傾向が保護者にも保育者にも教師にも強くあります。そのことが保育の現場を強く揺さぶっています。私はその動向が本来の「育てる」営みに深刻な歪みをもたらしたのではないかと考えています。この動向を再考し、「育てる」営みをもう一度しっかり振り返ってみるためには、まさにこのテーマを掲げておく必要があると思われました。

　幼い子どもを一人前の人間に育てるというのは、いつの時代にも難しいことだったと思います。というのも、育てる大人にとって、子どもはどれほど幼くても自分なりの思いをもった一個の主体として立ち現れ、決して大人の思い通りにできる存在などではないからです。子どもは大人の育てる営みがなければその命さえ危うい未熟な存在です。ですから、自分に甘えてきて、頼りない素振りを見せれば、思いを受け止め、願いを聞いて、可愛がらずにはおれません。しかし、子どもがこうだと自分を強く主張してこちらの言うことを頑として聞いてくれないときには、大人として途方にくれる思いにさせられることもしばしばです。少し強く出れば小さく縮こまり、少し甘くすれば等身大をはみ出して周りを顧みない振る舞いをする子どもを前に、大人はかつて自分もこのようであったにちがいないと思い、また自分がたどってきた道をこの子もたどっているのだと思いながらも、時に溜息をつかなければならないのが大人の立場というものでしょう。子どもを育てるというのは、一筋縄ではいかないもの、喜びも楽しみもたくさんあるけれども、悩みも腹立ちもしばしば起きる、文字通り喜怒哀楽の中での営みであり、それは時代が変わっても変わらないものだと思います。

　いま、子育て不安や子育ての困難、ひいては虐待が大きく報じられますが、

子どもを育てるという営みは本来、大人の思い通りにいかないもの、不安やいらいらを引き起こさずにはすまないもの、という認識がまずもってなければなりません。
　ところが、そのような「育てる」営みが、「教育する」という言葉にどんどん置き換えられるようになると、不安やいらいらが生まれるのは、教育する仕方が分からないからだというように理由づけられ、子育てや保育を「こういうときにはこうするもの」というようにマニュアル化する動きを強めてきたように見えます。そのことによって「育てる」営みがどんどん歪んできたように見えるのです。
　これについては本文で詳しく述べますが、「育てる」とは、一方では子どもの思いを受け止め、時には願いを聞き入れ、子どもの望みをかなえる方向での対応と、他方では、大人の願いを伝え、子どもが大人に「なる」ことに一歩一歩近づいてゆくように、時には誘い、時には導き、時には教えるという方向での対応が、あるバランスの下に子どもに振り向けられていくものだったはずです。
　それが「教える」を基調にすると、どうしても大人が主導して、次々に何かを与えて「させる」という働きかけに置き換えられ、大人の願う姿に強く引っ張っていくことに繋がります。その結果、子ども自身がこの世界を生きる主人公であるという、主体としての育ちに次第に歪みが生まれてきているように見えるのです。まさに「育ての歪み」が「育ちの危うさ」に繋がっています。
　現行文化の中で、保護者や保育者や教師はもちろん、子どもを育てる立場の多くの人は、「育てる」ということの根本を見失って、ひたすら何かを教えて力をつけることが育てることだと錯覚し、これができた、これがまだできないと、育ちの結果ばかりを問題視して、主体としての子どもの内面の育ちに目を向けなくなってしまったように見えます。そのことのもっとも分かりやすい例は、昨今の世界学力テストを巡る議論に見ることができます。
　確かに、数年前の結果と比べて、わが国の学力の順位は相対的にやや下が

りました。しかし、下がったといっても、内容的に見るとそれほど下がっているわけではなく、全体の上位であることには変わりありませんし、人口が数千万人を超える国の中では依然として高位を占めています。少人数教育が実現されている国の成績がよいのは、ある意味で当然の結果ともいえます。なのに、なぜかメディアをはじめ、日本国中が「学力」低下を大騒ぎして、「ゆとり教育」が諸悪の根源であるかのような議論になだれ込み、「基礎・基本をもっと早くから教え込んで」という流れに傾いています。

　私はいまの教育で十分だとはまったく思っていませんし、真の意味でもっと大きな教育改革が必要だと考えている人間の一人ですが、その方向はいまの学力談義のように、「とにかく力をつけて」という方向とはまったく違うものです。私にとっては、成績としての学力ではなく、学ぶことに向かう子どもの姿勢や意欲の問題です。わが国の子どもの学習意欲が世界最低である事実、「自分に自信がもてない」と思う青年の比率が世界最高である事実こそ、メディアが真剣に取り上げ、国を挙げて憂慮しなければならない問題だと私は思います。「学習意欲」も「自信」もテストの結果のように目に見えるものではありません。それは何よりも子どもの心に関わる問題です。そこから考えれば、学力は大丈夫かと問う前に、子どもの心の育ちは大丈夫か、と問わなければならないのではないでしょうか。

　こうした現在の子どもたちの育ちに現れた危うさは、育てる営みの歪みの結果ではないかというのが、毎月の連載を書き進める際に常に私が念頭に置いていたことでした。現に保育の場に出かけてみると、気になる子どもの姿が数多く目につきます。家庭の養育にも、保育の場の保育にも、大人主導の「させる」働きかけが多すぎ、子どもが世界を生きる主人公である前に、次々に大人の指示に従わせられる姿が目につきます。そして大人の指示に素直に従う子どもが「聞き分けのよい子」として賞賛されるありさまなのです。

　実際、大人たちの昨今の「育てる」営みは、放任に堕した人たちは論外として、「育てる」営みに一生懸命に携わっているように見える人たちでさえ、主体としての子どもの思いを受け止める前に、子どもの発達に必要だと思う

ことを子どもに次々に「させ」たり、課題を「与え」たりして、その大人主導の過剰な働きかけを「育てる」営みだと錯覚していることが多いように見えます。まるで幼児期の早い発達がその子の将来の幸せを約束するとでもいうかのように、早くできることが増えるようにしよう、能力を高めよう、発達の階段を早く高く上らせようとする働きかけへと強く傾斜していっているように見えるのです。

　もちろん、「育てる」営みの中には大人の願いに向けて「させる」部分が必ず入り込みます。そしてそこには「子どものためにそうするのだ」という大人の熱い思いがあるのも確かです。しかしいまの子育て文化のそれは、子どもがいまどのような思いで生きているかをしっかりとらえた上での「子どものため」なのでしょうか。育てる営みが本来持っている、「受け止める」と「させる」のバランスを踏まえた「子どものため」なのでしょうか。もしかして、大人の子育てにつきものの不安を解消するためだったり、大人の夢を実現するためであったりと、大人側の本音を糊塗するための隠れ蓑として、「子どものため」というお題目を唱えているに過ぎないということはないでしょうか。

　もしもそのような大人の思いに沿った「させる」働きかけや「与える」働きかけが、本当に子どものためであるのなら、なぜ青年に達した子どもたちがかくも多く自分に自信や自己肯定感をもてず、学習意欲に乏しいという事態が生まれるのでしょうか。またなぜ、自傷や自死やひきこもりに誘い込まれる青年が増え、非行や犯罪などの反社会的行動に走る青年がかくも増えるのでしょうか。

　私はいま大学で教える身ですが、大学で出会う多くの学生たちを見ても同じ思いに駆られずにはおれません。偏差値競争に勝つことだけを目標に生きてきた学生が、大学に入って展望をなくして抜け殻状態になり、ちょっとしたことでひきこもってしまう事例は枚挙に暇がありません。自己中心的で周囲を顧みない振る舞いをする学生が多いのは事実ですが、実はそのような学生たちの多くは、自分に自信や自己肯定感をもてず、心の友をもてない様子

序章　なぜ、「子どもは育てられて育つ」というテーマなのか

です。そしてその自信のなさや自己肯定感の乏しさからくる不安を糊塗しようとして、かえって尊大に振る舞っているらしいのです。このことは学生相談室のカウンセラーの多数のレポートが証言してくれています。

　こうした子どもや青年や大学生の側に生まれた心の育ちの危うさは、大人の育てる営みの歪みと無関係であるとは到底思われません。

　「育てられる者」の側から「育てる者」の側にまわった大人もまた同様です。子育てに強い不安を覚えたり、育てることを疎ましく思ったりする大人が増えていますが、その人たちの多くは自分に自信をもてず、自分の周囲を信頼する心を育めないでいるように見えます。その一方で、後先を考えずに強い自己主張を相手にぶつけて平気な人、ひたすら権利を主張するだけの人が増え、保育者や教師に「モンスター・ペアレント」と恐れられる保護者が増えました。しかし、この人たちも一皮剝けば、自分に自信がなく、周囲の人と仲良く生きる展望をもてない人が多いようです。

　大人に現れたこのような負の事象もまた、長年にわたって育てられて育った結果だと考えれば、保育者や教師は自らの保育や教育の営みのなかに、そのようなモンスター・ペアレントを多数輩出する要因を密かに醸成してきていたということにならないでしょうか。

　「育てる」という営みは、本節の冒頭でも見たように、決して大人の思い通りに展開を見る平易な営みではなく、育てられる子どもの思いと育てる大人の思いがしばしば衝突し、双方に否定的な感情を引き起こさずにはおれない難しい営みです。ですから、そこには負の事象を引き起こしかねない危うさが常に懐胎されていて、結果的に負の現れになってしまう場合、あるいは負の育ちに結びついてしまう場合はいつの時代にもありました。ですから、いまの時代の子育ての不幸を嘆くのは、よくある年寄りの戯言に聞こえるかもしれません。展望のない社会文化状況がそのような負の事態を招いていることも考慮に入れなければならないのも事実でしょう。

　しかしながら、そういうことを割り引いても、現在のわが国に現れた子どもや青年や大人の負の「心の育ち」の事象を顧みるとき、なぜこうなってし

まったのかと慨嘆を禁じえませんし、そのことに深い危機感を覚えないわけにはいきません。これは単にこの社会が悪い、この親が悪いといった議論では済まない、もっと根本的な問題、つまり、「育てる」という太古から続いてきた人間の基本的な社会的文化的営みに、何か深刻な歪みが生まれ、それによって本来の「育てる」営みが大きく崩れたという大きな問題があって、そのためにこのような事態に立ち至ったのではないでしょうか。

(4) 保育者の描くエピソード記述への注目：このテーマを選んだ第三の理由

このテーマを選んだもう一つの理由は、子どもを育てる保育者とその保育者の下で育つ子どもとの具体的な関わりが、生き生きと伝わる一連のエピソードとの出会いです。(3)に見たように、私はわが国の「育てる」営みが深刻な歪みを抱えているという危機感を覚えてきましたが、そのこともあって、京都大学で定年を迎えて以降、保育の場に関与し、保育のあり方そのものを本来の「育てる」営みに向けて立て直すことに努めてきました。これまでの学問研究の立場から、現状を変革する一種のアクション・リサーチへと私が一歩踏み出したといってもよいかもしれません。

人間科学は自然科学と異なって、「ある」という事実を語って終わりということにはなり得ません。「ある」を語るだけでなく、「いかにあるべきか」をも語らなければ現実との切り結び方に緊張感が伴いません。逆にこれまでの研究は「ある」を語るに止まってきたがゆえに、研究者は自分を黒衣(くろご)の位置において、もっぱら対象の側だけを描き出せばよかったのだともいえます。研究者が「ある」を踏み越えて、「あるべき」ことに関与するとき、その研究はおのずからアクション・リサーチのかたちを取ることになります。私は保育の場に深くコミットすることによって、自然にその研究スタンスに移行することになりましたが、これは冒頭にみたパラダイム転換の問題意識とも繋がるものであることは確かです。

ともあれ私のめざす「保育改革」は、過剰な「させる」保育から子どもの思いを「受け止める」ことを重視した保育への転換と呼んでもよいでしょ

し、目に見える保育から、目に見えない心を育てる保育への転換と呼んでもよいものですが、いずれにしても、「育てられて育つ」その現場の息吹を生き生きととらえた上で、この保育改革の必要性と、それに向けた実際の取り組みが明らかにされるのでなければならないと思いました。その意味での「保育改革」は、保育者が自分の保育実践をエピソードに綴り、それを保育者同士で読み合わせて保育を振り返ることで、その実現に向けての一歩を踏み出すことができると考えます。

　私のめざす保育改革を視野に入れ、保育者自身が自分の保育をエピソードに綴ることに関して、私はここ数年、全国各地でのエピソード記述研修会に顔を出し、そこで保育者の綴った数々のエピソードに出会ってきました。多数のエピソードに接することを通して得た経験は、わが国の「育てる」営みが抱えている深刻な問題を再確認することに通じる一方、「育てる」営みのもつ奥行きと幅に触れる機会にも繋がりました。

　そのような私自身の現在の保育への関心が、このテーマを掲げる第三の理由になりました。そしてそこから、これまで私がやってきた研究の問題点も少し見えてきて、上に述べた問題意識をさらに深める必要に迫られたことも、本書を書く大きな動機になっています。そしてそこから、本書で取り組むべきことが見えてきます。

第3節　本書で取り上げたいこと

(1)　「育てる」という営みを再考する

　前節の議論を踏まえれば、まず「育てる」とはどのような営みなのかが改めて問われなければなりません。この問いは本書を通してじっくり考察を深めていくことになりますが、手始めに、このたびの保育所保育指針の改訂に際して、私が保育の原理として次のような一文を掲げる必要があると提言したものを引いてみましょう。

「保育の場は、子どもたち一人ひとりが、周囲から主体として受け止められ、主体として育っていく場である。そして保育は、それぞれに主体である保育者と保護者が協同して子どもを育てるという基本姿勢の下に営まれるものである」

　この一文も文字面を読めば何の変哲もない、当たり前のことを書き並べた一文、あるいは抽象的過ぎて何を言いたいのか分からない一文と受け取られるかもしれません。しかしこの文言の裏には、まずもって子どもはどれほど幼くても独自の思いをもった一個の主体としていまを懸命に生きていること、そしてそれを尊重するのが「育てる」という営みの第一歩であるという私の子育てについての基本認識があります。

　それに加えて、「育てる」という営みは、一歩先んじて厚みのある主体として育った保育者や保護者が、まずもって子どもの主体としての思いを受け止め、それを尊重するなかで、大人としての自分の思いを子どもに伝え、そのことによって子どもが徐々に厚みを増した主体として育つように育てていくことだ、というもう一つの基本認識があります。この二つの基本認識を凝縮したものが、本書のテーマなのです。

　この二つの基本認識に照らすときに、子どもの思いを受け止めることを忘れて、ひたすら大人の思いに沿った過剰な「させる」働きかけや「与える」働きかけを子どもに振り向けるのは、本来の「育てる」営みから大きく逸脱するものであり、むしろそれを歪めたり壊したりするものであるという考えが導かれます。これが前節で触れた私の危機感に通じています。なぜ「育てる」営みを上記の太字の一文のように理解することが必要なのか、これが本書を通して明らかにしていきたい基本的な問題の一つです。

(2)　「発達」という考えを再考する

　次に、「子どもは育てられて育つ」という表現と、これまで多用されてきた「子どもは発達する」という表現を見比べてみましょう。同じことを述べ

ているようでいて、そこに微妙に違う感じがあるのにお気づきでしょうか。前者の表現からは、育てる人、育てる営み、育つ子どもの様子など、「育てる」と「育つ」との繋がりが自然に視野に入ってきて、一人の子どもの育てられて育つ風景が目に浮かんできます。そこには幸せに「育てられて育つ」場合から不幸せに「育てられて育つ」場合までのスペクトラムが横たわっているわけですが、いずれにしても一人の子どもとそれを取り囲む人たちの悲喜こもごもの生の現実が浮かび上がってきます。人の生き様に迫ると述べたのは、このような事態を取り上げようという姿勢に繋がっています。

ところが後者の表現に置き換わると、子どもの目に見える成長変化ばかりが眼前に浮かびます。「うちの子どもの発達は順調なのか」という親の心配が前面に出て、他の子どもと比較して、「できることが早い、遅い」という子どもの見方が浮上してきます。逆にこの表現からは、一人の子どもの育てられて育つという現実も、大人の「育てる」という営みも霧散し、それゆえ子どもは幸せから不幸せまでのスペクトラムの中で育つのだという現実も視野に入ってこなくなってしまいます。

これも本論で詳しく取り上げることになりますが、「育てる」営みが歪むことになった大きな要因の一つは、この「できる、できない」に焦点化した「発達」の考えが大人たちの「育てる」営みの中に深く入り込んできたことにあると私は考えています。実際、この概念が現れた20世紀以来、親も保育者も教師もみな、なぜか「発達」という考えに深く囚われるようになってしまいました。

そもそも、発達心理学という学問の成り立ちからすれば、子どもの育てられて育った結果を時間軸上で繋ぎ合わせることから「発達」という考えは導かれたはずです。ところが、保育学や教育学の中ではもちろん、家庭の子育てにおいてさえ、なぜか「発達」はいつのまにか子どもを育てる目標に置き換えられてしまいました。そして、「できることが時間と共に段階的に増えていく」という発達の特徴から「発達段階」という考えが導かれると、次には「発達段階に沿った保育」「発達段階に応じた教育」という、一見分かり

やすい考え方が保育や教育の世界に浸透し、保護者もその観点からわが子を見るようになってしまいました。

　結果であった「発達」が育てることの「目標」に置き換えられると、その早い目標達成に向けた過剰な「させる」働きかけや「与える」働きかけが導かれるのは、ある意味では当然だったかもしれません。そしてそこから、早い「発達」や正しい「発達」が子どもの幸せに繋がるという錯覚が生まれ、それが本来の「育てる」営みを壊し、子どもの本来の育ちを歪めてきたように私には見えるのです。

　時間と共に何かが進歩・向上するというのは、私たちの素朴な生活心情です。一概にそれを否定することはできません。明治以降のわが国の社会文化的な生活の歴史は、よりよい生活を求めて努力を重ね、その結果便利で豊かな生活を手に入れるようになった、まさに進歩・向上をめざす歴史だったといえるかもしれません。そのことと「発達」の考えが響き合ったところもあったのでしょう。けれども、便利な生活の際限ない追求は、結局のところ地球環境破壊に繋がって、人間の生活の根本を揺るがし始めました。それと同様に、子どもの育ちを科学的にとらえようとして生まれた「発達」という考え方は、世の中に浸透すればするほど、育てる営みは「発達」を参照枠として営まれるように変化し、早い「発達」や正しい「発達」を実現するための過剰な「させる」働きかけや「与える」働きかけを生んで、結果的に「育てる」営みを歪め、遂にはそれを破壊するまでになったように見えます。

　いずれにしても、「発達」という考え方を再考し、それが果たした負の役割を考えることは、「育てる」営みの再考に直結するものだと思われます。これも本書の大きな目的の一つです。

(3)　心を育てるという視点を重視する

　「発達」という考えが広く浸透するにつれて、大人の子どもに向ける目はいつも「何ができて何がまだできないか」を見ることに向けられ、また「発達」が順調であるかどうかを確かめることに向けられるようになりました。

それに反比例するかのように、大人の目が子どもの心に向かわなくなるという現実がもたらされました。つまり、大人は「できる、できない」という、目に見えるところで子どもの育ちを見て、子どもの心の育ちに目を向けなくなってしまったということです。

大人の都合に合わせて聞き分けよく振る舞える子がよい子、集団の流れに乗れる子がよい子、発表会や行事などで一斉に揃った活動ができる子がよい子等々、大人の目はいまや子どもが何をするか、何を言うかなど、すべて子どもの行動にばかり向けられるようになって、そこで子どもが何を思い、何に苦しんでいるかを斟酌(しんしゃく)できなくなってしまいました。挨拶をしたかどうか、「ごめんなさい」を言ったかどうかなど、行動としてそれが定着したかどうかが問題にされるばかりで、その行動の背後で子どもの心がどのように動いているのかはほとんど問題にされなくなってしまったのです。

学力は問題にしても学習意欲は問題にしない、偏差値は問題にしても「自信」や「信頼」のような心の育ちは問題にしないという教育界の現状は、まさに目に見える結果ばかりを追い求めて、子どもの「心の育ち」に目を向けていないことの端的な現れであるといってもよいでしょう。「育てられて育つ」のは、あれこれの力や能力である前に、まずは子どもの主体としての心です。自信、自己肯定感、信頼、意欲といった心の育ちに目を向ければ、必ず本来の「育てる」営みが前景に出てきます。

行動とは違って目に見えない心の育ちをどのようにとらえるのかというのは確かに難しい問題です。これまで目に見える「できる、できない」に人の目が引き寄せられたのも、裏返せば心の育ちが目に見えないものであり、学問の立場でそれをどのようにとらえ、それをどのように議論するかの方法手続きが明確でなかったこともその理由の一端だったでしょう。これもまた本書の基本的な問題の一つです。

(4) 人の生涯発達過程を展望する

「育てる」営みを再考し、「発達」概念を再考し、主体としての心の育ちに

目を向けることによって、これまでとは違うかたちで人の生涯発達過程全体を展望することができるようになります。それはこれまでの「子どもから大人へ」という単線的で右肩上がりイメージの色濃い常識的な発達理解とは違って、＜育てられる者＞から＜育てる者＞へ、そして＜看取る者＞から＜看取られる者＞へというかたちで定式化できるものです。人の誕生から死に至るまでの生涯発達過程をこのように描き出してみれば、一人ひとりの人間はそれぞれに固有の生を生きながらも、誰もがたどる人の道として自らの生涯を具体的に展望することができるようになります。しかも、これは自分だけに起こる生涯過程なのではなく、前の世代が経験した過程、次の世代も経験することになる生涯過程です。つまり、一世代の生涯過程に起こる変化が世代から世代へと同じように循環していくのです。それはまた、隣り合う二世代が「育てる－育てられる」という関係、＜看取る－看取られる＞という関係で結ばれ、その関係が全体として変容していくことでもあります。

　このような世代間の関係を含んだ生涯発達過程を、私は「関係発達」という言葉で理解しようとしてきました。この「関係発達」の観点から再度「育てる」という営みを振り返ってみれば、「育てる」営みの目標は、単に力のついた大人にすることではなく、むしろ子どもが次の世代を主体として育てる人になるように育てていくことだ、という本書の大まかな結論が見えてきます。つまり、一人の人間の「育てられて育つ」過程には、世代間の関係が織り込まれ、育てられる者が育てる者に、保育される者が保育する者に、教育される者が教育する者にというように、不思議な立場の転換を含むのが発達という過程なのです。このような関係発達の見方に立ってはじめて、現行の養育や保育や教育などに浸透している従来の「発達」の考えを見直し、本来の「育てる」営みに回帰する方向性を展望することができるようになると思われます。

（5）　いくつかの鍵概念を整理する

　最後に、(1)から(4)に述べた本書の目標に迫るためには、これまでほとん

序章　なぜ、「子どもは育てられて育つ」というテーマなのか

ど自明なものとして顧みられることのなかったいくつかの鍵概念を整理してみることがぜひとも必要になります。これまで触れてきた「発達」という概念はもちろん、「主体」「子ども」「大人」「養護」「教育」「学び」「障碍」といった「育てる」営みに関わる一連の概念群を取り上げ、それを吟味し、その意味内容を見直す必要があります。というよりも、むしろそれらの概念群を見直すことを通して、「子どもは育てられて育つ」というテーマに迫ることができるのだといってもよいでしょう。

　さらに、こうした概念群の整理と並行して、目に見えない子どもの心にどのように接近し、またそれをどのように描き出すかという方法論の問題にも触れてみなければなりません。一連の概念群の見直しはまさに学問のパラダイムを変える動きと連動し、方法論の刷新と深く繋がっているからです。私自身は新たなパラダイムに通じる方法論として、関与観察とエピソード記述という方法論を提唱しています。しかし、この方法論の問題にまで踏み込むことは本書ではできません。本文に盛り込む数々のエピソードを通して、私の主張する方法論が従来の心理学の方法論と違うことを読者に感じ取っていただければ幸いです。

　以上、本書で取り上げようと思うことをスケッチ風に提示してみました。これらの論点の大半は、私が「関係発達論」という名称の下にまとめてきた数々の著作の中で折に触れて取り上げてきたものです。その意味では新鮮味に欠けるところがあるかもしれません。しかし、先にも少し触れたように、京都大学を定年になったのを機に、保育の現場に足繁く通えるようになったことも手伝って、これまでの自説をもう一度現場の実態を踏まえて吟味し直そうと思うようになりました。ですから、従来の関係発達論の議論と似たような議論も随所にありますが、自己批判を含めてそれに一部修正を加え、現場から学んだことを通して自説を練り直した部分もあります。その意味では、本書は現場経験を踏まえた「関係発達論再考」と銘打ってもよいかもしれません。そのことを象徴的に示すものが本書のこのテーマである、と受け止め

ていただければと思います。

「関係発達論」というのは、少々口幅ったい言い方ですが、冒頭に述べた三つの立ち位置＝問題関心（発達論的視点、関係論的視点、パラダイム転換への志向）に沿って「人が生きる」ということを論じる私なりの学問の立場とでもいえばよいでしょうか。京都大学に戻って以来、定年を迎えるまで、1997年の『原初的コミュニケーションの諸相』を皮切りに、『両義性の発達心理学』(1998)、『関係発達論の構築』(1999a)、『関係発達論の展開』(1999b)、『＜育てられる者＞から＜育てる者＞へ』(2002)、『エピソード記述入門』(2005)、『ひとがひとをわかるということ』(2006) と次々に書き著してきたものを、定年以後の現場経験を踏まえて、再度吟味し直し、これまでの理論にさらに磨きをかけようというのが本書の一つの目論見であることは間違いありません。

それに加えて、いまの子育てや保育の現状をエピソード記述を通して具体的に取り上げて、「育てる」営みに、また「育てられて育つ」子どもの内面に、よりアクチュアルに迫りたいというのも本書のもう一つの目論見だといえるでしょう。

第 *1* 章
関係発達という考え方とその再考

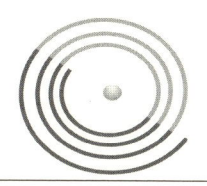

本章では、従来の「発達」の考え方を「個体能力発達論」ととらえるとともに、この考えを批判的に見直すなかで導かれた「関係発達」という考え方を紹介します。それに加えて、過去に示した私の「関係発達」の考えにも、さらに再考する点がいくつかあることを、私が保育の現場に関与するなかで経験したいくつかのエピソードを踏まえて、紹介してみたいと思います。

第1節　従来の「発達」概念を批判的にとらえ直す

　すでに序章の議論の中で、いまの子育て、保育、教育に浸透している大人の強い「させる」働きかけは、太古から続いてきた人間本来の子どもを「育てる」営みを破壊することに繋がったのではないか、それをリードしてきたのが従来の「発達」の考えではなかったか、という自説を大まかに示しておきました。そうした従来の発達論を批判するために生まれたのが私の関係発達論なのですが、そこに入る前に、従来の「発達」の考え方が孕む問題点を見ておきたいと思います。

（1）　従来の「発達」の考えは個体能力発達論である

　これまでの「発達」の考えは、個の能力面に定位することによって導かれたものです。ほとんど泣くことしかできない新生児の時期に始まり、20歳前後で能力的にほぼ完成するところまでを、未熟から完熟に至る完成の過程と考えれば、できることが次第に増えていくという常識的な発達のイメージがもたらされます。こうして、「何歳になれば○○ができるようになる」という知識が積み上げられ、それに基づいて発達検査や知能検査が考案されました。こうした発達検査や知能検査に代表されるこの能力発達についての見方は、個の能力面に定位した発達の見方であるという意味で、「個体能力発達論」と呼ぶことができます。

　この個体能力の発達についての知見は、発達心理学の学問領域の枠を越えて、保育学や教育学に大きな影響を及ぼしたことはもちろん、親、保育者、教師の子どもを見るまなざしにいつのまにか浸透するようになり、「育てる」とは子どもに一つひとつの能力を身につけさせることであるという「常識」を生み出すに至りました。つまり、大人が子どもに積極的に働きかけて、身辺自律、社会性の習得、知的能力の習得等々、目に見える能力面の定着をも

たらすことが、「育てる」ことの内容だと考えられるようになったのです。

　確かに、昔から「這えば立て、立てば歩め、の親心」と言われてきたように、子どもの成長を望まない親はいません。しかし、成長を期待し、それが時間経過の中で現実のものとなってゆくのを喜ぶ親心と、同じ年齢の子どもの平均的な能力水準と比較して一喜一憂するいまの親心のありようとのあいだには、大きな違いがあります。つまり、平均より上ならば安心し、平均を下回れば心配して平均に近づくために何かの働きかけをしなければならないと不安になる現代の親心は、昔のおおらかな親心に似て非なるものだと言わなければなりません。

　実際、多くの親は、昨今の社会文化動向の中で、なぜか発達の階段を早く高く上がった子どもが将来幸せになるという幻想を抱くようになりました。そして発達を急がせるために、幼い時期から幼児教育教材を与え、幼児塾や学習塾に通わせることが子どものためになるという現代の「子育て文化」の影響を受け、その流れに乗ることによって、この「子育て文化」の一翼を担うことになりました。親にそのような幻想をかき立て、それをリードし、その動向に拍車をかけたのは、その考えを喧伝する幼児教育産業の興隆や「お受験」に代表される早期教育論の横行であることは確かです。しかし何よりも、「発達」の考え方が人々のあいだに浸透したことが大きかったのではないでしょうか。

　そしてその延長線に、大学受験のための受験産業の興隆と偏差値競争があることは言うまでもありません。大学を偏差値でランクづけし、一人ひとりの子どもを偏差値で順位づける今日の文化動向は、偏差値の高い子がよい子であるという子ども観を生み、有名大学合格が子育ての目標であるかのような錯覚を生みました。あるいはまた、子どもが望んでいなくても、とりあえず大学に行かせるのが親としての役目であるというような「常識」を生み出し、ひいては学歴至上主義社会を醸成することにもなりました。

　繰り返しますが、この文化動向を導く土台となったのは、従来の「発達」の見方、つまり個体能力発達の見方であったことをまず確認しておきましょ

う。この文化動向が能力面にのみ目を向けて、子ども一人ひとりの心の育ちに目を向けなくなったのは、従来の発達の見方の中に心の育ちを見る視点が含まれていないことにもよっています。

「育てる」とは本来、一人の人間を社会の中での「一人前」にすることだったはずです。「教育」は本来そのためにあるはずのものだと思うのですが、わが国の義務教育は能力面を「教える」ことに重きを置きすぎ、人を主体として育てることをほとんど忘却しているかに見えます。これも教育のバックボーンとして常に「発達」の考え方が働いていたからだと思います。「発達段階に沿った」という言葉に代表されるように、保育や教育の営みは能力発達の里程標を手がかりにカリキュラムが編まれ、保育実践や教育実践を理由づけるものになったのでした。

(2) 発達の「遅れ」と「発達促進」の考え方

他方、この能力発達観は障碍のある子どもの成長・発達の見方にも深く浸透し、障碍のある子どもを育てる営みに決定的な影響を及ぼすようになりました。知能検査に代表される発達の尺度、つまり、健常な子どもの平均的な能力発達の進度を示す尺度が障碍のある子どもに当てがわれるとき、その平均からの「落差」は「発達の遅れ」としてとらえられることになります。こうして障碍のある子どもは、常に能力面において健常な子どもと比較され、その「遅れ」がその子を育てる上での問題と理解されました。そして、その「遅れ」を取り戻すための「発達促進」の働きかけこそ、その子の発達の可能性を最大限に引き出す教育的働きかけであり、その子の発達を保障するものだとみなされるようになったのでした。

こうして「遅れ」の査定と「発達促進」というキーワードの下に、療育、保育、教育が組み立てられるようになると、大人のそのような働きかけの成果もまた、「できることがどれだけ増えたか」というように、「発達」の尺度上で測られることになります。こうして、従来の「発達」の考え方は障碍のある子どもの保育や教育の内容をほぼ規定する役目を担うことになったので

した。確かに、今日では障碍児教育は「特別支援教育」と呼ばれるようになり、少なくとも理念上は、これまで教師主導の「させる」「与える」教育から、「子どもの一人ひとりの教育的ニーズに応える」教育へと大きく方向転換したと言われます。

しかし、実態はどうかといえば、残念ながら教育内容は従来と大差ないものにとどまっているように見えます。その理由は多々あるでしょう。例えば、「子どもの教育的ニーズ」と言われているものが、「子ども本人のニーズ」なのか、「子どもの教育のために周囲の大人が考えるニーズ」なのかが曖昧なままであるというのもその理由の一つです。しかし何といっても、「発達」の考え方が従来どおりの能力発達の見方のままにとどまっていて、そこになんら変更が加えられていないことが、現場の教育内容が大きく変わらない最大の理由であると私は考えています。能力発達の尺度上でどれだけ伸びたかでもって教育効果を測ろうとする限り、従来どおりの発達促進教育、つまり「させる」教育に回帰することは火を見るより明らかだからです。

真に「子どもの教育的ニーズに応える」教育がめざされるなら、これまでの障碍児教育の屋台骨となってきた能力発達の考えが、まずもって見直されなければならないと思います。この点については、第7章で再度詳しく論じることにします。

これまでの議論をまとめると、健常な子どもも障碍のある子どもも、「発達」という尺度上に位置づけられてその能力面の発達を評価され、親はその結果に一喜一憂するという事情が見えてきます。まるで「発達の尺度」に合わせるために「育てる」営みがある、といわんばかりなのです。

(3) 従来の「発達」の考えの弊害

「たくさん与えれば力がつく、力がつけば競争に勝てる、そうすれば幸せが待っている」。このような競争原理や成果主義を表立って主張する人はいないかもしれません。しかし、保護者や受験指導の担当になった教師は、本音の部分では案外、このような考えに引きずられているのではないでしょ

か。このような考えが子どもを「育てる」という営みに深く浸透するとき、そこにどのような結果が待ち受けているでしょうか。

　まず、このような競争原理と成果主義は、まさに弱肉強食の世界に通じ、「共に生きる」という人間本来の生きる構えを大きく突き崩すことに繋がります。「他所の子よりもわが子が抜きん出ること」が親の強い願いとなり、その実現のためには可能な限りの教育投資をし、力をつけるためには手段を選ばないという子育ての構えが生まれます。子どもに対しては、絶えず努力することを求め、努力が成果を伴えば大いに褒め、成果を伴わなければ冷たい目で見て蔑むという態度が導かれるのは、ある意味では当然でしょう。

　こういう親の態度の下で子どもはどのように育つかといえば、子どもらしく、思う存分に仲間と遊び、いろいろなものに興味をもって意欲的に学ぶという、子ども本来の生きる姿勢が見失われてしまいます。そして優越感と劣等感の坩堝に投げ込まれたまま、いつも追い立てられた気分になって、自分が自分らしく生きることができないという結果をもたらします。

　保育の場を振り返っても、ほとんど毎日、幼児塾通いをしていて、遊びに熱中できないばかりか、友達の中で自分があちこちの幼児塾に通っていろいろなことができるようになったと自慢する子どもさえいます。

　小学校に上がれば、学力面でも運動面や芸術面でも他から際立たない子どもは、「だめな子」という親の蔑んだまなざしに傷つき、深い自己疎外感と自信喪失にとらえられます。その結果が、長じて、ひきこもり、リストカット、薬物依存、はては重大犯罪へと子どもや青年を追い込むのです。

　有名大学合格が子どもの将来の幸せを約束すると信じる親たちは、それに向けて周到なレールを敷き、子どもにひたすらそのレールの上を走ることを求めます。そしてその上をわが子がひた走りに走り続ける限り、わが子はよい子だと安心して、わが子がどのような心をもった人間に成長しているかを顧みようとしません。けれども、大学合格によってその目標が達成されてしまうと、その先はないのです。

　子どもも同様で、親の期待に沿ってひたすらレールの上を走り、ようやく

その目標に到達してみれば、その先にレールがないためにこの先どのように生きればよいかが分からないという状況が生まれ、目標が見つからない、自分に自信がもてないという悩みを抱えることになります。こうして親子共々、目標到達の後は虚脱状態が待っているだけ、ということになりがちなのです。

他方、障碍のある子どもについていえば、親が「その子なりの発達の可能性を最大限に引き出すことができれば十分です」と控えめに語る場合でも、その基底に「発達促進」の考えがある限り、子どもの心に目を向けることは難しく、能力面にしか目を向けない結果になりがちで、そのために結局は子どもに「何かをさせて力をつける」働きかけへと傾斜することになります。教師の場合も同様です。その結果、子どもはやはり絶えず努力することを求められ、自分らしく生きることが難しくなります。まるで発達の階段を上るために生きねばならないかのような生活を強いられる結果になるのです。

そうしてみると、「発達」という考え方は、本当に子どもを幸せにしたのだろうかという素朴な疑問が湧きます。親や保育者や教師の願いが優先し、子どもが生き生きと自分らしく生活することが難しくなったように見えるのです。言い換えれば、子ども自身が生きる主体であるのに、自分の心が充実するかたちで生きることが絶えず先送りされ、ひたすら頑張ることを強いられるような生き方が求められる結果、子どもの心に歪みが生まれることになったのではないでしょうか。

「自信のなさ」「自己肯定感の乏しさ」「自己疎外感」など、最近のメディアにも取り上げられる青年たちの心の歪みは、このような能力発達の考えの下に、太古から続いてきた素朴な育てる営みが突き崩された結果ではなかったでしょうか。あるいは、障碍のある子どもたちの、「いや」さえ言えない重苦しい暗い表情の陰に、ひたすら努力することが求められるばかりの生活の問題が潜んでいないでしょうか。

私はここに、従来の能力発達の考え方の問題があるように思います。もちろん、能力発達に関わってこれまで発達心理学が導いてきた知見がすべて無意味だとか、必要ないなどと言っているのではありません。ただ、この考え

が人の「育てる」営みに深く入り込んだとき、それが「育てる」営みそのものを壊し、子どもの育ち、特に心の育ちを歪める結果になったのではないかと言っているのです。ここに私が、従来の能力発達の考えとは違う発達の見方を提示する理由があります。私は従来の能力発達の考えに対置する自分の発達の見方を「関係発達論」と呼んできました。次節以下ではこれを紹介してみます。

第2節　関係発達という考え方の成り立ち

（1）　関係発達の概念図の成り立ち

　序章でも見たように、「子どもは発達する」と言わずに、「子どもは育てられて育つ」と言うとき、そこには育てられる子どもと育てる親がいて、その両者が「育てられる－育てる」という関係の営みの中で繋がっている様相がイメージされます。しかし、そのイメージは、「いま」という時間の切片における関係の営みのイメージが強く、子どもはもっぱら育てられる側、親はもっぱら育てる側に位置づけられたままです。やや静態的なこのイメージを少し時間軸の中で動かして、動態的に見ようとしてみると、「育てられる－育てる」という関係そのものが時間軸を動いて変容するという、ある意味で当然の事柄が浮かび上がってきます。これが「関係発達」という言葉を私が用い始めたときの基本的な認識の構図です。

　ところが、この構図に添って関係そのものが時間軸を動いていくとき、いずれ子どもは次の親の世代に移行し、そのとき親は祖父母の世代に移行するという現実に直面します。それを少し敷衍すれば、「子どもは、いまは子どもであるけれども、いずれは大人（親）になる存在である」というように、不思議な二重の規定が子どもに被せられることになります。さらに親についても「親はみなかつては自分を育ててくれた親の子どもであり、自分の子どもが親になれば自分は祖父母の立場に移行する存在である」という、これま

第 1 章　関係発達という考え方とその再考

図1　関係発達の概念図（改訂版）

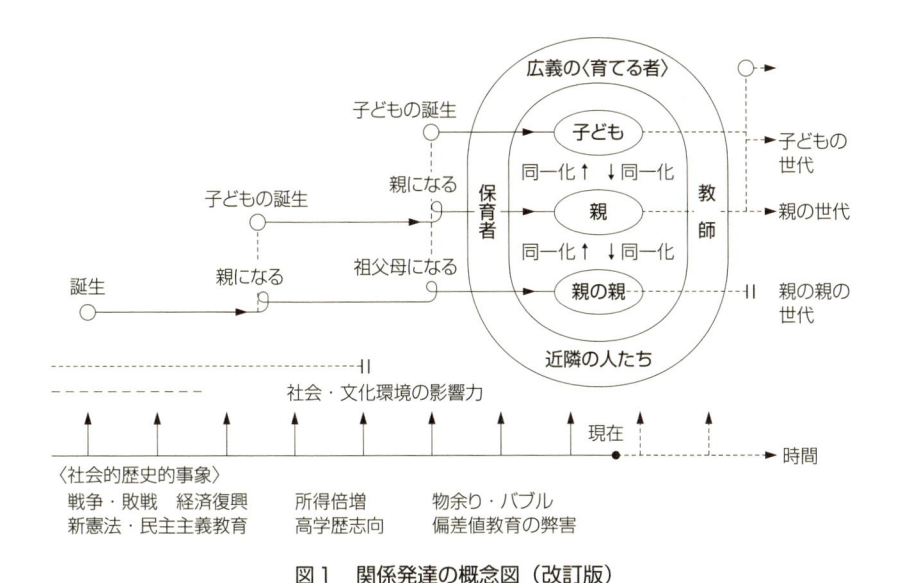

た不思議な二重の規定が親に被せられることになります。

　ここまでくると、各世代の生涯発達過程の同時進行という関係発達の考え方に行き着くまであと一歩です。ここから翻って考えれば、「子どもは育てられて育つ」という、一見当たり前の考え方に少し反省を加えてみれば、子どもも、その親も、そのまた親も、それぞれが自分の生涯発達過程を進行するなかで、「育てる−育てられる」という親子のあいだの世代間関係の中に不可避的に巻き込まれている事情が見えてきます。

　「関係発達」という用語で取り押さえたいことの一つが、この各世代の生涯発達過程が「育てる−育てられる」という関係で繋ぎ合わされながら同時進行するという点です。

　この考えを図示したものが図1で、これまで私がいろいろな著書のなかで「関係発達の概念図」として取り上げてきたものに一部修正を加えたものです。ここで、この図に即してこれまでの議論を整理してみましょう。

　ここに掲げた図1は、上に述べた三世代の生涯発達過程が同時進行するさ

まを念頭において描いたものです。図から分かるように、親の親、親、子どもの各世代は一世代分ずつ遅れてその誕生があり、その後、相前後する世代は、「育てる－育てられる」という関係で結びつきながら、それぞれの生涯発達過程を同時進行させていっているのが分かります。

さて、この図1をこれまで他の著書の中で「関係発達の概念図」として示してきたものと比較してみると、二点だけ変更点があります。第一の変更点は、親の親の世代（祖父母の世代）の生涯発達過程を表す線が祖父母になるところにおいて、親になるところと同様に、小さく一回転して少しずれた軌道を進んでいくところです。

この部分を変更をすることになったのは、私が初めての孫の誕生を経験し、それまでの親の世代からようやく親の親の世代に移行したことが関わっています。つまりその移行に際して、この移行がやはり生涯発達過程の中での一つの転換点であるという実感が私にあったからです（親の立場に移行したときの一大転換とは比べ物にならないにしても）。

もう一つの変更点は、図1の楕円が二重になっているところです。これまでの図では二重の楕円のうちの中心部の楕円しか描かれていませんでした。それの外側にもう一つの楕円を描いて、そこに＜広義の「育てる者」＞を入れた事情については後に改めて取り上げることにして、早速この図1の内容の説明に入りましょう。

(2) この概念図の解説
① 命の世代間連鎖

図1はまず、前の世代から命を引き継いで誕生した個が次世代に命をバトンタッチするということの連鎖、つまり命が世代から世代へと連鎖していく事実を描き出しています。この図には三世代しか描かれていませんが、親の親にはそのまた親がいるというように、この図は左下にどんどん伸びていきます。そして、もしも子どもの世代が次の世代に命を引き継ぐなら、この図は右上に伸びていく可能性があります。このように、この図は決して三世代

にのみ閉じたものではありません。

　振り返ってみれば、誰ひとりとして、自分ひとりの力でこの世に生まれてきた者はいません。両親に育てられたかどうかはともかく、みな両親から命を引き継がなければ（親から命をもらわなければ）この世に生まれ出てくることができませんでした。この図1に読者自身、自分を当てはめてみれば、誰もがそのことに気づくはずです。いまの若者が「オレの人生、どう生きようとオレの勝手だろう」と息巻いたり、「シングルがかっこいいから、私もシングルでいく」とシングル教への帰依を表明したりするのを耳にすることがしばしばありますが、その彼らも例外なく、この図に否応なく位置づけられてしまうのです。

　一人の人間の誕生は、命の世代間伝達という意味を不可避的にまとい、誕生した子どもを取り巻く先行世代の人たちの（親や親の親の）生涯発達過程に何らかの影響を及ぼさずにはすみません。一人の人間の誕生は、個の誕生という意味をはるかに越えた、いわば関係論的意味をもつのです。

　同じことは一人の人間の死についても言えます。その死を看取る者に影響を及ぼさないような人の死というものは考えられません。命が世代間で順繰りに伝えられていくのと同様に、死も世代間で順繰りに迎えられていくものです。一人の人間の誕生は個の誕生であると同時に、その個を取り巻く周囲の人々をも巻き込んだ現象であるといま述べたばかりですが、それと同じ意味で、死もまた個にのみ現れる現象ではないこと、つまりその個を取り巻く世代を巻き込んだ出来事として関係論的に考えられるのでなければなりません。その意味では、命の世代間連鎖は、死の世代間連鎖を暗に含むものだと言ってもよいと思います。これがまず、図1から読み取られるべき一点目です。

② 個の生涯発達過程の基本構造

　さて、図1の親の世代に注目してみましょう。親の世代を表す線を左にたどれば、親もまた前の世代の親から命を引き継いでこの世に誕生した事実に

行き着きます。これを起点にその線を右に進めば、前の世代から命を引き継いで誕生した個は、育てられて育ち、成長を遂げて大人になり、カップルをなして次の世代に命を引き継ぎます。そして誕生した次の世代を育てつつ、自らの生涯発達過程をさらに進んでいくことになります。

　そして子どもの世代が成長を遂げて成人する頃、親の世代は自分を育ててくれた前の世代（親の親）の介護に関わり、最終的にはその世代を看取るときがやってきます（この図では親の親を看取るのはこれからになっています）。そして、いずれ子ども世代が次の世代に命を引き継げば、親である自分は祖父母の立場に移行して、今度は自分自身が子どもの世代に介護を受け、看取られて、その生涯過程に終止符が打たれるときがやってくるという事情が見えてきます（親の世代から見れば、孫が誕生してそれまでの親の立場から親の親の立場に移行するとき、この図の楕円全体が一世代上に移動すると考えればよいでしょう）。これが一人の人間の生涯発達過程の基本構造であると言えます。

　言い換えれば、一人の人間の生涯発達過程は、誕生から30年前後の＜育てられる者＞の位相、その後の30年前後の＜育てる者＞の位相、そして前の世代を＜介護し看取る者＞の位相を経て、＜介護され看取られる者＞の位相にたどり着き、終焉を迎えるという一般的な構図の下にあることが分かります。

　この構図は自分自身に当てはまるだけでなく、自分の親の世代（つまりこの図1の親の親の世代）にも、また自分の子どもの世代にも当てはまるものです。そのように見れば、人は誰しもおよそ80年の人生をそのようにして潜り抜けていくのだという、人の生涯発達過程の一般的な構造を展望することができます。

　③　人生のコペルニクス的転回
　さて、図1の親の世代や親の親の世代の線分が誕生から右に進んできて「親になる」ところでくるりと一回転して少しずれた軌道を進む事情を説明してみましょう。

一回転するまでのところを＜育てられる者＞の位相、それ以後を＜育てる者＞の位相と見るとき、この転回を挟んで、＜育てられる者＞から＜育てる者＞への転換がなされていることが分かります。これは人生上の単なる区切りと言ったのではすまない、むしろ、その人にそれまでの人生にはなかった新しい生活を迫る、いや生活のスタイルそのものを大きく変えることを迫る、人生における最も大きな転換点だということを表現したものです。

ちなみに私の妻は、最初の子どもが誕生して新米ママの生活が始まって間もない頃に、「これは私の人生におけるコペルニクス的転回だわ」とため息混じりにつぶやいたことがありました。それは新米パパである私が頼りないことへの失望も含んだ妻の実感だったに違いありません。しかし新米パパとなった私にも、程度の差や重みの違いこそあれ、この「コペルニクス的転回」という実感はあったのです。その頃の私の体験が妻の「コペルニクス的転回」という言葉と合わさって、ここで線分をくるりと一回転させることになったのでした。

いま、若い親たちが子育てに悩み、なかなか＜育てる者＞になれない現状も、この図１に照らせば、このコペルニクス的転回を身に引き受けることが一般に難しいことなのだというふうに理解することができます。この転回の困難を支援するのが本来の子育て支援なのであり、単に子育ての肩代わりがその支援の意味ではないことも、この図を見れば理解できるのではないでしょうか。またこのコペルニクス的転回の困難な事実の中に、場合によっては虐待へと通じる危険も孕まれていること、それゆえ虐待という事象は特別な人にのみ起こる問題ではなく、誰にも起こる可能性のあるものだということも見えてくるのではないでしょうか。このコペルニクス的転回の困難については、次節でも別の角度から取り上げてみたいと思います。

ともあれ、この図１に示されるかたちで個の生涯発達過程をとらえれば、子どもが成長を遂げていくとき、親もまた親として成長を遂げていくこと、そしてその親としての成長は、子どもの成長と同時進行し、子どもの成長によって親の成長が促される面があるという点では、親が子どもによって育て

られる面があると言ってもよいのではないでしょうか。

親はもっぱら子どもを育てる存在なのではなく、子どもを育てる営みを通して、自分自身一人の人間として、つまり社会に生きる人間として育てられる面もあるのです。

④「育てる−育てられる」関係の世代間循環

次に図1の内側の楕円の内容を説明してみましょう。

この内側の楕円の内部には、子ども、親、親の親、という三世代が描かれ、それぞれの間で同一化の矢印が双方向に向かっているのが見て取れます。これを親の世代を中心に見れば、親は子どもから同一化を向けられるとともに、子どもに同一化を向けているということです。親と自分の親は、元々は子どもと親の関係ですから、そこにも双方向の同一化の矢印が描きこまれています。つまり親は、子どもと自分の親に挟まれ、同一化の矢印が「向ける−向けられる」というかたちで四重になっているのが分かります。これはいったい何を意味するのでしょうか。

親になってみると、わが子は単なる子どもではなく、わが子のいまの姿を見て、親は「自分にもきっとこのような姿があったに違いない」というふうに、かつての自分の幼い姿を想像し、そのイメージを重ねてわが子を見るという、不思議な経験が折々に生まれます。そのとき、目の前の子どもがかつての私ならば、いまの私はかつての自分の親だというように、不思議な世代間の入れ替わりが起こります。これは私自身の経験の中で大きな驚きとして迎えられたものでした。

親のようになりたい、親のようになりたくないという、子どもが親に向ける同一化や反同一化（裏返しの同一化）については、私自身、子どもの頃に何度となく経験していました。しかし子どもの頃に、私の親が私の中にかつての自分を見るかたちで同一化を向けていたとか、自分の果たせなかった夢を私に期待してそのような思いを振り向けていたということなど、ついに気づかずにきてしまっていました。だからこそ、その世代間の不思議な入れ替

わりの経験を私は驚きをもって迎えることになったのだと思います。

わが子の様子に引き込まれ、自分にもこういうときがあったのだと同一化を向けた瞬間、その私の思いを私の親もかつてしていたに違いないと思い始める……そこから「育てる－育てられる」という関係が同一化（あるいは反同一化）を挟んで世代間で順繰りに循環していくという考えがおのずから導かれてきました。「親になって初めて、自分を育ててくれた親のありがたみが分かる」と昔から言い伝えられてきたことが、私自身に一つの体験として生じたということです。

そうしてみると、この楕円内の三世代が同一化を向け合う関係こそ、一人の子どもが「育てられて育つ」ということの一つの意味、一人の親が「子どもを育てることで育てられる」ということの一つの意味だということが見えてきます。

しかし、この双方向の同一化の矢印を向け合う世代間の関係は、常に幸せな関係を保障するものではありません。同一化するからこそ、腹立たしさや怒りがこみ上げてくる場合があります。そこに親子関係が常に幸せを約束するものではなく、むしろ常に葛藤を孕み、時には困難な事態に陥る可能性さえ生まれるという理由があります。というよりも、親子間の葛藤する関係を視野に入れて、さまざまな具体的な発達臨床的問題をとらえようとするからこそ、関係発達を論じなければならなかったのです。

以上がこの概念図の概略の説明です。ここまでがこれまで私が関係発達論の概念図において取り上げてきた問題でした。しかしながらこれまでの説明は、各世代間の生涯発達過程が「育てる－育てられる」という関係で結ばれつつ同時進行するさまに焦点を合わせたものに過ぎません。確かにそれによって、命の世代間連鎖や死の世代間連鎖が見え、＜育てられる者＞から＜育てる者＞へのコペルニクス的転回や、＜介護し看取る者＞から＜介護され看取られる者＞への移行が見えてきたのは確かです。しかし、子どもは「育てられて育つ」というテーマに目を向け直し、「育てる」という営みにより密着して考えようとしてみると、これまでの説明では不十分であることが分か

ります。それが外側の楕円を書き加えた理由です。

(3) ＜育てる者＞を広くとらえる必要

従来の「関係発達の概念図」の変更点の二つ目は、子どもの世代、親の世代、その親の世代の三世代を取り囲む楕円の外側を、もう一つの楕円（広義の＜育てる者＞たち、つまりきょうだい、保育者、教師、近隣の人や親類縁者たち、さらには仲間たち）が取り囲んでいるところです。従来の図は「育てる－育てられる」という世代間の関係を強調するところに主眼がありました。

しかしながら、一人の子どもの「育てられて育つ」過程により密着して考えるとき、その実相を捉えるためには、三世代の世代間の関係を取り上げるだけでは明らかに不十分です。この点を自己批判を含めてもう少し詳しく見てみましょう。

① 親子の関係は基本的には三者の関係である

第一に、「親」という表現は、子どもから見れば、基本的には「二人の親」（両親）であり、「親の親」は「四人の祖父母」のはずです。つまり、この図で一本の線で表現されていた「親」は、より正しくは、始点がわずかに違う２本の線（両親それぞれの生涯過程）が圧縮されたものと考えられなければなりません。また＜親の親＞の線も本来は四重線が１本に圧縮されて表現されたものと考えられなければなりません。

親子の関係は、ですから二者関係が中心なのではなく、むしろ基本的には子どもと母親と父親という三者の関係が中心に考えられなければならないものです。たとえ、離婚や死別によって単親家庭になったとしても、子どもからみれば、親と子の関係は常に（不在の親をも含んだ）「両親との関係」なのです。

このことは、「育てられて育つ」過程に、両親間の関係のありようが深く影を落とすことを意味します。例えば、「コペルニクス的転回」ひとつを取

り上げてみても、それが二人の親において同時になされることは難しく、一般的には母親のほうが早く、父親が一歩遅れるというように、多くの場合にそこに時間差が生まれます。しかし、お互いにパートナーのコペルニクス的転回をゆっくりと待つことができればともかく、いち早く転回を遂げることに向かったほうは、遅れるパートナーに不満を抱き、それが夫婦間の軋轢(あつれき)になる場合がしばしばあります。言葉にすれば「時間差」に過ぎなくとも、そのことに端を発して三者での生活がきしみ始め、お互いの抱く不満や葛藤が離婚につながったり、あるいは子どもの虐待に通じたりする場合さえ生じ得るのです。図1に示した親の「コペルニクス的転回」は、いまのような夫婦間の関係の軋轢を含んだものとして考えられなければなりません。

　そのように考えれば、子どもの「育てられて育つ」過程は、両親のあいだの関係のありように翻弄される危うい綱渡りのような過程であることが見えてくるはずです。親と子の関係は、幸せな局面を多数含みつつも、その背後に常に葛藤を抱えた関係であり、一歩間違えばとんでもない状況に引き込まれる危うい関係なのです。このことは、離婚や再婚が子どもの心の育ちに及ぼす影響を考えるときにさらにはっきりするでしょう。そのことの一端は、後に見るエピソードにも明らかです。

② きょうだい関係を考える必要がある

　第二に、多くの子どもにはきょうだいがおり、そのきょうだい関係は、いうまでもなく当の子どもの生涯発達過程に大きな影響を及ぼします。とりわけ、まだ幼い時期に下に弟妹が生まれた場合、上になる子どもはそれまでの自分中心の世界が大きく変わり、世界の中心からはずされるような寂しい気分を味わう一方で、上になることに誇らしい気持ちを抱くというように、複雑な思いに駆られます（P.41のエピソードを参照）。

　下の子に焼きもちを焼いたり、赤ちゃん返りをしたりする一方で、下の子の面倒をみるなどの上の子らしい振る舞いも見られるというように、子どもは正負両面の心の動きを経験し、それがその子の大きな成長の機縁にもなり

ます。

　そのようなきょうだい関係を念頭に置けば、この図1は「子どもの誕生」のすぐ後に、もう一つの命の誕生があり、そこからも線が右に伸びていく可能性があるということになります。そしてそのきょうだい間にも、親子間のとは明らかに違うにせよ、影響を及ぼし合う関係が生まれます。そのような可能性がこの図1では省略されていることを見ておかなければなりません。

　③　広義の＜育てる者＞の存在を考える必要がある
　第三に、早期から日中の養育の大半を保育の場で受ける子どもたちが多数いることも、「育てられて育つ」ということが親子間だけの問題ではないことを示唆しています。というよりも、太古の昔から、親だけによって育てられる子どもはいなかったといっても過言ではありません。大家族で生活していた時代には、両親や祖父母以外にも、親類縁者や近隣の人が育てる営みに関与していました。現代は、それらの大人たちに代わって、「保育者」がクローズアップされているのだと考えることもできるでしょう。そして両親の育てる営みは、周囲の大人たち（祖父母や保育者や教師）の広義の育てる営みと深く結びつき、そこからの影響を強く受けるのです。要するに、時代を問わず、子どもは自分の生活のなかで出会う多くの大人たちや周囲の子どもたちの影響を強く受けて「育てられて育つ」のだと言えるでしょう。

　私はいま、保育の場に出かける機会が多く、そこでは就園している子どもばかりでなく、園庭開放を利用して集まる子どもと保護者、一時保育を利用して集まる子どもなど、現代の子育て事情を反映して、実に多くの人たちが保育の場に出入りし、子どもはそこでさまざまな大人と関わりをもっています。そこに「育てられて育つ」現実があります。その経験が、従来の図にこの図1のような外側の楕円を描きこむ理由になりました。

　実際、幼児期、学童期と年齢が上がれば上がるほど、保育者や教師など周囲の大人の影響はもちろん、同じ年格好の子どもたちとの関係の影響もまた大きくなることは言うまでもありません。それに加えて、乳児院や児童養護

施設などの施設で育てられる子どももいることを視野に入れておかねばならないでしょう。

　以上の議論を振り返ってみれば、従来の関係発達の概念図の説明では、「育てられて育つ」ということの中身が血縁ベースの三世代の関係に矮小化されて理解されかねないところがありました。それはまた、「育てる」という営みが、親の育てる営みに矮小化されて理解されかねない危うさがあったということでもあります。この図1で外周の楕円を描き加えることによって、手前味噌ではありますが、子どもが「育てられて育つ」その実相にいま一歩近づけたのではないかと思います。

　以上の議論を振り返る目的で、以下に4人の保育者の描いたエピソードを見ておきましょう。

第3節　4人の保育者の描いたエピソードから

●エピソード1●　　弟をたたくMちゃん　　　　　　　　S保育士
　<背景>
　Mちゃんは2歳の女児である。1カ月前に弟が生まれた。「Mん家、赤ちゃんが生まれたよ」と何度も嬉しそうに話したり、それまでは小さいクラスの子どもに関心を示さなかったのに、自分から声をかけ、手をつないで歩いてあげたりする姿も見られるようになり、弟が生まれたことを嬉しく思っているのだなと感じられた。その一方で、時々ふいに心細そうな表情を見せたり、急に甘えてきたりすることもあり、やはり不安もあるのだろうと思われた。弟が生まれてちょうど1カ月経ち、母が初めて弟を連れてMちゃんを送ってきた朝の出来事である。
　<エピソード>
　朝の登園時間、私が保育室で受け入れをしていると、Mちゃんが一人で部屋に入ってきた。「Mちゃん、おはよう！」と声をかけ、Mちゃん

の後ろを見ると、お母さんが赤ちゃんを抱っこして入ってきた。「わあっ！ お母さん、久しぶり。おめでとうっ！ 赤ちゃん見せて！」と言って駆け寄ると、他の保育士も周りの子どもたちもみんなが一斉に集まってきた。お母さんがみんなによく見えるように、赤ちゃんを抱いたまましゃがんでくれたので、「わあ！ かわいい！」とみんなはお母さんと赤ちゃんを取り囲んだ。しばらくのあいだ、みんなが赤ちゃんに注目し、赤ちゃんの話題で盛り上がっていた。

　Мちゃんは返却するために持ってきた絵本を手に持って、赤ちゃんの足元の位置に立っていたが、その絵本で赤ちゃんの足のあたりを、おくるみの上からぽんぽんとたたき始めた。それは、痛くしようとしているわけでもないが、好意的でもない、微妙な感じのたたき方だった。お母さんは怒るわけではなく優しい口調で「痛い痛いよ、やめてね」とさらっと言ったが、Мちゃんは止める様子はなかった。強いたたき方でもなく、一見、Мちゃんが意識的にしているようにも見えなかったので、それ以上は誰も何も言わず、また赤ちゃんの話題に戻っていった。

　ふとМちゃんの顔を見ると、半分怒ったような、半分寂しそうな、なんともいえない表情をしている。「かわいい、かわいい」と赤ちゃんのことばかり言っていた私は、Мちゃんの表情にはっとした。そしてМちゃんを抱き寄せて、「赤ちゃんかわいいねぇ、Мちゃんみたいにかわいいねぇ」と言った。Мちゃんはにっこり笑ってうなずくと、「これ、読んで」と持っていた絵本を差し出した。私は赤ちゃんを囲む輪から離れ、Мちゃんに絵本を読んであげた。

＜考察＞

　下の子どもが生まれると、誰もが大なり小なり複雑な気持ちをもつものである。新しい家族を迎えるために、誰もが通る道であり、乗り越えていかなければならないものである。とはいえ、そのときその子が、自分が忘れられたような、寂しく不安な思いをしていることも事実である。Мちゃんも弟はかわいい、でも憎らしい……という複雑な思いを抱えて

いるのだろうと思う。

　生まれたばかりの弟を大事な家族の一人として受け入れていくには、自分も大事だと思われているという自信が必要である。Mちゃんが弟を受け入れていくために、周りの大人が応援できることは、Mちゃんのことは忘れていないよ、いままでと変わらず大事なMちゃんだよ、というメッセージを送ってあげることだと思う。

＜私からのコメント＞
　このエピソードは、皆の気持ちが赤ちゃんに向かったことにMちゃんが焼きもちを焼き、それに気づいた保育者が「赤ちゃんかわいいねぇ、Mちゃんみたいにかわいいねぇ」ととっさに言葉を紡いだことによって、ようやくMちゃんの気持ちがなごんだ、というものです。
　新しい家族を迎えることは、子どもにとってはこのような葛藤をくぐり抜けることでもあります。こうしたエピソードの中に、「育てられて育つ」という当たり前のことが具体的に現れてきています。家族が円満に暮らしている場合でも、家族関係に変化が生まれれば必ず葛藤が生まれること、そしてそのように落ち着かなくなった子どもの心を周囲の大人が受け止め支えることが「育てる」ことの大事な中身であることが分かります。これが「関係発達」の内実なのです。
　個体の能力発達に定位すれば、何ができたか・まだ何ができないかの議論に陥りますが、このようなエピソードを読めば、きょうだい関係の端緒はどの家庭でも一つのドラマなのだということが分かると思います。そして、子どもの「育てられて育つ」その内実は、現代では親子の関係をはみ出して、保育者が大きな役割を担っていることもこのエピソードから分かると思います。そしてまた、私が個別具体の「人の生き様」に定位する理由も、こうしたエピソードを読めばおおよそ理解してもらえるのではないでしょうか。
　下に弟妹が生まれた子どもの葛藤を描いた同じようなエピソードをもう一つ提示してみましょう。

●エピソード2● 　　私は赤ちゃん　　　　　　　　　　　M保育士

＜背景＞
　Yちゃんは4月から入所してきた3歳（現在4歳4カ月）の女児である。入園当初は父親、母親との3人家族だったが、11月に妹が生まれ4人家族になり、Yちゃんはお姉ちゃんになった。妹ができてしばらくは祖母と登園していたが、1週間くらい経ち、母親と登園するようになり、その頃から保育園に来るのを嫌がり、泣いてなかなか母親と離れようとはしなくなった。抱っこをしたり、友達の遊びに一緒に参加をしたりしようとしても、一日中泣いている日々が2〜3日続いていた。私は、泣いているYちゃんにどう接したらよいのかとても困っていた。

＜エピソード＞
　その日も、朝から泣いて登園してきたYちゃん。保育室の入り口で離れたくないと言わんばかりに、母親の手をぎゅっと握りしめ泣いていた。泣いている途中にも「保育園やだー、お家に帰りたい」などと言い、母親に涙を浮かべながら訴えていた。母親はしばらくYちゃんをなだめていたが、赤ちゃんのことが気になっている様子だったので、泣いているYちゃんを母親から受け、母親はYちゃんを心配そうにしながらも帰っていった。ちょうど朝の受け入れ時間だったこともあり、他児の様子も気になっていた私は、そばに椅子を置いて、Yちゃんを座らせた。Yちゃんはその間も、泣き続けていた。

　受け入れが落ち着いてきたところで、私はYちゃんの気持ちを知りたいと思い、Yちゃんの傍に寄り添い、涙でいっぱいの目を見つめ、「ママと離れるの寂しかったんだね」と話しかけた。しかし、Yちゃんは私の言葉を聞き入れてくれる様子もなく、泣いているばかりだった。泣いているYちゃんに、周りの友達も心配そうに「Yちゃんどうしたの？」「泣いたら悲しくなるよ」などと声をかけていたが、その声かけで、余計に泣きたい気持ちになってしまっているようだった。

　このままではYちゃんも周りの友達のことが気になって落ち着けない

し、私もYちゃんの気持ちに寄り添うことができないなと思い、私はYちゃんを抱っこして別室に行った。私の膝の上に横向きに座らせ一対一になると、Yちゃんは少しずつ落ち着いてきた。Yちゃんに、もう一度保育室で話したように言った。「ママと離れるの、寂しかったんだよね」。すると、Yちゃんはゆっくり小さくうなずいてくれた。少しYちゃんの気持ちに寄り添えたように感じた。

　そこでYちゃんに、お母さんがお家で赤ちゃんのお世話をしなくてはならないことを話した。その後に、「ずっと泣いていたら、赤ちゃんみたいだよね。Yちゃんはお姉さん？　それとも赤ちゃん？」と尋ねてみた。すると、Yちゃんはしばらく考えるかのように下を向いていたが、小さな声で「赤ちゃん」と答えた。それを聞いた瞬間、私はYちゃんが心の中で思っていたことが分かった気持ちになった。Yちゃんは赤ちゃんのように母親に接してほしかったのだと思った。Yちゃんも気持ちを伝えることができたからなのか、涙も止まってすっきりとした表情になった。私は嬉しかったのとホッとしたのとで、Yちゃんをぎゅっと抱きしめた。

　夕方、お迎えに来た母親にこの出来事を伝え、お家でも関わりを増やしてほしいことを伝えた。そして園でも、Yちゃんと関わる機会をできるだけ多くもつようにした。いまでは、Yちゃんは元気に手を振って登園することができるようになってきている。

＜考察＞

　Yちゃんの泣き声に赤ちゃん返りだなと感じていたが、本当に赤ちゃんでいたいと思っているのだと分かってびっくりした。いまから振り返ると、Yちゃんが泣いていたのは、私に甘えたいサインだったのではないかと思った。泣き続けるYちゃんに戸惑いもあったが、私がYちゃんに寄り添おうと思ったことで、Yちゃんも心を開いてくれたのではないかと感じた。

　家庭との連携もあって、Yちゃん自身が園に楽しんで来てくれるようになったことを嬉しく思っている。いまでも母親にバイバイをする姿は

必死にがんばっている感じはあるが、私が抱っこしたり、ぎゅっと抱きしめることで、すんなり遊びにも入っていけるようになってきている。
これからも、Yちゃん自身の気持ちに寄り添いながら、Yちゃんの心が安定できるように関わっていきたい。

＜私からのコメント＞
　エピソード１と似たエピソードですが、赤ちゃん返りだと分かっていても、母を求めて泣き続ける子どもに対応するのは、若い保育者にはかなり難しいことなのでしょう。エピソード１で「Mちゃんみたいに可愛い」という言葉を紡いだベテランの保育者とは違って、ここでは「Yちゃんはお姉ちゃん？ それとも赤ちゃん？」という言葉がかけられています。その問いに、しばらく考えて「赤ちゃん」と答えるYちゃんの気持ちのありようが、いまの置かれた状況の難しさを裏側から示しているように見えます。
　エピソード１の保育者が言うように、「誰もがくぐる道」なのですが、しかしそれでもその不安な気持ちを受け止め支える大人が必要なのだということが、このエピソードからも分かります。
　上の立場になった子どもには、お姉ちゃんになることへの期待も誇らしい気持ちもどこかにあるに違いありませんが、しかし赤ちゃんのように扱われたい気持ちも同居しています。早くお姉ちゃんになることを急がせるのではなく、やはり赤ちゃんのように扱ってほしいという思いを受け止めることが、子どもの周囲にいる大人の役割なのだと思います。
　簡単なエピソードのように見えますが、私はこのようなエピソードに接することを通して、いまの子どもの「育てられて育つ」実態に迫れるのではないかと考えています。

●エピソード３●　新しい家族の誕生　　　　　　　　　　　Ｔ保育士
　＜背景＞
　　Ｎちゃんは５歳の女児である。日頃からおしゃべりが好きで、友達と

も元気に遊んでいる。母ひとり子ひとりの母子家庭で、きょうだいがいないせいか、年長さんになってからはよく園で赤ちゃんを抱っこしてくれたり、可愛がったりしてくれている。その反面、可愛がり方に一方的なところも見られ、また時折、ふと寂しそうな表情を見せたり、暗い表情になったりしていることがあって、私はNちゃんのそんな様子がずっと気になっていた。

＜エピソード＞

　午前中の戸外での遊びのときである。私が花壇の雑草取りをしているところにNちゃんがやってきて、「先生、嬉しいことがあったんだよ、先生、お母さんにも他の先生にも内緒だよ」と言う。そこで私が「どうしたの？」とわくわくした気持ちで尋ねると、「お母さんのお腹に赤ちゃんがいるんだよ！」と満面の笑顔と弾んだ声で答える。私はNちゃんのところが母子家庭であることが分かっていたので、Nちゃんの言葉に一瞬どきっとしたが、Nちゃんの笑顔に思わず「よかったね！　おめでとう！　Nちゃん、お姉ちゃんになるんだね！」と言ってしまった。

　私が言い終わる間もなく、Nちゃんは「お父さん、祐二って言うんだよ、祐ちゃんと言ってもいいんだって。先生も祐ちゃんって呼んでもいいよ」と興奮気味に言う。これまで二人暮らしだったNちゃんに新しい家族が誕生したことで、会話が盛り上がった。いままでみせていた暗い表情とはうって変わって、これからの生活に希望を抱き、心躍る様子が手に取るように伝わってきた。

　私はお父さんのことには触れずに、「赤ちゃん、楽しみだね。元気な赤ちゃんが生まれますようにって、神様に祈っておくね。素敵な嬉しい内緒話、ありがとう」と伝えて、二人で一緒に保育室に戻った。

　後で他の先生方にいまのNちゃんの話を伝えると、Nちゃんは他の先生たちにもすでに話していたようで、そんなことからもNちゃんの計り知れない喜びが伝わってくるようだった。

＜考察＞

　Nちゃんの喜びに接することで、これまでNちゃんが母子家庭という環境で味わってきた寂しい気持ち、両親が揃った家庭を夢見る気持ちがかえって分かるような気がし、胸の痛む思いに駆られた。〝内緒話だよ〟と言うNちゃんの心躍る思いにただただ共感していた私だったが、少し冷静になってみると、これから、母親の出産、結婚、子育て、4人での暮らしと、Nちゃんの生活が大きく変わり、この先いろいろと大変なこともあるだろうな、と思わずにはいられなかった。それでも、いまの喜びを一緒になって喜んでくれる人をNちゃんが求めているのだと思い直し、このNちゃんの喜びの瞬間を理屈ぬきで一緒に喜ぼうと思った。

＜私からのコメント＞

　これは、母親の妊娠、新しい父親との出会い、母親の再婚が同時に重なるという、複雑な家族事情の下にある子どものエピソードです。

　新しい家族の誕生を心躍る気持ちで喜ぶ子どもの姿からは、それまでその子がどれほど両親の揃った家庭に憧れていたかが垣間見えてきます。これを描いた保育者は、この先、4人家族になった後の生活がどういうものになるのかが心配で、手放しで喜べない様子です。それは異父、異母の関係が昔から問題を孕みやすい関係であると言われてきたこと、またそのような関係から虐待につながることがままある、ということが念頭にあるからでしょう。それはともあれ、いまはそれを喜ぶNちゃんの気持ちを素直に受け止めようと努めているところに、広義の＜育てる者＞としての配慮と気苦労がうかがえます。

　はしゃぎすぎるぐらいはしゃぐNちゃんの喜びようは、一面では、両親の揃った家族への憧れが現実のものとなったことへの素直な喜びであるに違いありません。しかし他面では、これから起こる大きな家族関係の変化とその大変さをNちゃんなりに漠然と感じ取って、それを裏返しのかたちで表現したもののようにも読めます。いずれにせよ、Nちゃんはそのような複雑な家

族関係の中で、これからも「育てられて育つ」のです。

　いま、保育の場を足繁く訪れるたびに、両親の離婚や再婚に振り回される子ども、あるいは両親の一方の精神障碍や犯罪によって夫婦関係が大きく崩れ、それに振り回されている子どもにしばしば出会います。

　そういう子どもたちのなかには、自分の身の回りに起こった負の事態を受け止めかねて暗い表情のまま沈み込んでいる子どももいます。また、その葛藤を周囲にぶつけて乱暴に振る舞わずにはおれない子どももいます。さらには、その事態を健気にも必死に受け止めて、前向きに生きていこうとしている子どももいます。そのいずれの場合においても、広義の＜育てる者＞が狭義の＜育てる者＞を何とか支えようと努め、場合によっては子どもを育てる中心的な役割を担うことさえあります。

　こうした現実を見据えるとき、「育てる－育てられる」という関係の実相に迫るには、従来の三世代の関係という視点だけでは不十分であることが痛感させられます。ここに、「広義の育てる者」の楕円を描く理由があったのです。

　そしてエピソードでは詳しく触れられていませんが、Nちゃんの母親に焦点を合わせれば、関係発達の概念図のコペルニクス的転回のところで母親の人生に大きな転機が訪れているということでしょう。それも一つの家族のドラマであるには違いありません。

●エピソード4●　「T男くん、抱っこして」　　　　　　U保育士
＜背景＞

　年少児K男（4歳5カ月）は弟（2歳3カ月）と二人兄弟で、父・母との4人家族である。母親は看護師のため夜勤等もあり、父親と過ごすことも少なくない。2歳児クラスまでは、あまり表情が豊かなほうではなく、弟が生まれたことで「K君はお兄ちゃん」といった母親の思いが感じられることもあり、気になっていた（母親自身控えめで表現力が豊かなほうではない）。

年長児T男（6歳4カ月）は弟（2歳7カ月）と二人兄弟で、父・母・祖父・祖母・曾祖父・曾祖母との8人家族。クラスのリーダー的存在で、同年齢の友達からも一目置かれ、年下の子どもたちからも頼られたり憧れられたりする存在である。K男とT男は異年齢クラスの同じクラスである。毎日の生活を共にするなかで、T男はK男のヒーローごっこに付き合ったり、食事のグループが同じため、世話をしたりしながら関わりが深まっていき、集いで輪になって座るときや絵本の読み語りを聴くとき等、T男がK男を膝に座らせたり、K男がT男の隣に座りたがったりと慕う姿がよく見られるようになった。以前までは、皆で何かしようとすると輪から抜けることが多かったK男だったが、いまでは自分から集いの中で発言したり活動に積極的に参加する姿が見られるようになり、とぼけた表情や言葉を言っては友達を笑わせたりと、ひょうきんな一面も見せている。

＜エピソード＞

午後のおやつの時間（K保育園では午後3時から40分の間に、順次おやつの部屋に食べに行って保育室［異年齢］に戻って過ごす）、K男が食べ終えて部屋に戻り、暖房器の前に設定してあるコーナーの椅子に座る。T男も戻ってきて、年長の女児等とごっこ遊びの続きを始めるが、「学校に行ってくるわ〜」とK男の近くの暖房器の前にきて座り込む。すると、K男がしな〜っと椅子から降り、T男のあぐらにゆっくりと手を伸ばし、頭をもたげ、甘えた声で「T君〜、だっこして〜」とあぐらに頭をのせ横たわる。

私はそこで声をかけようかと思ったが、見るとT男は左手で優しくK男の髪を撫でながら一点を見詰めボーと黙っている。K男は髪を撫でられながら、T男が自分の頼みを聞いてくれたことが本当に嬉しい様子で、猫が飼い主の膝の上で撫でられ気持ち良さそうにするような表情で笑みを浮かべていた。

私はすぐ傍にいたのだが、時が止まったかのようななんともほんわか

した雰囲気に、声をかけてはいけないように感じ、横目で見ながらそっとしておいた。そのうちに、一点を見詰めていたＴ男がハッと我に返ると、「はい！　おしまい！」と言ってサッと立ち上がり、ごっこ遊びのコーナーへ戻っていった。ほんの10〜15秒の出来事だったが、なんとも言えない二人の表情が印象的で心温まる場面だった。

＜考察＞

　異年齢の子どもが日常の生活を共にするなかで、年上の子が年下の子を可愛いと思い、手助けをしたり、逆に年下の子は年上の子に世話をしてもらったり、年上の子のしていることをじっと見たり触れたりする中で、その子の内側が育ち年上の子に憧れる関係が生まれてくるといった姿が見られる。そういった関係の中で見られたＴ男とＫ男の姿だと思う。家庭では２歳３カ月の弟の兄として過ごすＫ男だが、園で年長児のＴ男に自分の甘えたい思いを受け止めてもらえる安心感、Ｔ男も自分を慕って頼りにされているという喜びを感じているのではないかと思う。また、おやつ前は年長児だけの活動の時間で、同じ目的に向かって友達と協力したり、それぞれの役割を考え合うといった、同年齢だからこその活動をしてきた後だったことも、異年齢クラスに戻り年下の子に慕われることを義務的ではなく自然と受け入れられた理由ではないかと思う。Ｔ男は、心地よい暖かな暖房の風を背に受けＫ男の髪を優しく撫でながら、今日の園生活を振り返り頭の中で整理していたのかもしれない。そこに保育者が変に声をかけなくて本当によかったと思った。子どもは自ら〝伸びよう・生まれ変わろう〟とする力があり、それは周りの人との関わりの中で、特に身近な大人を含め、異年齢が生活を共にする中に潜んでいるように感じる。『自信』は一人で作られるものではなく、生活の中の人との繋がりの中で受け止められ・認められ・支えられてついていくものであるということを研修で学んだが、そのことをＫ男のこの１年の変容ぶりを通して確認することができた。

＜私からのコメント＞

　エピソード４は、異年齢の子ども同士の関係の中で、年少の子どもが年長の子どもに甘え、年長の子どもは年少の子どもの甘えを受け止めるという、子ども同士の育ち合う関係を保育者がしっかり気配りしながら見守るという内容です。このエピソードを読むと、異年齢の関係の大切さがよく分かります。また子どもの育ちは親以外の周囲他者との関係にも大きく影響を受けているという事情がよく分かります。

　おそらく、一昔前の子ども社会では、このエピソードに見られるような異年齢の関係が地域社会の中にしばしば見られ、「育てる」営みの中でかなりのウエイトを占めていたのに違いありません。現代はこのような異年齢の関係が極めて希薄になりましたが、このようなエピソードを読むと、子どもの「育てられて育つ」ということの内実が、極めて多元的な人との関わりによってもたらされるものであること、親子の関係だけではないことが改めて分かる感じがします。

　それにしても、年少の子どもの年長の子どもに甘える様子、そして年長の子どもの「はい！　おしまい」という切り上げ方には、思わず微笑まずにはいられません。今日の保育の中では、大人が主導して手を出し、口を出しという対応が多いなかで、しっかり子どもの下に気持ちを持ち出しながら、手出し口出しを控えてじっと見守る保育者の姿勢は、「育てる」営みの本質をついているように思われ、わが国の子どもたちがこのような保育者の丁寧な対応の中で育てられて育っていくことができればと思わずにはいられません。

　こうした四つのエピソードを振り返ってみると、これまで「発達」という概念でとらえられてきた能力面の育ちの問題は、子どもの「育てられて育つ」そのごく一部でしかないこと、何よりも関係の中で育つのは心の面であることが改めてはっきりしてきたのではないかと思います。

第2章
子どもの心の育ちに目を向ける

　関係発達論の第二の柱は、これも序章で簡単にスケッチしておいたように、子ども一人ひとりの主体としての心の育ちに定位することです。これまでは大人の目が「できる、できない」の能力面にばかり向かったこともあって、子どもの心の問題を真正面から取り上げることが少なかったように思いますが、「育てられて育つ」という関係論的な見方の中では、主体としての心の育ちが主要な問題として浮き彫りになってきます。そして心の育ちに目を向けるとき、「子どもの思いを受け止める」という大人の対応が重要になってくることが分かります。

第1節　子どもの心の育ちに目を向ける

　前章で従来の個体能力発達の考え方を批判的に見たところでは、「できる、できない」に目を向けたことで、子どもの心の育ちに目が向かなくなったことを指摘しました。現在の家庭における養育や保育の現状を見るとき、どうしても子どもたち一人ひとりの「心の育ち」に目を向け直す必要があります。
　実際、子育て中の保護者に「育てる」とはどういうことでしょう？　と問いを向けると、ほとんどの人は子どもに自分が何をしてやるか、子どもに何をさせるか、いずれにしても子どもに振り向ける自分の行為のことだと考え、子どもに振り向ける自分の心に言及する人はまずいません。しかし、「育てる」という営みには、常に子どもに対する大人の思い（心）が働いています。そしてそれが子どもの心の育ちに深く関わってきます。つまり、「育てる」という営みは、あれをしてやる、これをさせると考える前に、子どもを小さくても一人の人間として尊重し、大事に思うことが最初にくるのでなければなりません。その上で、子どもの思いを受け止め、その訴えに耳を貸し、その振る舞いを愛で、認め、支え、しかし大きくなるにつれ、大人がやってみせたり、誘ったり、頼んだり、待ったり、時には止めたり、拒んだり、促したりするかたちで、子どもが周囲の人のすることを学び取って成長していくように導くことが必要になってきます。これが「育てる」ということの中身なのであって、次々に何かをさせることが「育てる」営みの中心ではないことを銘記しておく必要があります。

(1)　子どもの心のありように目を向ける
　これまでは従来の発達の考えの強い影響の下で、親も保育者も子どもの能力面の発達に主に目を向けてきました。ですから保育や教育の課題も、これまでは身辺自立、言語獲得、社会性の習得が強調される一方、子どもがどの

ように集団の一員として活動できるか、どのように集団のルールを身につけ集団の流れに乗れるようになるかというように、行動次元での「あるべき発達の姿」に向けて大人（保護者や保育者）がどのように働きかけるかという文脈で考えられてきました。

しかし、実際の保育の場で子どもたちを見ていると、単に集団の流れに乗れるか乗れないか、身辺自立ができているかどうか、社会性が身についているかどうかというように、能力面の育ちを考えるだけでは明らかに不十分です。あれができない、これができないと能力次元の問題を取り沙汰する前に、元気がない、表情に乏しい、自信がもてない、不安だ、落ち着かないといった子どもの「心」の問題が深刻なかたちで浮上してきているからです。もちろんそこには、家庭の育てる営みの問題も影響を及ぼしているでしょうし、保育の場の育てる営みの問題も影響を及ぼしているでしょう。こうした保育の現状を踏まえるとき、まずもって、その子がどんな世界を生きているか、その子の心の中にはどんな感情や観念が渦巻いているかというように、子どもの心の育ちに目を向けてみなければなりません。

実際、子どもの心が不安定になっているとき、子どもは負の行動を示しやすくなります。そのようなときに負の行動だけを抑えにかかる親や保育者の対応は、養育や保育のあり方としては大いに問題です。その負の行動は心が不安定になっているところに端を発しているからです。それなのに、その心が安定することに向けた対応をすることなしに、表面に現れた負の行動だけを抑え込み、善悪を教えるのだと言いくるめてしまうような養育や保育の現状があります。

そのような現状を見るにつけ、いま家庭の場でも保育の場でも、もっと子どもの心のありように目を向けて、養育や保育を大きく見直す必要があるように思います。

(2) 他者との関係において成り立つ子どもの心

子どもの心がどのように成り立ってくるかを考えてみると、まず最初に一

つの逆説に行き当たります。自分の心はあくまで自分のものであるのに、しかし誰一人として自分の心のありようを自分ひとりで作り出すことはできないという逆説です。自分がどのような心を抱くかは、周囲にいる人たちが自分のことをどのように思ってくれていて、どのように自分を映し返してくれるかに懸かっています。自分の心に自信があるとすれば、それは単に自分がいろいろなことができるからではなく、むしろ周りの人が自分のことを大事に思ってくれ、存在を認めてくれ、時には賞賛を与えてくれるからです。逆に、どんなに自分に力があっても、周囲の人が大事に思ってくれなかったり、自分の存在を認めてくれなかったり、あるいはしょっちゅう叱責されていたりすれば、自分は決して自信をもてないでしょう。

　実際、人は「人間」という言葉が示すように、周囲にいる人と「共に生きる」他はない存在です。共に生きてこそ幸せを感じることのできる存在です。けれども、その周りの人たちが自分をどのように思い、またどのように扱い、さらにどのように映し返してくれるかによって、自分が幸せに生きることができるかどうか、つまり自分の心の中に自信や自尊心や人への信頼感がしっかり宿るかどうかが決まるのです。その意味で、人の幸せや不幸は、特に幼児の場合、共に生きる周囲の人たちがその鍵を握っていると言わねばなりません。

第2節　＜自分の心＞の成り立ち

　さまざまな人間関係のなかで生きている子どもに注目するとき、一人ひとりの子どもはその関係の中で唯一無二の＜自分の心＞を形づくりながら、しかもそれを時間軸の中で変容させていっています。これを私は「心の発達」ないしは「心の育ち」と要約してきました。

　ここに、＜自分の心＞というのは、「自分は愛されている」「自分は愛されて当然の存在だ」「自分には自信がある」「人は信頼できる」等々の、自分が

第2章　子どもの心の育ちに目を向ける

自分自身や周りの人について抱くイメージを中心に組み立てられているものです。その＜自分の心＞の成り立ちの経緯を図2に従って考えてみましょう。

この図は、＜自分の心＞が大きく三つの次元の影響を受けて成り立つことを示しています。

（1）「ヒトやモノやコト」に関わる中で成り立つ面

人は何かをめざして外界に働きかけ、自分の意図した結果を手に入れて自信を得たり、意図した結果が得られなくて自信を失ったりします。つまり、「ヒトやモノやコト」に関わって何かが「できる、できない」という経験や「うまくいった、いかなかった」という経験をすることを通して、「自信をもてる、もてない」という心が成り立ってきます。これが図2の上部から「自分の心」に流れ込む矢印の意味です。要するに、自らの能力についての自己評価や自分の経験の評価が自分の心の成り立ちに大きな意味をもつということです。

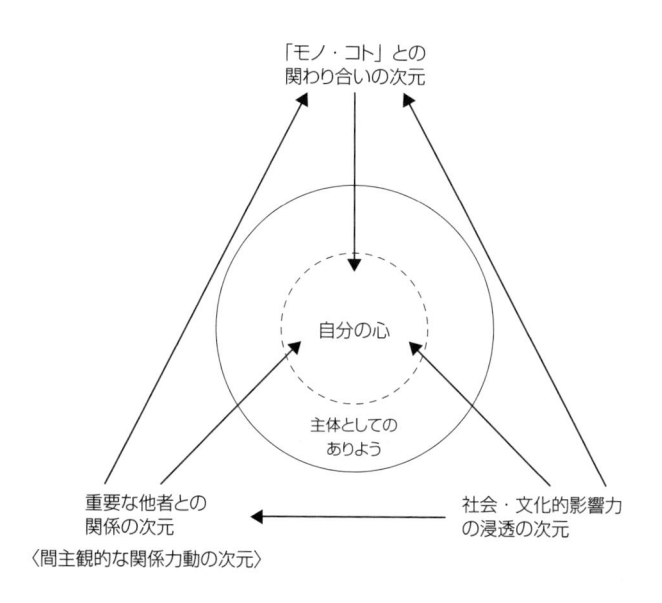

図2　＜自分の心＞に影響を及ぼす3つの次元

皆ができることがいまだ自分にはできないといったときの自信喪失やプライドが傷つく経験、逆に自分だけができるというときの自信やプライドが満たされる経験を考えてみれば、この矢印のルートからの心の成り立ちが理解できるのではないでしょうか。

（2）　周囲の重要な他者たちとの関係の中で成り立つ面

　人は周囲の人と交わり、関わり合いながら生きています。決して一人だけで生きるわけではありません。周囲の人の中には自分にとって重要な他者たち（子どもからみれば、親、きょうだい、保育者、教師、友達など）が含まれ、それらの人たちとの関係のありようは、とりわけ＜自分の心＞の成り立ちに深く関係してきます。つまり、重要な他者たちとの関係の中で、自分を大事に思ってくれる、思ってくれない、自分の存在を認めてくれる、認めてくれないという、その他者たちの自分に対する思いや評価が生まれ、それを自らの内に取り込むことによって、あるいはその他者たちとのあいだで喜怒哀楽を伴う複雑きわまりない経験を通して、子どもは「その人に自分は愛されている」「その人に自分は愛されていない」「その人は信頼できる」「その人は信頼できない」等々の、自分自身やその重要な他者についてのさまざまな信念やイメージをかたちづくるようになります。

　これが図2の左下から伸びる矢印の意味です。そのようにしてかたちづくられた信念は、生きる自信や意欲（自信のなさや意欲のなさ）、周囲の人への信頼や不信といったかたちで＜自分の心＞の中核に位置するようになるでしょう。子どもであれ、大人であれ、一個の主体としての人間は、複雑さや厚みの度合いこそ違え、みなこのような「主体としての心」を周囲の重要な他者たちとの関係の中でかたちづくり、またそれを変容させながら生きています。

（3）　社会・文化の影響力（共同主観的なもの）が浸透して成り立つ面

　＜自分の心＞には、常識や社会通念、あるいはさまざまな価値観や規範な

ど、目に見えないもの（共同主観としてあるもの）も強く影響を及ぼしています。これが図2の右下から伸びる矢印の意味です。人は、気づかないあいだに、社会や文化が共同主観としてもっているものに浸透され、長い時間をかけて自らも社会の一員としてその共同主観を抱くに至ります。常識や価値観、つまり社会通念や規範は、そのようにして身についてくるものです。

そうした社会通念や規範は、まず周囲の重要な他者（大人）たちの願望や欲望のあり方や意識を強く支配し、育てる営みに滲み込むかたちで間接的に子どもの心の中に入り込みます。そして子どもがある程度大きくなれば、それは直接子どもの欲望や意識を支配するようになるでしょう。学校教育の営みはこのようにして子どもを社会化、文化化する強力な装置だといっても過言ではありません。

子どもはこのようにして＜自分の心＞をかたちづくり、それを土台に「主体としてのありよう」を紡ぎ出しているのです。以上が図2の説明です。

第3節　重要な他者との心的な関係

さて、ここで前節の(2)で述べた子どもと「重要な他者たち」との関係に焦点を合わせてみましょう。先にも触れたように、＜自分の心＞は自分のものでありながら、自分ひとりの力でかたちづくることのできるものではなく、その重要な他者たちが自分のことをどのように思ってくれるかに大きく影響されるものです。

例えば、「自分は愛されている＝存在を認められている」という子どもの自信は、自分のものでありながら、重要な他者である親からの愛の与えられ方に左右され、それに規定されています。ところが親の愛の与え方は、その子の存在のありように逆に規定される面があることも見逃せません。つまり、子どもを前にしたときに、親の「何とかこの子を育てていける、この子と一緒にいることが嬉しい」という基本的な子育てへの自信と対になっているこ

とを見逃すわけにはいきません。言い換えれば、「自分は愛されている」という子どもの自信と、「何とか子育てしていける、何とかこの子と共に生きていける」という親の自信とは、相通じているのです。

図2に「間主観的な関係力動の次元」と少し難しく書いたのは、子どもの思いと親の思いが相通じる面がある事情を言おうとしたものです。ですから、親の子育てへの自信のなさは子どもの愛されていることへの自信のなさに相通じているに違いありません。

そうしてみると、子どもの心の問題は重要な他者の心のありようを離れては理解できないものであることが分かります。これまでは子どもの能力面にばかり目を向けてきたので、子どもの育ちを考えるときに周囲他者との関係がほとんど視野に入ってきませんでしたが、心の面に目を向ければ、周囲他者との関係の問題がただちに前面に出てきます。

図2において、三角の頂点から中心の円（自分の心）に伸びる矢印は、3本とも同じように描かれていますが、重要な他者との関係を重視する私の観点からすれば、左下から中心に向かって伸びる矢印がもっとも太い（重要である）と考えてもよいでしょう。

子どもが健やかに成長する上で、重要な他者に信頼を寄せ、自分は愛されている、守られていると確信することは、その子が自分に自信をもち、自分を肯定し、積極的に外界に興味を示して「私」の世界を拡げていく上に欠かせない条件です。逆に、周囲の大人に不信を抱くとき（あるいは周囲の大人への信頼が揺らぐとき）は、自分がいつもの自分でなくなり、自分が目減りし、元気を失い、疎外感をもつことに通じているはずです。

私が「子どもは育てられて育つ」というときにまずもって念頭に置くのは、いま見たような子ども一人ひとりの心の育ちです。能力の育ちとは違って、心の育ちは時間軸に沿って右肩上がりには変化しません。また信頼や自信などの心は、能力とは違って、いったん育てばそのまま保持されるというものでもありません。一人の子どもの心は、時間軸に沿って常に変容・変転し、にもかかわらず、能力の表れ方や行動の表れ方を規定し、実際の対人関係を

左右する重みをもっています。

（1） 自己肯定感や他者への信頼という心の育ちの大切さ

誕生以来、子どもは慈しまれ、大事にされて育てられます。食事や着替えなどの身辺のお世話が必要なことは言うまでもありませんが、それよりももっと大切なのは、周囲の大人が自分のことを愛しているかどうか、大事に思っているかどうか、可愛いと思っているかどうかなど、自分に向けた周囲の大人の思い（心）が子どもの心の育ちには決定的に重要です。なぜなら、その周囲の大人の思いが子どもの心の中に滲み込む結果、自分は愛されている、大事にされて当然、自分は可愛いのだ、というかたちでその子の自己肯定感（自分は大事だという感覚）や自信や人への信頼感が育まれたり、あるいはその逆に、自分は駄目な子、愛されるに値しない子、誰からも守ってもらえない子というかたちで、その子の自信のなさ（自己肯定感の傷つき）や人への不信感に繋がったりするからです。この自己肯定感や自信と他者への信頼感は、周囲の人と共に生きるしかない人間にとって、もっとも根本的な「共に生きる」ための基礎条件とさえ言える重要なものです。昨今の非行に走る青年や重大犯罪を犯す大人の大半が、自分に自己肯定感を抱けず、周囲を信頼できなくなっている事実を念頭に置けば、このことの重要性は言うまでもないところです。

自己肯定感は自尊感（プライド）や健康な自己愛（自分が大事という感覚）とも相通じていて、人が精神的に健康に、また前向きに意欲をもって生きる力の源泉といってもよいものでしょう。能力面の力を取り沙汰する人たちが、子どものこうした心の面の重要性に目を向けないのは不思議な感じがします。というのも、能力面の力が力どおり発揮されるかどうかは、この心の面の育ちが鍵を握っているからです。

（2） 心の育ちと自己イメージ、重要な他者イメージ

自分にとって重要な人（保護者や保育者）との日々の関係の中で、自分の

中に自分自身についての、あるいはその重要な人についての観念(イメージ)が出来上がってきます。例えば、個々の場面で優しい扱いを繰り返し受けることを通して、子どもはそのように優しく扱ってくれる人や優しい思いを寄せてくれる人に対して、「優しい人」「信頼できる人」「いつも守ってくれる人」というような肯定的なイメージをかたちづくるようになります。逆に、ぞんざいに扱われる頻度や投げやりな態度で扱われる頻度が全体として優位であれば、その子はその人に対して全体として否定的なイメージをかたちづくることになるでしょう。

そして、関わってくれる大人に対してそのような肯定的ないし否定的なイメージをかたちづくるのに対応して、「自分はそのように優しく扱ってもらって当然の子ども」「自分は可愛い子ども」「自分は守ってもらえる子ども」というように、自分自身に肯定的なイメージを抱いたり、あるいはその逆に「自分は可愛がってもらえない子ども」「自分は大人の愛に値しない子ども」「自分は守ってもらえない子ども」というように、自分自身に否定的なイメー

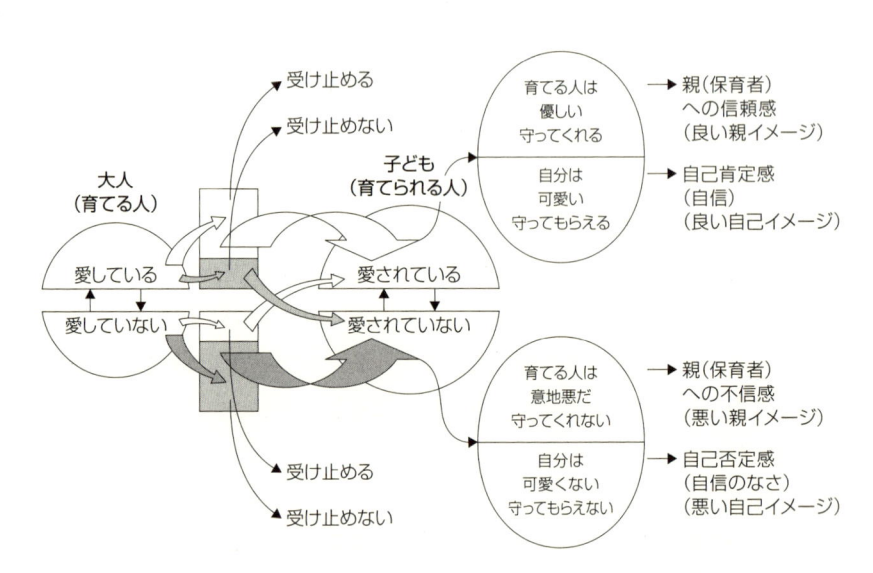

図3　親（保育者）イメージと自己イメージの成り立ちの概念図

第2章　子どもの心の育ちに目を向ける

ジを抱いたりするようになってきます。この間の事情を示したのが図3です。

　この図は簡略化して描いてあるので少し説明が必要です。まず左側の円ですが、これは子どもを育てる大人（親や保育者などの重要な他者）の子どもへの思いを描いたものです。上のヴァージョンは、いまの時点で子どもを愛している、子どもを大事だと思う、とその大人が思っている場合です。この大人の思いは、子どもを前にしたときの対応に当然反映されます。多くの場合、大人は子どもが大事だと思うなかで、子どもの思いを受け止め、存在を認める対応をするでしょう。しかし、子どものことは大事だと思っていても、いつもそのように対応できるとは限りません。大人の都合が優先する場合もあるでしょう。その比率が縦長の箱の「受け止める」「受け止めない」の比率に反映されています。

　子どもはその大人の自分に対する思いが直接的に分かって「自分は愛されている」と思える場合もあれば、自分の扱いを通してそれが分かるという場合もあるでしょう。また受け止めてもらえない場合には、自分は愛されていないのではないかと、一瞬、不信感を抱くこともあるでしょう。子どもの側から見て、その「受け止められている」と「受け止められていない」の比率が、太い帯で「愛されている」に流れ込む場合と、細い帯で「愛されていない」に流れ込む場合に反映されています。

　そのような経験が繰り返されるなかで、それらを全体としてならすかたちで、子どもの中にその大人へのイメージがかたちづくられます。ここではその大人は基本的に優しい人で、自分を守ってくれる人で、よい具合にしてくれる人だという肯定的なイメージが描かれています。そのとき、子どもは自分に対しても、自分は可愛い子どもで、愛されるに価する子どもだ、というかたちで肯定的な自己イメージをかたちづくることができます。これが図の右上の卵型の内容です。

　この逆の場合が下のヴァージョンだということになります。そこでの大人の子どもへの負の思いは受け止める対応の比率に反映されます。しかしたとえ全体としては負の思いであっても、生活の中では子どもから見て嬉しい大

人の対応もあるでしょう。子どもはいつでも愛されたいと思っていますから、ちょっとした嬉しい経験でも、自分は愛されているのだという幻想にしがみつきたくなります。これが細い帯で「愛されている」に流れ込む場合です。しかしながら、全体として「受け止めてもらえない」という負の経験は、太い帯で「愛されていない」に流れ込み、結局は負の大人イメージ、負の自己イメージに繋がるというのがこの図の下側の卵型の意味です。

このように、大人が子どもに対して抱く思いとその対応によって、子どもは自分への肯定的なイメージや、否定的なイメージを抱くようになります。それがその子の物事に向かう意欲や構えに繋がり、取り組む活動の内容に関わってきます。ですから「育てる」営みの最重要課題は、子どもの心の中にいかに肯定的な大人イメージや肯定的な自己イメージがかたちづくられるかにあると言っても過言ではありません。その意味で、心の育ちが「育てる」営みの最重要課題だと言ってきたのでした。

これまでの議論から、子どもの心の育ちが大人の子どもに向ける心のありようと切り離せないものであることは明らかだと思います。心に目を向ければ、必ず周囲の人との関係が視野に入り、しかも目に見えない心と心の繋がりが問題になることも明らかになってきたと思います。本書の主題は何よりも心の育ちに視点を置くからこそ掲げられる必要があったのです。

そこで次節ではエピソードを通して個別具体の子どもの心の育ちに触れてみたいと思います。

第4節　個別具体の子どもの心

　これまでの発達心理学の言説は、その言説の導き方からして、あくまで平均的な子どもについてのものであり、個別具体の子どもは常に同年齢の母集団のn＝1（単なる一例）であるに過ぎませんでした。能力面を問題にする限りそれでも十分でした。しかし、一人の子どもの心は常に個別具体的です。

「平均的な子どもの心」という言い方はまず無意味です。つまり、子どもの心に目を向けるということは、「平均的な子ども」ではなく、あくまで「個別具体の子ども」を取り上げるということです。実際、一人の子どもの心に目を向ければ、「子どもは育てられて育つ」というテーマがよりいっそう明瞭に浮き立ってきます。要するに一人の人間の心は、まさに「関係」と「個別具体」を離れては考えられないものだということです。

また一人の子どもの心の動きは、少なくとも乳幼児期には、大人がその子の傍らに立ち、その子の心の動きに自らの心を寄せ、それを感じ取るかたちではじめて把握できるものです。そして、その心の動きを感じ取った大人がそれをエピソードのかたちで記述してみせない限り、そこに居合わせていない他の人がそれを知る術はありません。

子どもの心にどのように接近し、どのように取り上げるのかという問題は関係発達論の方法論の要になる問題です。しかし、ここではその問題に踏み込む余裕はありません。そこで、この方法論の議論は棚上げにしたまま、個別具体の子どもの心が揺れ動く様を保育者の描くエピソードを通して示し、それによってこれまでの議論をなぞってみたいと思います。

●エピソード5● 「こんな保育園、出ていったるわ」　K保育士
＜背景＞
　もうじき6歳の年長男児Sくん。3歳下に弟がいる。とても複雑な家庭事情を抱えていて、そのせいか、クラスの中での乱暴が目立ち、担任として困ることが多い（弟も噛みつき等の乱暴が目立つと聞いている）。母親はアルコール依存からくる精神障碍があって、いまも病院に通っている。気分の浮き沈みが激しく、Sくんにもしょっちゅう手を上げているらしい。あるときお迎えの折に、「こいつのせいで私の頭がおかしくなる！」と言って、私の目の前でSくんを強く叩くこともあった。Sくんの実父とは3年前に別居し（実父が家を出て行った）、1年前に新しい父親ができたが、この人も最近家を出たので、それ以来、母親の精神

状態はいっそうひどくなっている。母親は就寝が遅く、朝も遅いので、兄弟の登園が昼近くになることもしばしばである。私の園は異年齢保育をしている。

＜エピソード＞
　朝のお集まりのとき、Ｓくんの隣に座った４歳児のＫくんがアニメのキャラクターのついたワッペンを手に持っているのに気づき、Ｓくんは「見せろ」と声をかけると強引にそれを取り上げようとした。Ｋくんが体をよじって取られまいとすると、ＳくんはＫくんの頭をパシーンと叩き、立ち上がってＫくんのお腹を蹴り上げた。大声で泣き出すＫくん。あまりの仕打ちに、私はＳくんの思いを受け止めるよりも先に、「どうしてそうするの！　そんな暴力、許さへん！」と強く怒鳴ってしまった。くるっと振り返って私を見たＳくんの目が怒りに燃えている。しまったと思ったときはすでに遅く、Ｓくんは「こんな保育園、出ていったるわ！」と肩を怒らせて泣きべそをかき、部屋を出て行こうとした。私はＳくんを必死で抱きとめて、「出て行ったらあかん。Ｓくんはこのクラスの大事な子どもや！」と伝えた。泣き叫び、私の腕の中で暴れながらも、抱きしめているうちに少し落ち着き、恨めしそうな顔を向けて、「先生のおらんときに、おれ、死んだるしな」と言った。
　私とＳくんのやりとりを他の子どもたちが不安そうに見ていたので、「みんな、朝の会やのにごめんな、いま先生、みんなに大事な話をしたいんや」と子どもたちに声をかけた。そしてＳくんを抱き止めたまま、子どもたちに「みんなＳくんのことどう思った？」と訊いてみた。子どもたちは、「ＳくんがＫちゃんを叩いたんは、やっぱりあかんと思う。そやけど、Ｓくんはやさしいところもいっぱいある」「Ｓくんは大事なぞう組の友達や」「朝も一緒に遊んでて、めちゃ面白かったし、またＳくんと遊びたい」「出て行ったらあかん、ここにいて」と口々に言う。私が心配しているのとは裏腹に、子どもたちはＳくんを大事に思う気持ちを次々に伝えてくれた。私は涙が出るほど嬉しかったが、ふと気がつ

くと、Ｓくんが私の体にしがみつくようにしている。そこで、子どもたちにお礼を言って、「Ｓくんが先生に話があるみたいやし、今日は朝の会は終わりにして、みんな先に遊んでてくれる？」と声をかけた。

　子どもたちが園庭に出て室内で二人きりになると、Ｓくんは「あのな、うちでしばかれてばっかりやねん。うち出て行って、反省して来いって、いつも言うねん。出て行って泣いたら怒られるし、静かに反省したら、家に入れてくれるんや」と話し出した。私は「そうやったんか、Ｓくん、しんどい思いしてたんやな」と言ってＳくんを抱きしめた。「先生はＳくんのこと大好きや、先生、何が嫌いか知ってるか？」と言うと、「人を叩いたり、蹴ったり、悪いことすることやろ？」とＳくん。そして「遊びに行く」と立ち上がると、「Ｋちゃんにごめん言うてくるわ」と言って走って園庭に向かった。

＜考察＞
　Ｓくんが難しい家庭事情にあることは十分把握していたはずなのに、あまりにもひどい暴力だったので、かっとなってみんなの前で不用意に叱ってしまった。集団でＳくんを責める結果になり、「出ていったる」「死んだる」と言わせてしまったのは、担任としての私の大きな反省点である。けれども、周りの子どもたちの優しさに助けられ、クラスの大切な一員であることをＳくんに伝えることができてほっとした。

　二人きりになったときのＳくんの話は、本当に胸の詰まる思いがして、「しんどい思いしてたんやな」としか言えなかった。Ｓくんが厳しい家庭環境の下で健気にも一生懸命生きていることがひしひしと伝わってきた。

　そういうＳくんが少しでも落ち着いて家に帰って行けるよう、保育園ではＳくんの辛い思いをていねいに受け止めて、Ｓくんがみんなと同じ大切な存在であることを伝え続けていきたいと思った。

＜私からのコメント＞

　保育の一コマです。残念なことに、この事例が決して例外的な事例ではないと言わねばならないほど、厳しい家庭環境に置かれている子どもは少なくありません。「こいつのせいで私の頭がおかしくなる」と保育者の面前で母親に叩かれるＳくん。しょっちゅう叩かれ、家から放り出され、反省したら家に帰してもらえる、と語るこの子の心に去来する思いはどのようなものでしょうか。先生が嫌いなのは友達を叩いたり蹴ったりすることだと、頭では分かっているのに、面白くない気持ち、安心できない不安定な気持ちは、つい他の子どもに向かってしまいます。

　頼りは優しいＫ先生ですが、この先生にまで強く諫められると、Ｓくんは「保育園やめてやる」「先生のいないところで死んでやる」と怒りの言葉をぶつけずにはおれません。こうした発言もまた、厳しい家庭環境で「育てられて育つ」ところから紡ぎ出されてきたものでしょう。それにしても、Ｓくんの怒り狂う思いと、先生に受け止めて欲しい思いとが交錯する様子は読んでいて痛々しく、Ｓくんの表情が眼前に浮かぶようです。

　けれども、部屋から飛び出そうとするところをＫ先生に抱き止められ、「Ｓくんはクラスの大事な子どもや」というＫ先生やクラスの友達の思いが通じてくるとき、Ｓくんの怒り狂う心の動きはしだいに鎮静化していきます。いまのＳくんにとっては、保育園の先生と友達が何よりも心の拠り所なのだということが、このエピソード全体から伝わってきます。

　一人の子どもは、まさにこのような悲喜こもごもの心の動きを積み重ねるなかで、育てられて育っていくのです。「育てる人は決して親だけではない」という考えを踏まえて、それまでの関係発達論の概念図の楕円に新たに外側の楕円を書き加えたのも、いま見たような事例に私がこの間、多数接してきたからでした。

　このエピソードを読めば、保育という営みがこれほど重く難しい局面を抱えているのか、と思わずにはいられません。改めて、保育者の「子どもの思いを受け止めて、自分の思いを返す」ことの重要性を考えさせられます。多

くの保育者は「家庭がこうだからこの子はこうなのだ」と考え、乱暴が目立つ扱いにくい子どもに対して、その子の思いを受け止める前に強い禁止や制止を課す対応をしがちです。そのことを思えば、K保育士のここでの真摯な対応には頭の下がる思いを禁じえません。

　これを例外的な事例だと見なすべきではありません。程度の差はもちろんあるかもしれませんが、おそらく多くの子どもがある場面ではこうした負の心の動きを経験し、それを周りの大人に受け止めてもらうなかで、かろうじてその修復を図り、何とか前を向いて生きる元気を取り戻すのです。「育てられて育つ」というのはそれ以外の何ものでもありません。

　子どもはどんな子どもも正負二面の心を持っています。負の心に支配されていても、どこかに子どもらしい純真な面も残しています。逆に、穏やかで安定した心の持ち主の子どもでも、ある場面では負の心に陥ります。その正負の心の現れの比率は子どもによって違いますが、どんなに乱暴な子どもも、あるいは聞き分けのよくない子どもでも、それだけで塗り込められている子どもは一人もいません。先の図3はそのような意味で理解していただければと思います。

●エピソード6●　「生きてる音」　　　　　　　　　　M保育士
＜背景＞
　Mちゃん（5歳）とDくん（4歳）は、4人兄弟の2番目と3番目の姉と弟。とても明るく、朗らかな姉弟で、小学2年生の長女、2歳の三女と仲良く遊んだり、けんかをしたりと家庭でのほほえましい様子をこまめに保護者が連絡帳等で伝えてくれる。父母も大らかな子育てをなさっており、子どもたちのやりたいことを面倒がらずにやらせてあげている姿を垣間見ることも多く、頭が下がることもしばしばだ。そんなことが影響しているのか、Dくんは発想がおもしろく、おもしろいことを言ってびっくりさせられたり、笑わされたり、感心させられたりすることがしょっちゅうある。しかし父が最近大病を患い、手術・入院と続き、

子どもたちもその間寂し気だったり、甘えてきたりすることが時々見られた。父の退院後はまた元気な笑顔を多く目にするようになり安心していた。私はいまは主任という立場で、朝夕しか一緒に遊ぶ機会がなく、寂しさを感じながらも、このDくんやMちゃんたちのユニークな発言を耳にするたびに、かわいいなとほのぼのとした気持ちになっていた。父が手術した後、「おなかに傷がある」とDくんが目を丸くして私に教えてくれたが、心配そうな表情も見られたので、「父ちゃん、早く元気になったらいいねえ」と話をしたりしていた。

＜エピソード＞

冬の寒いある朝、登園してきたMちゃん、Dくんと3人で「寒いねぇ」と言い合って室内で体をくっつけたり、さすったり、だっこしたりして遊んでいた。Dくんが、座った私の膝に立っておしゃべりしているとき、ちょうどDくんの心臓が私の目の前にあり、耳を押しあてると、トクトクと心臓の鼓動が聞こえてきた。

「Dくんの心臓の音が聞こえるよ」と言うと、Mちゃんに教え、Mちゃんも耳を押しあてて「ほんとだ！『生きてる音』がする！ トトトッてする！」と言う。それを聞いたDくんはMちゃんと交替してMちゃんの鼓動を聴いて「ほんとだ！『生きてる音』だ！ 父ちゃんの音と一緒だ！」と目を輝かせた。Mちゃんも「父ちゃんの音と一緒だ。父ちゃんおなかを切ったけど、元気になったからこの音がするよねぇ」と二人で上気した顔を見合わせて言い合っていた。二人の明るく嬉しそうな表情を見て、「父ちゃん元気になってよかったねぇ」と私も心から二人に言うと、「うん！」とうなずき、しばらくまた3人で心臓の音を聴き合って遊んでいた。

＜考察＞

何かの折に家庭で父親の心臓の音を聴かせてもらったり、心臓の音が「生きている証」というような話を聞いたりしたのだろうか。鼓動＝「生きている音」＝父親の命という連鎖が二人の共通の思いとして心にある

ことにびっくりしたり、感心したりした。当たり前のことだけど、一人ひとりに心臓があり鼓動を続け、かけがえのないたったひとりの存在としてここにいることや、それぞれが体の中で「生きてる音」を刻み続けていること。その命の愛しさ、大切さを改めてひしひしと感じた二人との会話だった。子どもが成長するに従い、周りの大人はいろんな欲が出て、こうなって欲しいとか、もっとこうして欲しいとか願ってしまいがちだと思う。私自身気がつけば、いつも何かを要求していることに思い至り反省することが多い。子どもたちをそんなふうにみるのではなく、子どもの命そのものを愛おしいと思う大人になりたいとつくづく思う。

＜私からのコメント＞

　エピソード5とは対照的に、読み終えて何かほのぼのとした深い感動を覚えずにはいられないエピソードです。心臓の音を聴き合う遊びを通して、子どもたちの父親の病を心配していた気持ちと、その父親が元気になって嬉しい気持ちとが一緒になって、保育者に通じてきます。それを受け止め、一緒になって喜ぶところは、まさに保育の最も大事な営みが紡がれる瞬間です。そして、この場にいる3人が「父ちゃんが元気になってよかった」という共通の思いで心臓の音を再び聴き合うというラストシーンがなんとも素晴らしいと思います。

　就学前の乳幼児期に、こんなにも穏やかな時間を保育者と共有できる子どもたちは幸せです。このエピソードと、「お受験」に追い立てられている都会の子どもの心のきしみを重ねて見るとき、改めて保育で何が大切なのかが分かる感じがします。

　何気ないエピソードであるにもかかわらず、＜背景＞からは、子どもたちの育つ家庭が穏やかで、両親が子どもたちを大事に思って育てている様子がうかがえます。また＜考察＞からは、保育者の人柄が見えるほど、子どもたちへのとても優しい気配りがうかがえて、読む者まで嬉しくなります。

　「させる」保育、保護者に「見せる」保育、「力をつける」保育が横行する

なかで、こんなにも素朴で穏やかな保育が生き残っていることにほっと安堵する思いを禁じ得ません。そして、このエピソードから、子どもたちの心と保育者の心が繋がるときこそ、子どもたちの心が充実する瞬間であり、それによって子どもの心が育つのだということが改めて分かります。

いま、二つの対照的なエピソードを見ましたが、この両極の間に「育てられて育つ」子どもたちの姿が横たわります。

保育の場で多数の子どもに出会うとき、子どもたち一人ひとりはそれぞれにその心のありようを垣間見せてくれます。最近出かけた保育の場で、目を釣り上げて「殺してやる！」と相手の子どもに殴りかかる３歳の男児を見たとき、その表情のあまりの暗さと恐ろしさに、これが３歳児の顔つきかと一瞬こちらの思いも凍りついてしまうような場面がありました。難しい家庭事情の下で生活することを余儀なくされている子どもでした。ところが、同じ子どもがしばらくすると、いかにも３歳児らしい生き生きした嬉しそうな顔になって他児と遊んでいる姿があるのです。それを見て、何かほっとする思いになりました。

先にも指摘したように、厳しい家庭事情にあって不安いっぱいな子どもにも、多くの場合、健康な心は生き残っており、逆に、円満な家庭で愛されて育っているかに見える子どもにも、不安や嫉妬などの負の心はしっかり抱え込まれています。ですから、子どもの心と向き合うときは、常に正負両面の心が同居していることに注意を払わなければなりません。安心と不安、信頼と不信、愛と憎しみなど、正負両面の思いを日々の対人関係の中でくぐり抜けながら、子どもはその心に襞(ひだ)を刻み、少しずつ人としての人格を築いていくのです。

幸せだけで生きることのできる子どもはいません。また不幸せの真っ只中にいても、どこかに希望を捨てずにもち続けているのが子どもです。ただ、誰もがそのように正負両面の心を抱えて生きるとはいっても、子どもの心が傷つきやすいのも事実です。それを抱え、それを慰撫(いぶ)し、その心が充実するようにもっていくところに、本当の育てる営みがあります。大人の思いに沿

って子どもの情動を「制御」する対応を振り向けることが「育てる」営みではないのです。

ここで、児童養護施設で子どもと出会った私の大学院ゼミ生のレポートを紹介してみましょう。

第5節　児童養護施設で生活する子どもの葛藤

この節で紹介するのは、院生のUさんが児童養護施設に嘱託で関わっていたときのエピソードです。いま、家庭で虐待を受けた子どもたちが措置される場所として児童養護施設がメディアでも取り上げられるようになり、またそこに臨床心理士を配置して、心のケアをめざすことが国の方針としても打ち出されています。しかし、現場はそれどころではありませんし、虐待問題はそんな付け焼き刃で何とかなるような甘いものではありません。以下は私が編集した『＜共に生きる場＞の発達臨床』(2000年、ミネルヴァ書房)に収録されたUさんの論文を抜粋したものです。そこに収録されていた3つのエピソードのうち、紙幅の都合でエピソード②を省いて、エピソード①とエピソード③をここに示しました。

児童養護施設で生活する子どもの葛藤　　　　　　　　M・U
＜背景＞

子どもたちはさまざまな理由で家庭を失い、それぞれの背景を抱えたまま家庭の代替となる児童養護施設で生活をしています。そのなかで大人と子どもが共に生活するということはいったいどんなことなのか、その一端を、児童養護施設の問題点とからめて考えてみたいと思います。普通の家庭であれば、親への信頼感や安心感が崩れそうになったとき、子どもは親を求め、親の愛情を確かめることができます。またそういった作業を通して、世界への安心感や人への信頼感が強まっていくのだと

思います。

　しかし児童養護施設では、親を求めたいときに親が目の前にいてくれませんし、いざというときに親の愛情を確認することが非常に困難です。親の愛情を求めるという子どもにとって最も根本的な要求が、残念ながらここではほとんどかなわないのです。でも親は確かに存在します。子どもたちは施設で生活を続けるなかで、この現実をどのように受け止め、その葛藤を乗り越えようとするのでしょうか。まずそこから見ていきたいと思います。

●エピソード①●　クリスマス会

「」は子どもの言葉。＜＞は私の言葉。

　クリスマス会には多数の親が来ていて、昼食は親が来ているところは親と一緒に食べるのですが、来ていないところは私たちが一緒に食事をします。私は、親の来ない幼児たちと一緒に食べることになっていました。その日、私と一緒に食べる幼児は、Ａちゃんを含めて３人だけでした。私はそれほどたくさんＡちゃんに関わってきたわけではなかったのですが、今日はＡちゃんのほうからいろいろと話しかけてきてくれます。周囲には家族と一緒にご飯を食べている子どもたちがおり、それを横目で見ながらお昼を食べるのは辛いだろうなと私は思い、何とか昼食の場を盛り上げようと考えていたのですが、逆にＡちゃんのほうがいつも以上に明るく私にいろいろしゃべりかけてきてくれて、昼食後もキャッキャとよく笑いながらはしゃいでいました。

　さてその日のクリスマス会も終わり、そのまま帰省に入る子どもは親と一緒に家に帰り、後日帰省する子どもは、今日は親と別れてその日を待ちます。もちろん親が来ていない子どもはそういったことはありません。Ａちゃんもその一人です。Ａちゃんたちは、クリスマス会が終わると室内で遊んでいました。廊下に出る扉の前あたりにＡちゃんと同じ年齢のＢちゃんがいました。

Aちゃんは部屋から出ようとします。ところがBちゃんがちょうど扉の前にいて邪魔だったので「どいてよ」と言いました。Bちゃんはちょっと意地悪をしようと思ったのか、聞こえないふりをしているようです。「どいてって言ってるでしょ」とAちゃんの声が少し大きくなります。それでもBちゃんは何食わぬ顔でどこうとしません。そんなやり取りを続け、やがてAちゃんはぐずりだします。「もー、どいてよー」とちょっと泣き出しそうな雰囲気です。AちゃんとBちゃんは同年齢ということもあり、ちょっとしたライバル関係にありました。たいていの場合は気の強いAちゃんのほうが押し切るのですが、今日はちょっと様子が違い、押し切るどころかBちゃんのちょっとした意地悪に泣き出しそうです。いつもと違う様子をBちゃんも感じてか、まるでいつも負けている分をここで挽回しようと言わんばかりに、かたくなにそこから動こうとせず、それどころか扉を手で押さえています。そのうちにAちゃんは「開けてよー、開けてよー」と泣き出してしまいました。

　私はここまでになるとは思いませんでしたし、何かいつもとは違う展開にびっくりしながら、Bちゃんに「開けてあげて」というと、Bちゃんは扉から手を離して、すっとそこから離れました。でもAちゃんは扉を開けようとせず泣き続けます。私は「どうしたの？　もう開けられるよ」と言いますが、Aちゃんは相変わらずそのまま泣き続けます。「ほら、開くよ」と私が開けて見せますが、出ようとせずにやはり泣いたままです。仕方なく私は「どうしたの？」と言いながら、いっそう大きな声で泣くAちゃんを抱きかかえます。すると、Aちゃんは大きな声で「お母さーん、お母さーん」と泣き始めました。その後もAちゃんはずっと長いこと泣いていました。私はその間どうすることもできず、なだめながらただAちゃんを抱っこし続けるしかありませんでした。

<考察>

　Aちゃんは実の親に身体的な虐待を受けており、また数カ月前に入所したばかりということもあって、私たちはAちゃんの親は来ないだろう

と思っていました。親のほうからも連絡はありません。Aちゃんもどことなくそれを分かっていたようなところがありました。一切親の話をしませんでしたし、来てくれないことに触れようともしませんでした。しかしどんなにひどい虐待を受けていても、特に幼い子どもはそれでも親を求めないことはありません。なかには親が来ても寄りつかなかったり、親が来ても嬉しそうな表情をしなかったりと、親が来たことに肯定的な態度を見せない子どももいます。だからといって、そのことが親を求めていないということにはなりません。かえってそれは、その子の親を求める強い気持ちの裏返しの姿であることがしばしばです。強く求めるがゆえに、そしてその強い思いが裏切られたり潰されたりすることが不安なゆえに、素直に寄っていったり喜んだりできないのです。

周りの子どもたちに親が来てくれるのを見ながら、Aちゃんはずっと我慢していたのでしょう。そしてどこかで自分の親は来ないのだなと感じながら、来て欲しい、でも来てくれない、でもやっぱり……そういう思いをクリスマス会の楽しさの中に紛れ込ませていたのでしょう。あるいは懸命に抑え込んでいたのかもしれません。それだけに、いっそうテンションも高くなったのでしょうし、あまり関わりの取れてない私にもたくさん話しかけてきたのだと思います。そんなふうに抑えていた思いが、クリスマス会後のBちゃんとのいさかいを通じて噴出してきたように私には思えました。自分の思いが通じないこと、思い通りにならないことが、Bちゃんが邪魔して開かない扉と重なったのかもしれません。

●エピソード③● 卒業式のこと

ある日Cちゃんと話をしているうちに、卒業式に親が来てくれなかった、という話になりました。最初はそれほど気にしている様子には見えなかったのですが、徐々に「やっぱり来て欲しかった」という思いを話し出します。そしてCちゃんは嫌なことがあっても我慢して（胸に）ためるんだ、と言ってから、でもそういう辛い部分に触れたくないし、嫌

なことをやっておきながら後で気にかけたり謝ったりしないで欲しいと口にしました。そしてそうするぐらいなら、だったら最初からそういうことをしないで欲しい、と言うのでした。

　＜卒業式に来られなくて、後でごめんねっていうぐらいだったら……＞「うん。だからさ、あんまり言われると、言われるとさ……」と言って口をつぐみます。そして「そんなこと言っても何にもならへんやん。だから、嫌やねん」と続けます。＜言うだけじゃ、何にもならんから＞「そう」。

　しばらく沈黙が続きます。その間じっと私の目を見ています。ずっと目が合っていても視線を背けないその様子は、何かを訴えているようにも感じられます。＜どうにもならないっていう思いがたくさんあったんかな＞という私の接ぎ穂に「うん」と答えます。それから考えるように一度目線をはずし「後からかえってこないし……。もう、そのことについてふれんほうがいいねん」と言います。私は黙って頷きます。「例えばさっきの卒業式でいったら、絶対どうたらこうたら言って言い訳しよるやん」とわずかに怒り口調になり、結局そうなるでしょといいたげな感じです。「そんなんするんやったら、はじめから電話で来られませんとかさ、言ったらさ、ああ、そやねんなとかさ、納得できるやん」＜うん＞。どうして親はそれぐらいのことさえしないのだろうと私も思いながら、何かしら怒りのようなものを覚えます。＜何も連絡がなかったらかえって期待をさせられるんかな＞「うん」＜来るかもしれへんって＞。ちょっと間があいて、「けどまあ、そんなこと思わんで」と、ここでそういう思いを打ち消すかのように、突然言葉が表情を失ってあっさりと言い放ちます。「だって後からそんなん悔やみたくないやん」＜じゃあもう＞「思わへん。最初から」。この言葉に私はつまってしまいます。そしてまた沈黙が続きます。

＜考察＞
　ここでは、何度も期待させられ、そして何度となくその期待が裏切ら

れてきた者の静かな、しかし強い怒りのようなものをＣちゃんから感じさせられました。親に会いたい、家に帰りたいという期待をＣちゃんは何度も持って、何度となくその期待に反する結果になってきたのです。親にも何がしかの事情があったのでしょうし、そしてそれについて親からの説明や弁解もあるにはあったでしょう。もちろん、ないままに流されることもあったと思います。しかし、滅多に会えない親に対して「どうして来てくれなかったの？」と素直に疑問や怒りをぶつけることができる子どもは少ないのです。そのような問いが親の否定的な感情を引き起こすことが子どもには分かっているからです。そして、もし親が否定的な感情を抱いたら、自分のことを嫌になってしまうかもしれない、自分のことを必要ではないと思ってしまうかもしれない、と不安になるのでしょう。

　Ｃちゃんのこのエピソードの場合は、後で親は何らかの説明をしたり謝ったりしていました。でも、後で謝ったとしてもＣちゃんがそれで納得できるとは限りません。後で謝る親の姿に、Ｃちゃんは誠意を感じていなかったに違いありません。これまでに何度も説明や謝罪を受けてきたと思います。忙しいからとか、仕事だから、というのがそのほとんどでしょう。しかしそれが繰り返されたり、そのときの親の態度に誠意が感じられなければ、それは単なる言い訳のように聞こえてもくるでしょう。もし、本当に心配しているのであれば、はじめから電話で「来れません」ときちんと伝えて欲しい、というＣちゃんの気持ちはよく分かります。来ないことが分かっていれば、来て欲しいという要求や来るかもしれないという期待も持たずにすみます。しかし、来るか来ないかが分からなくて期待を持ってしまうとかえって辛くなってしまうのです。

　親への思いや期待は完全に打ち消し去ることができません。その期待や思いを封じ込めておこうとしても、ふとしたことで期待させられたり、もしかしたらと思ってしまいます。帰省や行事、それからテレビのシーンなどといった外部で起こった出来事から連想して、親への思いが喚起

され、そして期待をもってしまうこともあるでしょう。何度も期待し、そして落胆し、それが失望へと変わっていくとき、そうなるくらいなら期待しないほうがいいと思えてきます。いっそのこと、親への思いもないほうがいいと思うことだってあるに違いありません。Cちゃんが「最初から思わないようにする」と言ったように、期待や思いを打ち消そうとすることによって、辛さを乗り越えようとしているのでしょう。しかし、それでもやはり思いは募るのです。

そして、そうやって葛藤を繰り返すうちに、たいていの子どもたちは自分の気持ちを抑える方法が巧妙になっていきますが、その反面、周囲への不信、この世界への不信、そして自分自身を否定する気持ちを抱え込むことになります。その葛藤をうまく処理できない場合に、暴力やひきこもり、あるいは非行という形で訴える子どもも出てきてしまうのだと思うのです。

こうやってみていくと、子どもが自分の気持ちを抑えたり、消し去ろうとしたりする否定的な側面に、私たちはどうしても目を奪われがちです。そのような側面があるのは事実ですし、それが負の行動に繋がっていることも、またその子の将来に暗い影を落とすことも否定できません。しかしそれは、施設で育つ子どもたちのあくまで一面にすぎません。私たちはそのような境遇に置かれた子どもたちの心の内奥にある肯定的な気持ち、つまり何とか自分なりにいまを受け止めて生きていこうという力のようなものを見過ごしてはいけないと思います。

子どもが負の側面を見せるときでも、なぜその子はそういう態度をとったのか、その負の行為の意味は何だったのかと問いつつ、周囲にいる大人がその子により添ってみれば、その子なりにいまを少しでもよりよく生きようとする志向性や、エネルギーのようなものを感じ取れるはずです。Cちゃんもそうでした。親が卒業式に来ないことへの不満や怒りを言葉に出しましたが、それでもその後には「ちゃんとした理由があって来れないのやろ」とか「仕事が忙しいんだと思う」と言っていました。

そして自分の辛さを語った後に少し間があいて、「でもちゃんと受け止めなくちゃなー」と言うのでした。

しかし、そのような子どもなりにいまを受け止めて生きていこうとする前向きの力は、放っておいてもおのずと立ち現れてくるというようなものだとは思えません。確かに、人間にはそのような前向きの力が潜在的にあるでしょう。でもその力が発揮されるためには、やはりその子に寄り添う大人が必要だと思うのです。

これからもCちゃんにはいろいろなことが起こるでしょう。親が来てくれなかったり、帰省して施設に戻るのが辛くなることもあるでしょう。また、受け止めようと思っても受け止められない現実だってあるに違いありません。そして潜在的な前向きの力が、負の方向へと向けられてしまうこともあるかもしれません。そんなとき、傍らにいる大人が自分の気持ちを受け止めてくれている、理解しようとしてくれていると、子どもに感じられるなら、子どもはそういった前向きの力が発揮できるのではないでしょうか。

＜私からのコメント＞

Uさんは子どもの頃、児童養護施設の子どもたちと一緒に遊んだ経験があって、学部学生の頃からボランティアで児童養護施設に通い、時には泊り込んで一緒に生活をするなど、児童養護施設を早くから自分のフィールドとしてきていた院生でした。修士論文では、職員の数や勤務体制の問題などから、職員が難しい家庭環境を抱えた子どもに対して前向きになればなるほど、葛藤や辛さが溜まっていって仕事を離れていかざるを得なくなること、また子どもたちも、究極のところは自分の親が迎えにきてくれることを心待ちにしているので、なかなか職員に本当の気持ちを開いていけないこと等々、この児童養護施設が抱える問題を多面的に指摘してくれていました。かつては「孤児院」と言われていた時代もあった児童養護施設ですが、両親共に不明なケースは今日では1割を切っていて、それだけに、このエピソードにみられるよ

うな一時帰宅もあり、またそのぶん、一時帰宅のできない子どもの辛さが生まれるということでした。

「帰りたいけど帰れない」「帰れば虐待が待っていることが分かっていても、やはり家に帰りたい」。こうした子どもの葛藤する思いに接するとき、まず「家とはなにか」「家庭とは何か」という重い問いを突きつけられ、言葉を失います。ポストモダンの研究者たちのいささか格好のよすぎる「＜家族＞は死んだ」という言説や、「家庭が子どもを育てることの幻想」などという観念論的な机上の空論がすっかり色褪せるほど、子どものちょっとした呟きは大人の心を穿ちます。

そして、そういう子どもたちと施設の中で生活を共にするということがどういう意味をもつことなのかも、考え出せばきりがないほどです。

しかしまた他面で、Ｕさんも指摘しているのですが、児童養護施設を訪れると、そこから聞こえてくる笑い声や歓声、明るい表情などもあって、そこが悲惨な場所だと思い込んでいる人は肩透かしを食らった気分になるのも事実です。けれども、その明るさの背後に、実は子ども一人ひとりの辛さが折り畳まれているというのが、このＵさんのエピソードの言わんとするところです。

子どもは、先に少し触れたように、一面では一人の生きる存在としてのたくましさやしたたかさ、適応力の高さを示します。そこだけをとらえれば、「こんなに悲惨な家庭環境にあっても、子どもって強いんだ」などといった軽い言説が導かれてしまいます。しかし、少し子どもとじっくり付き合えるようになると、次第に本音が出て、その辛さ、不安、心の傷などが垣間見えてきます。そしてそこだけ取り上げれば、もう打つ手はないと関わる側が絶望的になってしまいます。

ですから、児童養護施設で育つ子どもたちを見るときには、常に両義的な見方が必要になります。そのことをこのエピソードから読み取っていただきたいと思います。

現在、児童養護施設は虐待を受けた子どもの受け皿になったために、虐待

の増加と共に児童養護施設に緊急措置される子どもも増えてきました。しかし、そのように措置された子どもにどう対応すればよいかは、本当のところは分かっていません。臨床心理士がプレイセラピーなどを通して心のケアを図るというふれこみになっていますが、事はそう簡単ではありません。このエピソード③に示されているように、子どもの両親に対するアンビバレントな気持ちは実に複雑で、「恨むけれども、恨みきれない」「信頼したいが、信頼しきれない」といった子どものアンビバレントな気持ちを職員がどのように受け止めていけばよいのか、現場の悩みはつきません。

　このエピソードから何が言えるのか、Uさんも現場で格闘しながら、ただ現場のエピソードを描くだけでいいのか、そこから一体何が言えるのかとずいぶん悩んでいました。たくさんのことを子どもたちにしてあげたいのに、何もできない自分が辛くなるのでしょう。しかし、私はこのような丁寧な現場のレポートが本当は必要なのだと思います。そこからすぐに「こうすべき」は導き出せなくても、「いま現場はこうある」という現実をアクチュアルに提示することに、エピソード記述のひとつの役割があるように思います。

　Uさんは子どもの側ばかりでなく、本当は職員の側も描きたかったようです。職員の側も子どもの重い問題を受けて、苦しくなっているからです。これは児童養護施設の職員だけでなく、福祉職の人一般に言えることかもしれません。職員の側にスポットを当てたエピソードも本当は紹介したいところでした。

第*3*章
「両義性」という概念と、「主体」という概念

　序章で触れたように、「育てられて育つ」ことの究極のかたちは、単なる能力的な完成ではなく、むしろ社会の中で周囲の人と共に生きる構えを身につけた主体としての育ちです。そこでは「主体」という概念の理解が鍵を握りますが、そこに行き着くには、もう一つ、「両義性」という概念を潜り抜けておかなければなりません。というのも、「両義性を孕んだ主体」という考えが「主体」概念を理解する中核部分だからです。子ども、親、保育者、教師はみな、この「両義性を孕んだ主体」です。そのような主体と主体が「育てる−育てられる」という関係で結ばれ、そこに喜怒哀楽の人間関係が生まれるのです。本章では「主体」という概念を「両義性」という観点から多元的に読み解いてみます。

第1節　関係論の根源:「人間存在の根源的両義性」という考え

　関係論の立場に立つ必要を私に確信させたのは、いまから30年ほど前、フランスの哲学者M・メルロ・ポンティの「ソルボンヌ講義録」との出会いであったといってよいと思います。ただし、この講義録との出会いを機に関係論の立場に立つことが必要だと考えるようになったとはいっても、この時点ではまだ頭の中だけのことで、自らの研究を通してその必要性が真に実感されるようになったのは、それから10年以上経過した、初期の「子ども-養育者」間のコミュニケーションの問題を研究する時点まで待たなければなりませんでした。

(1)　乳児の要求とその充足

　この研究を始めた当時、私はコミュニケーションの原初のかたちを求めて、誕生間もない子どもとその養育者との関わりのありようを、家庭訪問をする中で観察していました。

　言うまでもないことですが、誕生間もない乳児は要求の塊です。おっぱいが欲しい、オムツを替えて欲しい、抱っこして欲しい……。欲しいとなったら、養育者がどのような状態にあろうと関係なく、とことんその要求を満たそうと泣きわめきます。その様子は養育者を引き付け、その要求を満たしてやらずにはおかない気分にいざないます。幼い命の存続は、その懸命な泣きに対してその要求を満たしてやろうとする養育者の対応如何に懸かっています。繰り返されるその強い泣きが、養育者の睡眠を奪い、普段の生活の流れを妨げ、それによって養育者を疲労困憊の状態に陥れ、その泣きに応える構えさえ崩しかねないにもかかわらず、です。

　この強い要求とその満足を求める乳児の様子は、私自身の欲求充足の経験と重ねてみるときに、乳児期から一貫して存続している人間の欲求（欲望）

の根源的なかたちであると思わずにはいられませんでした。これが、人間の根源的な欲求（欲望）の一方である「自己充実欲求」という考えに繋がることになりました。要するに、「人は自らの欲望を貫いて自己充実をめざす存在だ」ということです。

(2) 養育者と繋がれることの希求

　誕生間もない頃の「子ども－養育者」の関係は、泣きによる要求と養育者の対応によるその充足、という単純な関係にとどまっています。しかし、3カ月頃になると、養育者にあやされると満面の笑顔になるというように、単なる要求充足の関係を超えた、次元の異なる新たな関係が現れてきます。そしてこの変化を機に、乳児にとって養育者は、単なる要求充足の意味を超えた特別の存在に変貌するように見えます。乳児は養育者の現前を求め、養育者から片時も離れたくない様子を示すようになるのです。実際、授乳やオムツ替えのような身体的欲求が十分満たされているにもかかわらず、乳児は養育者が視野から消えたとたんにむずかり、養育者の現前を求めて泣きわめき、養育者が再び視野に入ると、とたんに安心した様子を見せ、養育者のそばにくっつこうとします（生後半年ごろ）。

　養育者が「トイレにもおちおち行けない」と嘆くほど、養育者の現前を求め共に在ろうとする乳児のこの欲求は、空腹や清潔などの身体的欲求とは明らかに異なる、自分にとって重要な他者と「いつも共に在る」ことを希求する欲求です。この乳児の姿を、幼児の養育者を求める姿と重ね、あるいは私自身のこれまでの対人関係を重ねて振り返るとき、これもまた乳児期にとどまらず、人が生涯にわたって希求する本源的な欲求（欲望）のもう一つのかたちではないかと思われました。要するに「人は常に誰かと繋がれて安心を得たい存在だ」ということです。私はこれを「繋合希求欲求」と名づけることになりました。

(3) 自己充実欲求と繋合希求欲求との関係：根源的両義性

このように、私は乳児と養育者の関係を観察することを通して、また自分自身のこれまでの対人関係のあり方を反省することを通して、人間存在が根源的に抱える「自己充実欲求」と「繋合希求欲求」という二つの欲求（欲望）のかたちに行き着くことになりました。

つまり、乳児にとどまらず、幼児であれ、学童や青年であれ、あるいは成人であれ、一個の主体である人間はみなこの二つの根源的な欲望をもっているということです。「人はどこまでも自分を貫き通したいのに、一人では生きていけない存在」なのであり、裏返せば、「いつも他者との繋がりを求めているのに、それでも自分を貫かずにはおれない存在」なのです。そしてこの二つの欲求の関係を考えるなかで行き着いたのが、「人間存在の根源的両義性」という人間の本質についての洞察でした。

ここに「両義性」というのは、「あちら立てればこちら立たず」の矛盾する二面を抱えているという意味です。自己充実欲求は自分を際立たせ、自分と他者を境界づけるように働きます。これは後にみる「私は私」の心に通じる欲求（欲望）のかたちであり、基本的には自らに閉じる方向にあります。これに対して繋合希求欲求は、自分と身近な他者との境界を突き崩して相手に重なるように働きます。これは後にみる「私は私たち」の心に通じる欲求（欲望）のかたちであり、基本的には自らを周囲に開く方向にあります。この二つの欲求（欲望）のかたちを図示したのが図4です。

まずこの図4で、中心に向かうベクトルは自己充実欲求を表し、それは周囲から自分を切り分けて自分を際立たせていく欲望のかたちを示しています。これに対して、周囲に発散するベクトルは繋合希求欲求を表し、身近な他者の存在を求め、その他者に重なろうとし、自分を開いて他者との繋がりの中に自分を維持しようという方向に自分を動かす欲望のかたちを示しています。

この図4に描きこまれたベクトルが逆方向を向いているのは、いま述べた人間の抱える根源的な二つの欲望が自らに閉じる方向と自らを他に開く方向との相反する面を有していること、言い換えれば、一個の主体としての人間

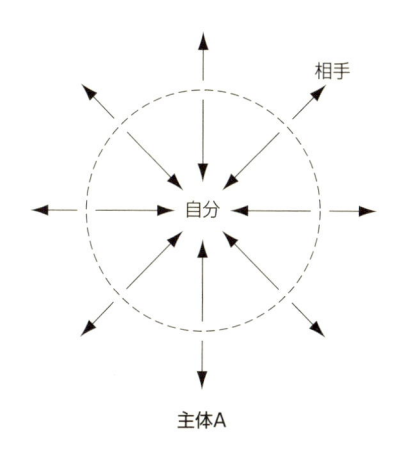

第3章 「両義性」という概念と、「主体」という概念

図4　人間存在の根源的両義性の概念図

が根源的な内部矛盾を抱えていることを示すものです。これが「人間存在の根源的両義性」という、ややいかめしい表現を生み出すことになった理由です。

　例えば、自己充実欲求が強くなりすぎて自分を押し出しすぎれば、周囲他者の繋合希求欲求と嚙み合わなくなって周囲から孤立し、自らの繋合希求欲求が満たされなくなります。反対に繋合希求欲求が強くなりすぎて相手に重なりすぎると、そこに埋没してしまって自分を見失い、自己充実欲求が減弱してしまいます。このように、この図4は、一個の主体が「あちら立てればこちら立たず」の事態に陥る可能性を示唆しています。

　ただし、自己充実欲求と繋合希求欲求が常に相反するかといえば、必ずしもそうではありません。繋合希求欲求が満たされ、安心感の中で自信が内側から湧き起こってくると、自己充実欲求がさらに強まり、自分をもっと積極的に表現できるようになるということもあるでしょう。また自己充実欲求を満たした喜びが重要な他者の喜びに重なって、お互いの繋合希求欲求がいっそう強く満たされるということもあるでしょう。それに、繋合希求欲求の満足は自らの満足であるからには、必ずや自己充実に通じる面があるはずです。

このように、この二つの欲望のかたちは常に相反するわけではなく、相互に影響を及ぼし合いながら、時に強め合ったり支え合ったりするように働く場合もあります。しかし、多くの局面において両者は互いに相容れない場合が多いのも事実で、それがこの図4を描くことになった理由です。

第2節　「人間存在の根源的両義性」と相互主体的な関係

　人間の抱く根源的な二つの欲望は相反するのか、強め合ったり支え合ったりする場合があるのかの議論はともあれ、子どもであれ養育者であれ、保育者であれ教師であれ、人間を「両義的な欲望を抱えた存在」ととらえてみれば、多くの二者関係の理解の仕方は大きく一変します。まずこの観点から子どもと養育者の関係を考えてみましょう。

(1)　「子ども－養育者」の関係
　「人はみな根源的両義性を抱えている」ということは、子どもも根源的両

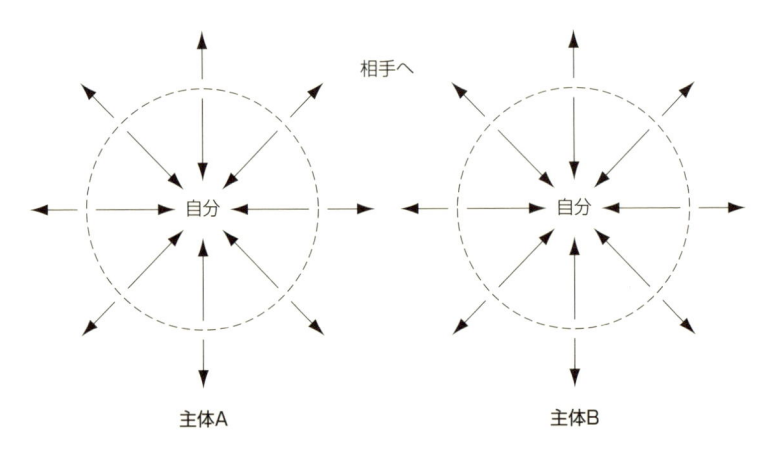

図5　子どもと養育者の相互主体的な関係

義性を抱え、養育者も根源的両義性を抱えているということです。この観点から、子どもと養育者という両主体を並べて描くと図5のようになります。

このように描くことによって、子どもを単なる能力の束と見たり、養育者を単なる養育役割の束と見たりする見方を免れ、それぞれを両義的な二つの欲望を抱えた主体とする見方が確保されます。これは行動上の相互作用という観点から「子ども－養育者」関係を考える立場とはっきり一線を画する見方に立つことを意味します。

まず、両者の繫合希求欲求が互いに結びつくとき、両者は自他の裂け目がなくなるかのような一つになる幸せに包まれます。乳児が母親の現前を求め、母親も乳児と一緒にそこにおりたいと思うときなどは、その代表的な場面でしょう。図6の場面がそのよい例です。

このような両者の繫合希求欲求の結びつきとその満足が、そのまま持続されることは難しいでしょう。しかしながら、このような幸せの経験が日々の生活の中に何度も織り込まれることによって、子どもは養育者への安心と信頼を、養育者は子どもへの信頼と子育てへの自信を手にすることに繫がっていくのは確かです。

逆に両者の欲望がうまく絡み合わない場面はしばしば起こります。例えば、保育園の朝の送りの場面を考えてみればよいでしょう。子どもが繫合希求欲求を露わにし、養育者もわが子の思いが分かって自らの繫合希求欲求が少し

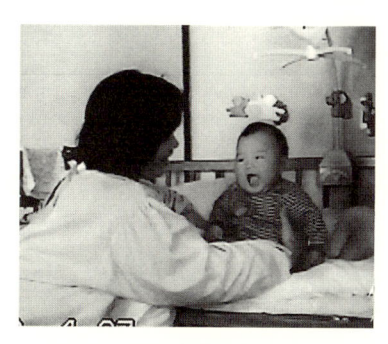

図6　お互いの繫合希求欲求が満たされた場面

動くにもかかわらず、結局は養育者の仕事の都合（自己充実欲求）が勝って子どもとの分離を余儀なくされます。このような場合、子どもの側には不満が生まれ、養育者の側には後ろ髪を引かれる思いが生まれます。このようにして、両者はそれぞれ葛藤を抱えることになります。

あるいは、2歳の子どもはテレビのリモコンを操作したいのに、養育者はそうして欲しくないというとき、両者のそれぞれの自己充実欲求がどのような成り行きになるかを考えてみてもよいでしょう。どちらかが自分の思いを引っ込めるか、力で押し切るか、いずれにしても、そこにせめぎ合いが生まれることは避けられません

この三つの例を念頭に置けば、子どもと養育者の関わり合いがなぜ正負の情動を伴い、結果として喜怒哀楽の事態を生むかがおおよそ見えてくるのではないでしょうか。両者の二つの根源的な欲望がどのように絡み合うかによって、そこに幸せや満足が生まれるのか、不満や葛藤が生まれるのかが決まります。このような見方に立って初めて、子どもと養育者のあいだの複雑な対人関係の機微に入り込む地平が切り開かれてくるのです。

（2） 相互主体的な関係は喜怒哀楽の情動を伴う

このような両義的な欲望の絡み合う二者間の相互主体的な関係は、子どもと養育者の関係にとどまらず、子どもと保育者、子どもと教師の関係はもとより、友人関係、恋人関係、夫婦関係など、ありとあらゆる二者関係に拡げて考えることができます。つまり、お互いに主体である者同士の相互主体的な関係は、図5から示唆されるように、両者の繋合希求欲求が結びつくときに訪れる一時の幸せな局面を含みながらも、そのほとんどは葛藤を孕んだ関係であり、それゆえ、どのような二者関係であれ、それを幸せだけで塗り固めて考えることなど到底できない相談であることが分かるでしょう。

世の保育関係者は、保育者は子ども思いの優しい人、子どもは愛らしく天真爛漫で素直な子どもと考え、それゆえ保育は楽しさと喜びに満ち満ちたものというように美しくイメージすることが多いようです。ところが、現実が

そのようにならないことに直面すると、「あの扱いにくい子がいるから」「あの保育者と考えが合わないから」と、誰かをスケープゴートに仕立てて負の事象を納得するという思考パターンをとりがちです。これに対して、図5はそのような思考パターンを予め禁じるのに役立ちます。

　優しさだけの保育者も、愛らしく天真爛漫なだけの子どもも、どこにもいないのです。誰もが根源的な二つの欲望を抱えている以上、優しさの裏側に意地悪さを抱え、愛らしさの裏側に憎らしさを抱えています。その現実から出発し、そこに生まれる喜怒哀楽が共に生きることを苦しくしないようにするにはどうしたらよいかを考えるのが、養育・保育・教育なのであり、友人関係や夫婦関係の持ち方なのだと思います。

　図6に立ち返って考えてみましょう。乳児の満面の笑顔も、それを見た母親の微笑みも、「いま、ここ」におけるお互いの繋合希求欲求の満足の表れであることは言うまでもありません。ところがこの母親の満足は、子育てへの自信に繋がりながらも、しかし他面ではわが子のこの笑顔の虜になり、この子への傾倒的な養育に縛られていくことに通じていることを見逃せません。『関係発達論の展開』(1999年、ミネルヴァ書房)に引用したように、ある母親はわが子の満面の笑顔を前にこう語っています。

　　『私は子どもを妊娠したときから、子どもなんかいらないと、ずっと思ってきたんですよ。仕事が面白くなりかけてきたときでしたからね。妊娠したことに気がついて、どうしようと思ったんですけど、夫は産んだらって、言うんですよ。人のことだと思ってと、内心腹立たしかったんですよ。何だかんだといって、結局私を家の中に閉じ込めておきたいのかってね。(中略)生まれてから後も、何で自分がこの子に括りつけられていなけりゃならないのって、凄く嫌だった。何度もミルク作って、オムツを替えての繰り返しでしょう。こっちがいらいらしているときに限ってビービー泣くし、もう頭にきちゃって、もう少しで乳児虐待ってとこでしたよ。夜もぐっすり眠れないし、育児ノイローゼになりかけて

いたと思うんですけど、それがね、3カ月を過ぎる頃から、ちょっと名前を呼んで、目が合うと、T君がにこっと笑うようになって、その笑顔がもう何というか、凄いのね。もう、この笑顔があれば、私、何もいらないって感じで、もうぐっときちゃうんです。これが母親になるってことなんでしょうかね』

　「この笑顔があれば何もいらない」と思えるほど母親を虜にするこの笑顔は、しかし、ふと我に返ると、かつての「自由な自分の時間」がこの笑顔によって失われていくのだという思いに通じます。＜育てる者＞になってこの笑顔の虜になり、それによって母親らしくなるということは、＜育てる者＞になる前のかつての自由な時代の自分が失われ、その時代に訣別することと背中合わせになっているのです。
　＜育てる者＞になったばかりの若い養育者が、日々の子育ての奮闘の中で、「ちょっとの間でよいから、自分の自由な時間が欲しい」と語るのは、自分がわが子を大事に思う＜育てる者＞であるだけでなく、「私は私」という意味での一個の主体でもある、という切実な思いから紡がれた言葉であるに違いありません。
　そのように考えれば、写真の母親の笑顔の裏側には、母親自身には意識されないにせよ、「私のこの喜びは、それまでの自由な自分の時間との引き換えなのね」という暗黙裡の思いが隠されていることになるでしょう。この暗黙裡の思いの積み重ねが、子育てにつまずいたときに一挙に噴出して、虐待寸前の事態を招くことにも通じ得るのです。これは、繋合希求欲求の満足が自己充実欲求と抵触する例の一つと考えることができるでしょう。幸せが不幸と常に背中合わせであるのは、まさに人間存在が根源的両義性を抱えているからに他なりません。

第3節　主体という概念は三重の意味で両義性を孕んでいる

　実のところ、「主体」という概念は極めて扱いにくい概念です。私の考える「主体」という概念は、もしかしたら「自己」という概念で置き換えたほうがよいのではないかと思うときもあります。しかし、さまざまな思いが錯綜しそこからさまざまな行動を生み出す人間の、その生のありよう全体を生き生きととらえようと思うとき、私にはやはり「主体」という概念のほうがふさわしいのではないかと思われました。ただし、これから述べる「主体」という概念は、これまで一般的に理解されてきた「主体」概念、つまり、自主的に、自発的に、自ら進んで、といった通常の理解とは少し違う意味合いをもつことを予めお断りしておかなければなりません。

　いずれにしても、この「主体」という概念をしっかり鋳直すことが、「子どもは育てられて育つ」という本書の内容を理解するための鍵となります。まず、「三重の意味で」という中身を簡単にスケッチしてみましょう。

（1）　主体は二つの根源的欲望の座である、という意味で

　前節では、乳幼児であれ学童であれ、さらには青年であれ大人であれ、人はみな「自己充実を求める気持ち（自己充実欲求）」と、「大事な人と気持ちを繋ぎ合って安心感を得たい気持ち（繋合希求欲求）」が備わっていると考え、この両方の欲望がしばしば「あちら立てればこちら立たず」になることを踏まえて、「人間が抱える根源的両義性」と呼びました。

　これはそのまま「主体」という概念に通じてきます。実際、主体とは、何よりも欲望や願望や期待など、その人の抱くさまざまな「思い」の座であり、またそこから派生する行動の座です。そして、そうした「思い」の中核にくるのが、いま触れた二つの根源的欲望です。そうだとすると、二つの根源的欲望が両義的な関係にあるということは、「主体」という概念もまた両義性

を孕むということになるはずでしょう。この面の両義性については、次節でさらに詳しく議論することにします。

(2) 主体は「ある」と「なる」の相の下にとらえられる、という意味で

　一人の人間の「いま、ここ」での思いや行動が、その主体の「いま、ここ」でのありようです。それは、自分の意見をはっきり述べる、自分の力を思う存分発揮するというように、溌剌とした好ましい姿として現れる場合もあれば、意気消沈して殻に閉じこもったり、相手に悪態をついたりというように、好ましくない姿として現れる場合もあります。このように、主体の「いま、ここ」での思いや行動は、二つの根源的な欲望の行く末として、常に正負のありようを示します。これを主体の「ある」の様相ととらえることにしましょう。ただし、「ある」の様相は「いま、ここ」に固定されるものではなく、時々刻々動いていきます。いまの「ある」は次の「ある」に連なっています。つまり「ある」はいまの「ある」の内に次の「なる」への動きを孕んでいるのです。

　実際、主体は時間軸の中で成長・変容を遂げる存在であり、いまの「ある」を次々に乗り越えて、次の「なる」へと向かう存在です。「主体としての育ち」を考えるとき、いまの「ある」から将来の「あるべき姿」に向かって「なる」ことが視野に入ってこなければなりません。これは、後に見るように、子どもを育てる大人の対応の中に、「ある」を受け止め・認める対応と、「なる」に向かって誘い・導く対応が両方とも必要になることに通じています。時間の経過は、どの子にもいまの「ある」から次の「なる」を導くことになりますが、しかし、それは大人の育てる営みのありようと結びついて、主体の育ちとして「望ましい」から「望ましくない」までの「なる」の幅を生み出さずにはおきません。

　このように主体は、「ある」と「なる」の相においてもとらえられなければなりませんが、この二つの相が両義的だという点については、後に詳しく述べることにします。

(3) 主体は正負両面のありようを示す、という意味で

　主体の抱くさまざまな思いも、あるいはそこから派生するさまざまな行動も、二つの根源的な欲望の成り行きの結果として、正負両面が立ち現れてきます。前項の(2)で簡単に触れたように、潑剌とした心の動きもいまの主体のありようですが、意気消沈した心の動きもいまの主体のありようです。積極的に活動し自己主張するのもいまの主体の姿ですが、いじけてひきこもるのもいまの主体の姿です。

　加えて、「ある」から「なる」への移行は常に望ましいかたちで展開するとは限りません。時には、負の状態へと「なる」ことさえあり得ます。例えば、本来、自己主張はまさに主体の積極的な「ある」姿ですが、これが周囲を傷つけるような似非「自己主張」に転化する可能性をもつことは、いわゆるモンスター・ペアレント現象などをみても明らかです。あるいは、積極的に自分を際立たせることがいつのまにか自分勝手に繋がったり、大事な人と気持ちをつなぐことの喜びや安心が、いつのまにかそこへと埋没して過剰な他者への依存に繋がったり、というように、主体の「いま、ここ」の望ましい姿はたちどころに望ましくない姿へと転化する可能性があります。つまり、「ある」から「なる」へは、正から正、正から負、負から正、負から負への移行パターンがあるということです。こうした主体の思いや行動の正負のありようは、先の図5のように、二つの根源的欲望を抱えた主体同士が相互に関わり合う結果として導かれるものです。

　以上、簡単にスケッチしたことからも、「主体」という概念は多面的な様相をもち、取り押さえるのが難しい概念であることが分かると思います。

第4節　主体は「私は私」の側面と「私は私たち」の側面からなる

　前節の(1)で触れたように、主体は自己充実欲求と繋合希求欲求という二つの欲求の座です。この二つの欲求に対応して、主体には二つの面が立ち現

れてきますが、そこに両義性が孕まれています。

(1) 自己充実欲求に連なる主体の側面：「私は私」

自己充実欲求に連なる主体の側面は、「私は私」というように、ある意味で個に閉じる方向（あるいは周囲他者とのあいだに境界線を引いて自分をそこに囲い込む方向）に向かいます。それは個の立場をさまざまに表現すること、つまり個の欲望や意図や願いを実現しようとする自己発動的、自己主張的、自己充実的、自己実現的な側面、一言でいえば「自主的」ないし「自分から」という主体の側面を指しています。通常、「主体」ないし「主体的」という言葉で考えられてきたのは、この側面だといってよいでしょう。

それを欲するのも、それを行うのも、それを言うのも「この私」であって、他の人ではないというところに、「この私」を他の人と区別して際立たせるこの側面の特徴が現れています。要するに「私は私」なのです。これは図4の、点線で描いた円の中心に向かう矢印に表現されているものです。

この「私は私」の側面の成り立ちの経緯を簡単にスケッチしてみましょう。

① 乳幼児期

乳児期についていえば、命の座であって欲求や意図を表出するだけの、「私は私」というにはあまりに輪郭が曖昧な、しかし、そこからその後の「私は私」が立ち現れてくる「未然の〈私は私〉」（周囲の大人にはそれでも十分に一人前だと感じさせるに足る「未然の〈私は私〉」）がその出発点です。

それが幼児期になると、自分が「〇〇」と名指される存在だということが分かるようになり、自分で自分を「〇〇ちゃんは」「〇〇ちゃんの」と言えるようになります。これは自分を周囲から切り分けて際立たせるという意味で、「私は私」の萌芽だと言えます。そして能力の成長とともに、次第に「私は〇〇ができる」というかたちで自分に効力感や有能感を感じ、自分に自信を抱くようになり、こうして次第に自らの輪郭をさらにいっそう際立たせるようになります。そして、周囲の大人にその子の「私は私」を実感させる自

己主張が始まります。そして、意欲的に外界に挑戦し、自分の世界を拡げ、身近な人と積極的に関わろうとするようになります。

　このような自己発揮し自己主張し自己充実する姿が、親や保育者には「この子はこの子だ」ととらえられ、その子の「私は私」の成り立ちとして受け止められるのです。

　しかしながら、このような「私は私」の成り立ちの背景には、後に見るように、子どもの「あるがまま」を受け止め、「○○ちゃんは可愛い子」という肯定的な評価を返し、繋がりたいという子どもの欲求を十分満たす、親や保育者の傾倒的な対応が必須のものとしてあります。それによって子どもは、自信、安心感、信頼感をかたちづくることができ、こうしてはじめて、自己肯定感をもった「私は私」が成り立つのです。

　万一、そのような傾倒的な大人の対応がなければ、このような自己肯定感をもった「私は私」の成り立ちが危うくなったり、壊れたりしてしまうことは言うまでもありません。そのことは、虐待直後の子どもが表情をなくして自分の殻に閉じこもり、茫然自失している姿を見れば明らかでしょう。

② 学童期以降

　学童期になると、学力評価や運動能力評価などを機縁に、同じ学年の子どもと比較する動きが周囲の大人にも、子ども自身にも生まれ、他から差異化された自分、数値や能力評価の結果に押し込められた自分を意識し、優越感や劣等感、さらには自尊感や疎外感を抱く「私は私」が生まれるようになります。自分のプライドを守ろうとして嘘をつくようになるのも、「私は私」が育ってきたからこそです。

　学童期以降、このような周囲の大人の「評価的なまなざし」は、子どもの「私は私」のありようを大きく揺さぶり、自己肯定感をもてるかもてないかを左右するまでになります。大人の対応次第では、自分の輪郭を際立たせた誇り高い「私は私」は、自尊感が傷つき劣等感の塊となった「私は私」に転落する可能性があるのです。

さらに思春期以降になると、仲間との関係が重みをもち始め、主体の「私は私」の面は、仲間から見られる自分を意識し、仲間からの評価に迎合する自分を演技するようになり、そのことに偽りの自分を感じたり、孤立感を抱いたりすることに現れてきます。つまり、「私は私」を周囲から強く境界づける動きが自分の内面に生まれることが、他方で孤立の苦悩を招くのです。仲間関係に翻弄されるなかで、その子の「私は私」は自己肯定感や自尊感に通じるか、自己疎外感や劣等感に通じるかの岐路に立たされるのだと言ってもよいかもしれません。

　③ 青年期以降
　そしてさらに青年期後期以降になると、自己のアイデンティティを探り、ようやく「自分とは何者か」に気づき始めるようになって、他者とは違う絶対の独自性をもった誇り高い個としての「私は私」を自覚するようになります。しかし、いまの若者の多くは、自分への自己肯定感を抱けないまま、対人関係において自己疎外感をもっているように見えます。何をしても自分がしているという実感がない、何かをする気力が湧かないというように、まさに主体としての心の育ちの不全に苦しんでいる青年たちを見ると、幼児期からの育ちの中で、いかに主体の中に肯定的な「私は私」の面が育つことが大事であるかを考えないわけにはいきません。
　要するに、「私は私」という主体の一面の成り立ちには長い「育てられて育つ」道程があり、それは自己肯定感から自己疎外感のあいだを揺らぐ不安定な道のりだと考えなければなりません。そしてこの長い道程を支えることが「子どもを一個の主体として育てる」ということに他ならず、それが養育や保育や学校教育の何よりも重要な役割なのです。

(2)　繋合希求欲求に連なる主体の側面：「私は私たち」
　もう一方の繋合希求欲求に連なる主体の側面は、ある意味で自らを周囲に開く方向の動きであり、「私は私たち（の一人）」という心の動きに通じる側

面です。母親が見えなくなると自分が目減りしたように感じられたのに、母親がそばに来るといつもの自分に戻ることができ、母親とそこに一緒にいるだけで嬉しい……こういう記憶はほとんどの人にあるのではないでしょうか。そして幼児期以降、気の合った友達と一緒に遊ぶのが楽しい、集団の場で皆と一緒にいるのが嬉しいなど、子どもの成長の過程で、周囲の人と繋がれることを求め、繋がれると何かしら嬉しいという経験が生まれます。そこから、「みんなと一緒」という気分が生まれてきて、友達の喜ぶことを喜び、友達の嫌がることをしなくなり、こうして相手を思いやり、相手を尊重する気持ちが生まれてきます。

「周りの大人や友達の喜ぶことを私も喜び」「周りの大人や友達の嫌がることを私も嫌がる」ようになります。こうした経験は、「私は私」が自分を周囲他者から切り分ける方向に向かったのに対して、「私は周りの人と一緒だ」というように、自分を周りに合体させる方向に導きます。これが「私は私たち（の一人）」という主体の心の動きに通じるのです。

この「私は私たち」の側面にも、正負両面が現れてきます。上に述べたのは肯定的な面でしたが、「赤信号、みんなで渡れば怖くない」の警句にも明らかなように、「私たち」に私が紛れて無責任になったり、「私たち」の中に私を見失ったり、「私たち」に依存しすぎて「私」が霧散したりというように、負の面があることも見ないわけにはいきません。

いずれにせよこの側面についても、「私は私」と同じように、時間経過の中でいくつかのステップを考えておかなければなりません。

① 乳幼児期の重要な大人との関係：「私は私たち」の萌芽

まず、乳児期においては、自分の欲求を満たしてくれる身近な他者の存在を喜ぶようになり、その他者と一緒にいること自体に幸せを感じるようになります。これが繋合希求欲求という概念が生まれた経緯だということは先に述べました。これは重要な他者と一緒にそこにいることを喜びとする主体のありようだという意味で「**大事な大人と一緒の私**」と名づけておいてはどう

かと思います。これによって安心感や信頼感がもたらされますが、それはまた前項の「私は私」が立ち現れてくるための重要な要件でもあります。ここに乳児期においては、「未然の〈私は私〉」と「大事な大人と一緒の私」が深くつながり、重なっていることを見ておかなくてはなりません。

そうしているうちに、1歳前後になると、重要な他者と「一緒の私」「一体となった私」に裂け目が生まれ、重要な他者が自分とは違う思いや意図をもった存在であることに次第に気づくようになります。身近な重要な他者が自分とは異なる「他者」として成り立つとき、その裏返しとしてようやく「私は私」がその他者から切り分けられ、浮かび上がるといってもよいのかもしれません。裂け目ができ、切り分けられたとはいっても、底ではつながっています。そこで、この主体のありようは「私と大事な大人は違うけど、それでも一緒の私」と言ってもよいのではないでしょうか。

さて、幼児期前半は、「私は私」の思いと「大事な大人」の思いがしばしば衝突し、せめぎ合う時期です。それまで自分の思いをいつも受け止め、最終的に受け入れてくれていた大事な大人が、自分とは違う思いをもつ人で、自分の思いを受け止めてくれても、時に行為を受け入れてくれないことがあるという経験を繰り返しもつことを通して、自他の違いが次第にはっきりしてきます。そしてそこにしつけが介入してきて、その自他の違いがさらに明確になる頃に、今度は子どもの側が大事な大人の思いを受け止めることができるように変化してきます。

つまり、「自分の思いが他者に受け止めてもらえたように、自分とは違う他者の思いを今度は自分が受け止めて、他者と共に生きていく」というこれからの対人関係の原型が、まずは身近な重要な他者とのあいだで経験されるようになります。これは、「私と大事な大人は〈私たち〉」とでもいうような、「私は私たち」の原初の経験といえるものです。

② 乳幼児期における友達との関係:「私は私たち」の開花

さて、乳児期後半から2歳にかけて、子どもは自分と同じような幼い存在

に関心を示すようになり、その存在と共にいることを求め、共にいることを喜ぶようになってきます。そして、最初は思いと思いのぶつかり合いの経験から出発しますが、そのうちに次第に相手の友達にも思いがあることが分かり、その存在を認めるようになってきます。そして、一緒にいることが楽しくなり、何かを一緒にすると面白く、相手がすることを自分もしようとし、相手の喜ぶことを喜び、譲ることもできるようになるというように、「お互いが主体であって共に生きる」姿が随所に見られるようになってきます。

　そして子どもが集団生活に入るに従って、好きな友達とのあいだでまず「身近な他者と共に生きる」姿が見られるようになり、それがクラス全体へと波及し、さらにはクラスを超えた集団へと拡がっていくようになります。これは「私と身近な友達は私たち」、あるいは「私とみんなは私たち」と呼べる経験と言ってよいかもしれません。

　幼児期にあっては、身近な大人や仲間とのあいだで経験する「私は私」と「私とみんなは私たち」が主体を構成する二つの面だといってもよいでしょう。これ以後、学童期、思春期と次第に大きな集団の中に巻き込まれるにつれ、「私とみんなは私たち」の面がより深みと厚みを増していきます。そして大人になれば、隣近所の人たちとのあいだで「私とみんなは私たち」という経験をくぐり抜けるようになるでしょうし、さらにはもっと大きな集団の一員、社会の一員というように、より広い意味で、「私たち」の一員という経験をくぐり抜ける必要が生まれるでしょう。

　要するに、「私は私」の側面と「私は私たち」の側面の両面が、あるバランスの下に整ってこそ一個の主体なのだというのが、私の主張する「主体」概念の特徴です。この点については、次の図7を用いて解説してみましょう。

第5節　「私は私」と「私は私たち」の両義性

　まず、「私は私」の心と「私は私たち」の心が両義的であるとは、図7を

```
        自我の働き
「私は私」の心        「私は私たち」の心
┌──────────────┐    ┌──────────────┐
│ 自分の思いを表現する │    │ 相手の気持ちに気がつく、認める │
│ 自分らしくある    │ →  │ 周りと共に生きることを喜ぶ │
│ 自己肯定感・自信   │    │ 信頼感・許容する心  │
│ 自由と権利      │ ←  │ 義務と責任      │
│ アイデンティティの自覚│    │ 周囲の人を主体として受け止める│
└──────────────┘    └──────────────┘
   自己を表出する心         周囲と共に生きる心
```

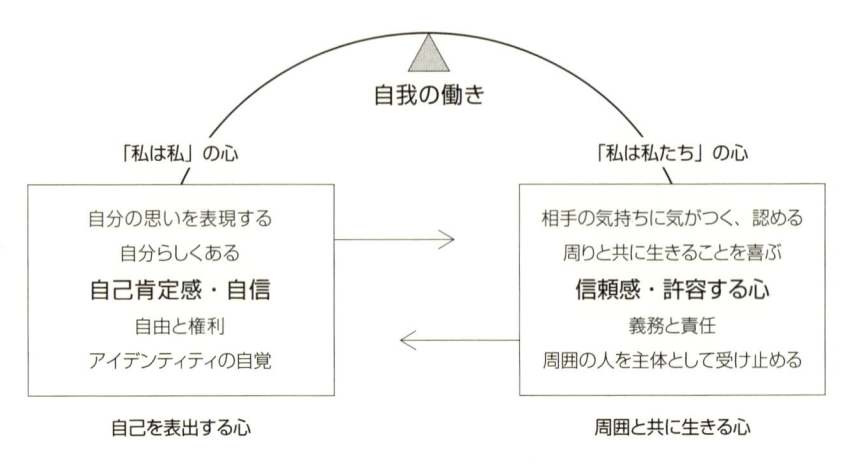

図7　主体であることの二面性（両義性）

見て分かるように、自分の思いを表現することと、相手の思いに気づいてそれを受け止め・認めることとが逆向きの方向であるという点にあります。そのことがこの図ではヤジロベエの形で表現されています。その支点になる三角形は「自我の働き」を表し、ここで「自我」は両者のバランスを何とか取ろうと苦闘する主体の働きとして考えられています。

(1)　「私は私」の箱の中身について

「私は私」の箱の中には、自分から意欲的に物事に取り組み、自分の思いを表現するというように、主体の自主的、積極的な姿、つまり従来、「主体的」という言葉で考えられてきたことが描きこまれています。それは周囲がその子の存在を喜び、今のありようを受け止め・認めることによって生まれる主体の姿です。それが自己に跳ね返るとき、自分こそ世界を生きる主人公なのだという自分への自信や自己肯定感が生まれます。そしてそのような経験が繰り返されることを通して、自信や自己肯定感を抱く自己という肯定的な自己イメージ（表象）が定着してきます。さらに成長した暁には、自由や権利といった個の立場の主張に連なり、またアイデンティティの自覚へと通

じていきます。

しかしながら、万一、周囲がその子の存在を喜ばず、いまのありようをしばしば否定するならば、子どもは自分に自信をもてず、自己肯定感を抱けないことは言うまでもありません。肯定的な自己イメージは否定的な自己イメージと背中合わせになっているのです。

加えて、先にも少し触れたように、一人の主体の「私は私」の表現は、常に周囲に肯定的に受け止めてもらえるとは限りません。「私は私」の思いを強く押し出すとき、周囲にはそれが常に許容できるとは限らず、時に自分勝手や自己中心的な姿と見られてしまうことがあります。その場合、「私は私」の表現は、周囲の思惑と衝突することになり、調整を迫られます。しかし、当の主体自身、これではいけないと気づきつつも、その表現を即座に修正できないこともままあり（引っ込みがつかないという事態）、その場合はますます周囲との対立を強めてしまうことになります。

要するに、「私は私」の思いの表現がいつも肯定的であるとは限らず、常に周囲との兼ね合いで調整を余儀なくされるということです。そして「私は私」の表現が、周囲から負の現れと受け止められるときは、決まって「私は私たち」の面が顧みられていないときだと言ってよいでしょう。

(2) 「私は私たち」の箱の中身について

「私は私たち」の箱の中身は、先に詳しく見たように、自分を受け止め・認めてくれる大人への信頼感や安心感を梃子に、次第に相手の気持ちに気づくようになり、相手の思いを受け止めることができ、周囲の人と共に生きることが喜びとなるという、主体の心の働きがそれに該当します。そして成長した暁には、主体が当然もつべき義務や責任の意識に連なり、周囲の人を主体として受け止め、周囲の人と共に生きる姿勢に結びつくものです。

この面がなかなか育ってこない場合があります。保育の例で言えば、友達と一緒に遊ぼうとしない、周りのことを顧みずに自分の思いを押し通そうとする、相手の思いを分かろうとしない等々です。保育者にとって気になるこ

うした子どもの姿は、その外見とは裏腹に、たいていは「私は私」の面が育っていないために、つまり自己肯定感をしっかりもてないために起こっていることが多いようです。それにもかかわらず、保育者は年齢相応の集団活動ができるようにと、「私は私」よりも先に「私は私たち」の面を早く育てようと強く働きかけることが多く、その手順前後が悪循環を引き起こすことも稀ではありません。

　他方、「私は私たち」の心が育ってきた場合でも、それが常に好ましい現れ方をするとは限らず、負の現れ方をすることも多分にあります。例えば、相手に合わせようとしすぎて自分を見失い、安易に相手の言うなりになったり、みんなで誰かをいじめたり、大きくなってからは、「赤信号、みんなで渡れば怖くない」式に、無責任な集団行動に走ったりなど、「私は私たち」の心は常に肯定的なかたちで現れるとは限りません。

　そのような負の現れ方をしたときを振り返ってみると、「私は私たち」の面ばかりが前景に出て、「私は私」の肯定的・積極的な面が見失われたり、それが背景に退いたりしている場合がほとんどであることに気づきます。あるいは、「私は私」の心の否定的な面と響き合って、「私は私たち」の心が否定的なかたちで生じる場合もあるでしょう。

　そうしてみると、「私は私」と「私は私たち」の双方の心の働きは、それぞれ、一方の心の働きがどこかで他方の心の働きを顧慮しているというように、いずれかの極端に傾くことなく、他方を顧慮して「ほどよさ」の範囲に収まっていることが望ましいといえます。

　図7は、ちょうどそのバランスが取れた状態を表していますが、このヤジロベエは本来、その都度、左右に振れ動いています。そのバランスを何とか図ろうとするところに自我の苦闘があります。モンスター・ペアレントのように左に傾きすぎてもならないし、「長いものには巻かれろ」式に、右に傾きすぎてもなりません。このヤジロベエの不安定さの中に、主体が常に両義的な現れ方をするという理由の一端があります。

(3) 「私は私」と「私は私たち」の現れ方は、常に周囲他者との関係のありように規定されている

これまで述べてきたことから分かるように、「主体」という概念は個に閉じたものとしては扱えません。むしろこの概念は個に閉じる一面を見せながらも、常に周囲に開かれていることが重要なポイントでした。

直前にも触れたように、主体の自我が機能し始めて、「私は私」と「私は私たち」のバランスを図ろうと努めるようになるということは、「私は私」の表現の仕方が屈折し、単純に個の「こうしたい」という思いの発露ではすまなくなり、周囲他者の受け止め方を顧慮した表現に変化するということでもあります。言い換えれば、この人の前ではそのように「私は私」を表現しても大丈夫、という計算を働かせたかたちで、「私は私」の表現に捩れが生まれるということです。その点で言えば、２歳頃の幼児は、まだ十分に自我機能が発揮されないために、ひたすら「私は私」を押し出そうとし、養育者と真正面からぶつかって、さまざまな調整を身に被る破目になります。しかし、３歳頃になると、それまでの調整を受けた経験を踏まえて、自分の要求が通りそうにないと分かると、甘える算段に出たり、ふてくされたりと、「私は私」の表現の仕方を自ら調整しにかかるようになります。これはつまり、「私は私」の表現が、あくまで個の表現でありながら、常に他者を顧慮しての表現に屈折するということです。

大人になってからもそうです。実際、担任教師の前で居丈高に振る舞うモンスター・ペアレントは、確かに「私は私」の主張に凝り固まって、「私は私」と「私は私たち」の本来のバランスが壊れた姿を晒しています。しかし、極端なその自己主張は、教師に対する社会的バッシングの風潮という現代文化の動向を背に生まれているのであって、自分はその文化動向の中の一員であるという、いわば負の「私は私たち」に依拠しているからこそ、そこまで大胆に振る舞えるのです。つまり、目には見えない虎の威を借りているということです。ですから、同じ当人が、他の場面ではひたすら自分を控えるというように、根底では自分に自信のない人である場合が十分にあり得ます。

要するに、「私は私」の表現も「私は私たち」の表現も、誰を前にするかによってその表現の仕方は大きく振れ、しかもそれが正負の現れ方をすることがあるということです。つまり、このヤジロベエは静止した状態にあるものではなく、現前する相手との関係で左右に、また正負に揺れ動く動態的なものとみなされなければなりません。そこにもまた、主体がとらえどころのないほどに両義的な現れ方をする理由の一端があります。

　（4）　「私は私」と「私は私たち」は、互いに相手を強化するようにも働く
　もう一つ、「私は私」を括る箱と「私は私たち」を括る箱とのあいだにある双方向の矢印の意味をかいつまんで説明しておきましょう。
　「私は私」と「私は私たち」は「あちら立てればこちら立たず」の両義的な関係にあるからこそ、ヤジロベエで両者をつないだのでした。ところが双方の箱は、一方の箱の中身の充実が相手の箱の中身の強化につながるという捩れた関係にもあります。このことがこの矢印の意味です。
　先にそれぞれの面の成立ちを説明した折にも若干触れたように、この図7はまず、左の箱の上部から成り立ってきます。つまり、周囲他者に自分の思いを受け止めてもらった喜びと満足を梃子に、まず「自分の思いを表現する」姿勢が生まれ、そこから未然の「私は私」が生まれ出てきます。他方では、自分の思いを受け止めてくれる他者への信頼感と安心感を下敷きに、その他者の思いに気づき、それを認めることができるようになり、そこから未然の「私は私たち」が生まれ出てきます。こうして、左の箱の上部から右の箱の上部が導かれる一方、「私は私たち」として共に生きることの喜びや満足の経験が逆に左の箱の自信や自己肯定感をさらに強め、その自信や自己肯定感がさらに周囲とのつながりを濃くするというように、相互に影響を及ぼし合って中身を濃くしてゆくのです。これは幼児における「私は私」と「私は私たち」の現れ方を見れば明らかです。つまり、友達と一緒に遊べる楽しさを数多く経験するようになることが、自分への自信や自己肯定感の増進に繋がり、逆に自信や自己肯定感をバネにして、友達との仲間関係をさらに拡大し

てゆくのです。

　翻って、いずれかの箱の中身が充実しない場合、悪循環が巡ってこのヤジロベエのバランスを壊すことが考えられます。これは特に、「気になる子ども」や「障碍のある子ども」の心の育ちを考えるときに、ぜひとも踏まえられねばならない点です。

第6節　「ある」と「なる」の両義性

(1)　主体は時間軸の中で変容する

　主体概念がとらえにくいもう一つの理由は、主体が時間軸の中で時々刻々変容することです。過去にこのようで「あった」ことが、現在のこのようで「ある」という状態をもたらし、そのいまの「ある」を主体が生きるなかで未来の「なる」が展望され、いつしかその「なる」が実現されて新たな「ある」に転化します。そのとき、かつての「ある」はすでに過去の「あった」へと沈澱し、さらに新たな「なる」が展望されることになります。

　実際、いまの「ある」は、いまこの瞬間に過去と断絶して生まれ出たものではあり得ません。確かに、「歩けるようになる」「言葉を話すようになる」など、「ある」の状態が創発的なかたちで生まれ出るかのように見えることが成長過程にはしばしば現れます。しかし、その創発的に見える見かけの背後に、多数の過去の「ある」の経験（育てられる経験、自ら世界に関わる経験）が蓄積され、それによって、いまの「ある」を乗り越えて「なる」へと向かう芽が芽吹き、次の「ある」へと転化する瞬間を準備していたことを無視するわけにはいきません。

　このように、主体は「あった」「ある」「なる」の目まぐるしい変容の坩堝(るつぼ)に巻き込まれ、一つ所に留まっていることができません。その時間の流れの中でどのようにいまを生きるかに、主体の生きざまが現れてきます。

(2) 「ある」から「なる」へ

　上の議論から分かるように、「ある」の中には、すでに過去から引きずってきたものと、未来へと飛躍する萌芽が懐胎されています。それにしても、「ある」から「なる」への移行は一筋縄ではありません。過去の不幸を乗り越えようとして、いまの「ある」を早く希望の「なる」に転換しようと焦ることが、かえって「なる」を遠ざけることになったり、いまの「ある」の幸せにしがみつこうとすることが、すでに足元からその「ある」を崩し始めていることになっていたり、「ある」から「なる」への動きはまことに複雑怪奇で、主体は絶えずその動きに翻弄されざるを得ません。

　これまでの発達心理学は、時間経過の中で次々に現れてくる創発的な「ある」を時間軸上でつなぎ合わせて、いわば「なる」の物語を作り上げてきたといってよいかもしれません。1歳で歩く、1歳半で言葉を話す等々。それぞれの「ある」を繋ぎ合わせ、1歳で歩くように「なる」、1歳半で言葉を話すように「なる」、等々として発達を語るわけです。

　しかしながら、次々に現れる創発的な「ある」を次の「ある」と安易に繋ぎ合わせることは、本来の「ある」から「なる」への発達の筋道、つまり「育てられて育つ」という発達の真のメカニズムの理解を遠ざける結果を招かなかったでしょうか。

　例えば、「ある」が創発するのは生物学的な規定因（成熟の要因）によるものであり、栄養面や衛生面など身体面のケアさえ十分なら、次々に「ある」が継起してくるのだという単純な成熟学説は、子どもは「育てられて育つ」という事実をとらえ損ねています。

　他方で、反復学習が能力の定着に繋がるという学習論を背景に、次々に課題を与えて訓練すれば、子どもは大人の願った「なる」に導くことができるという誤解も巷にはあふれています。これが今日の早期教育論に繋がっていることは言うまでもありません。この考えは、いまの「ある」を考慮することなく「なる」の結果をいち早く作り出そうとするものです。

　これに対して、私の「子どもは育てられて育つ」という言説の大事なポイ

ントは、「ある」をしっかり受け止めていると、子どもの内部に「なる」へと自ら向かう芽がおのずから芽吹いてくると考えるところにあります。

　実際、「ある」をしっかり周囲の大人に受け止めてもらった子どもは、自分の存在が認められた喜びや自分への自信を背景に、自らの力を行使してその力を確かめ（これができる、あれができる）、それを梃子に自分の世界を拡げようとし（こうしてみたい、こうしてみよう）、さらに受け止めてくれた大人への肯定的な同一化を背景に、大人の姿を自ら取り込もうとします（あのようになりたい、あのようにしてみたい）。それが結果的に、いまの「ある」を踏み越えて、自ら「なる」へと向かうことを準備するのです。逆説的ですが、子どもはいまの「ある」を受け止めてもらうことで、いまの「ある」を突き崩し、「なる」へと自ら向かいます。これが真の発達のメカニズムです。

　その際、大人の役割は「なる」へと強引に引き上げようとする働きかけにあるのではありません。むしろ子どもの「ある」を受け止め・認めるところ、あるいは子どもの前に未来の「なる」姿として現前するところ、さらには、子どもの内部に芽吹きかけた芽が伸びていけるように、環境を整え、誘い、導くところにあります。視点を変えれば、私の主張のポイントは、目の前の大人のようになりたいという子どもの大人への同一化の心が「なる」への原動力だと見る点にあります。これが私の言う「育てられて育つ」の中身です。早期教育論は「ある」を受け止めることを忘却したまま、また自らが「なる」姿として子どもの前に現前していることを忘却したまま、ひたすら「なる」へと急がせようとする、徹底して結果主義、成果主義に立つものだと思います。

（3）　子どもにとって「なる」の目標は周囲の大人や仲間である

　ちなみに、子どものごっこ遊びを見ていると、いかに子どもが周囲の大人に同一化してその姿を自らに取り込もうとするものかがよく分かります。ままごと遊びでお母さん役の子どもが口にする言葉は、言い方から声色まで自分のお母さんそっくりであり、アニメのヒーローになりきる子どもは、表情からそのしぐさまですっかりヒーローそのものです。あるいは、けんかの際

に子どもが相手にぶつける汚い言葉は、家庭の中で大人同士がぶつけ合っている言葉や映像の中の言葉をそのまま取り込んだものがほとんどです。

それらは周囲の大人に促されたのではなく、あくまで子どもが自分ひとりで周囲から取り込んだ姿です。未来の大人である子どもは、いずれ大人に「なる」のです。子どもの目の前に立つ大人は、かつては子どもであった人であり、一歩先んじて大人になった人にすぎません。その大人が良くも悪くも目標になり、その大人のすることを取り込んで、子どもは大人の後を追いかけていくのです。

そうしてみると、一歩先んじて大人になった「育てる者」が、いかに子どもの前に立つか、言い換えれば、大人が子どもにどのような大人文化を提示するかが、結局は子どもがどのような大人に「なる」かを決めるとみなければなりません。「なる」を急がせるさまざまな教育談義が盛んですが、もっぱら子どもを願わしい姿に変えようとすることを急いで、大人がどのような大人として子どもの前に立っているかを踏まえない議論は、その限りでほとんど無意味なものといっても過言ではないと私は考えています。

第7節　一つのエピソード記述を通してこれまでの議論を振り返る

(1)　保育の現場の一つのエピソード

これまでの議論を振り返る意味で、一人の保育士さんの描いたエピソードを取り上げてみましょう。

●エピソード7●　「つば　しても　好き？」　　　　　　K保育士
＜背景＞

　Aくんは4歳の男の子。0歳からの入所。母親が感情の起伏が激しく、Aくんに対して体罰を加えたり、激しい口調で叱ったりすることが0歳のときからみられ、目を離せない家庭環境で、それが今日まで続いている。2歳頃から友達とのトラブルが多く、会話で自分の希望や意志をう

まく伝えられず、すぐに手が出てしまい、3歳、4歳と成長するに従い、友達やその保護者にまで「乱暴な親子」と見られることが多くなってきた。人なつっこい面もあり、友達と遊びたい、仲良くしたい、という思いも強くあるのだが、関わり方が一方的でしつこくなってしまうこともあり、同年齢の友達と長い時間遊びを継続させることが難しい。担任をはじめ、園全体でAくんが友達と仲良く遊べることや、安心して園で過ごせることを目標にケース会議などを重ねている。少し表情がおだやかになってきたかなと思えば、また乱暴な言動がみられたり……ということを繰り返す毎日だ。

　私はAくんが0歳、1歳のときは担任だったが、いまは主任の立場なので、現担任の苦労を共感して受け止めながら、Aくんに対して毎日話しかけたり、抱っこしたり、乱暴な言動に気づいたときには、頭ごなしにならないような叱り方で、「みんなの中の大切なAくん」ということを分かってもらえるような関わり方を心がけている。

＜エピソード＞

　夕方、お迎えを待つ自由遊びの時間のことである。「Aくんがブロックを黙って取ったー！」とBちゃんが泣きながら私のところに訴えて来たので、Aくんのそばにいって話を聞こうとした。

　「だってこれが欲しいんだもん！　これがいるんだもん！」と顔を真っ赤にして大声でまくしたてるAくん。「うん分かった。このブロックを使いたかったんだね。欲しかったんだね」「そうだよ！　Bちゃんが貸してくれないんだもん。だから取ったんだよー」とだんだん興奮してきて、話を聞こうとしてしゃがんだ私の顔につばを吐きかけた。

　私は顔につばがとび、一瞬とても不快で、腹が立ち、多分露骨に嫌な顔をしたと思う。Aくんは私と目が合うと、ハッとして、「しまった」という顔をした。私は、内心の怒りを抑えて、「Aくん、先生、Aくんのつばが顔にとんで、すごく嫌な気持ちだよ」と言った。Aくんはうなだれたまま黙っていた。「先生は、Aくんと話をしたいんだよ」と私が

言うと、Aくんは上目づかいに私を見て「つばしても、Aくんのこと好き？」と小さな声で聞いてきた。私もハッとして「うん、つばしてもAくんのこと好きだよ」と答えると、Aくんは自分のTシャツの裾で黙って私の顔のつばをふき、またうなだれていた。

　私もすっかり気持ちが落ち着いたので、「Aくん、Bちゃんのブロックを使いたいときには『貸して』って言うんだよ。そしてBちゃんが『いいよ』って言ったら貸してもらおうね」と言うと、Aくんは黙ってうなずき、Bちゃんにブロックを返しに行った。Bちゃんはびっくりしてそれを受け取り、私を見たので私が頷くと、そのままそのブロックで遊びはじめ、Aくんも別な友達のところへ行って遊び始めた。

　＜考察＞

　日頃から友達やその保護者にまで、仲間はずれにされがちな雰囲気が一部にあり、「自分は他の人から嫌われている」ということを何となくAくんも肌で感じているようで、私はそのことがとても気になっていた。Aくんにも良いところはたくさんあるのだが、その良さを認める前に、乱暴な言動や職員を手こずらせるような言動が目立ってしまい、Aくんの良さを丁寧に見つけ出して認めたり褒めたりしていくことがなかなかできないことを改めて反省する。

　Aくんは自分の言動によって周りから否定的な関わり方をされることが多いので、自尊感情や自己肯定感が育ちにくく、そのことでますます言動が乱暴になってしまうという悪循環を繰り返しているように感じている。そのことを何とかしたいという思いはあるのだが、それほど密に接する立場ではないので、朝夕の自由遊び時間や姿を見かけたときに、意識して褒めたり認めたり「Aくん好きだよ」という思いを伝えてきたつもりである。

　しかし、私の言葉が心からのものなのか単なる口先だけのものなのか、今回の件で鋭くAくんに問われたようで、本当にハッとした。「好きだよ」と言うことは簡単なことだが、自分の子どもを思うように、本当に

心から大事に思い愛しているのかと問われれば、返事に窮する。私が簡単に「好きだよ」と言ってきたことがAくんに良かったのか悪かったのか。言葉は人の命綱にもなるし、「凶器」にもなることもある……そんなことも考えた。

　Aくんには担任の二人もとても一生懸命に関わっているし、私たちは諦めたり投げだしたりせずに、Aくんが安心して自信をもって楽しく友達と園生活を送ることを願って、みんなで育てていきたいと思っている。

(2) このエピソード記述を振り返る
① 現代日本の子育て事情
　Aくんの育てられる家庭環境は、残念ながら愛情豊かな安心できる環境ではなさそうです。母親は何かといえばAくんを大声で叱責したり、すぐに手を上げたりする人のようで、2歳ごろから目立ってきたAくんの乱暴な言動は、その育てられるありようと無関係ではありません。保育の現場では、Aくんのような乱暴の目立つ子どもに対しては、ややもすれば乱暴な言動だけを取り上げて、それを押さえ込もうとしますが、子どもの「乱暴な言動」は生来的なものなのではなく、そのように育てられてきた結果なのだという認識がまず不可欠です。

　この事例の背景から垣間見えてくるのは、現代の日本社会の子育て状況が抱える問題そのものだと言っても過言ではありません。安定した家庭生活が営まれ、それが子どもが幸せに育つ基本的な条件なのに、そこが崩れると、Aくんのような状態が生まれやすいのです。Aくんほど厳しい家庭は稀だとしても、大人主導の生活が営まれ、大人の思いに振り回されている子どもは決して少なくありません。そのことが子どもの友達関係に影響を及ぼして、力による相手の支配という、周囲の大人が自分に対して振り向けてくる関わりを相手の友達に振り向けるようになるのです。

　暴力はいけないこと、仲良くしてほしいことを保育者が伝える必要があることはもちろんですが、その前に、子どもが家庭で振り回されて落ち着かな

くなっている気持ちをまずは受け止めることが大切だ、ということがこのエピソードから分かります。

② 親自身の主体としての育ちという問題
　母親Bさんに視点を移せば、子育てが自分の思い通りにならない現実、また生活が思うようにならない事情の下で、Bさんもまた苛立ちの中で生きることを余儀なくされている一個の主体であることが見えてきます。それにBさん自身、幼少の頃に自分の親に大事にしてもらえなかったようです。そのこともAくんへの乱暴な対応の下地になっているように思われます。
　残念ながら、いまの日本の文化環境は、次世代を育てる人になるように人を育てるという枠組みを十分に持っていません。学力談義ばかりで、一人の人間を主体として育てるという視点が学校教育にほとんど欠けていることもそのひとつです。そのような教育環境の下で、自分の考えを一方的に主張してもよい、それが主体としてのあり方だ、と考えている大人が増えています。母親のBさんは確かにその度が過ぎていますが、いまの保育の場を見れば、一方的な自己主張を保育者にぶつける保護者は決して例外ではありません。あるいはまた、自分本位の自己主張、自分本位の生活の組み立て方、自分の都合に沿った子育てをする保護者も多くなってきました。
　そういう保護者に対して、どうすれば「一人の子どもを主体として育てる」姿勢を示してもらえるのか、なかなか答えが見つかりそうにありません。

③ 保育者の困難な役割
　Aくんの事例に立ち返れば、Aくんも一個の主体として大変な状況を生きていますが、しかし育てる側の母親Bさんも一個の主体として大変な状況の下に置かれているようです。しかし、その相互主体的な関係の軋みが、結局はAくんの保育の場での乱暴な言動に結晶化し、友達関係や保育者との関係を難しくしています。そしてそのAくんの葛藤する思いも、母親Bさんの苛立ちも、保育する側が必死に受け止めて対応せざるを得ません。しかも、そ

第3章 「両義性」という概念と、「主体」という概念

れはAくん親子との関係の中だけのことではなく、周囲の他の子どもや保護者の目のある中でそうしなければならないのです。

このエピソードを書いたK先生が言うように、Aくんの乱暴な言動や送迎の場面での母親Bさんの乱暴な対応を他の子どもや保護者が見ていて、「乱暴な親子」というイメージが二人に被せられるようになり、それがAくんに伝わってさらに乱暴な言動になり、母親Bさんの苛立ちをさらに増幅するというように、まさに悪循環が巡っています。この状況の中で保育者は、Aくん親子に対して、時には周りが迷惑していることを伝え、時にはこの親子の落ち着かない気持ちを受け止め、また周囲のとげとげしいまなざしから温かく守るというように、まさに難しい対応を紡いでいかざるを得ません。それによってようやく、Aくんはかろうじて前を向いて生きる条件を手にすることができ、また母親Bさんも心の支えを得て、未来に希望を持とうとするようになるのですが、しかしそれをこの事例のように実践するのは並大抵のことではありません。

むしろ、このような乱暴な対応の目立つ母親を見ると、保育者はどうしても「この親にしてこの子が」という見方になってしまい、子どもの思いを受け止める前に、負の行動を抑えにかかりやすいようです。また母親に対しても、母親も大変なのだと、母親のしんどい思いを受け止めたり、共感したりするところが弱くなりやすく、それゆえに、母親とのあいだで信頼関係を築けないままに推移することになりやすいようです。

このエピソードを書いたK先生は、このエピソードを同僚数名と読み合わせて意見を交換した折の記録を私に送ってきてくれましたが、それを読むと、Aくんが0歳と1歳のときに自分が担任をしたこと、そのときから母親の対応が乱暴だったこと、Aくんの様子を見て、自分がかつて児童養護施設に勤務していたときに出会った被虐待の子どもの悲惨な状況が想い起こされたこと、それゆえ何とかAくんをそういう事態に陥らせてはならないと思ってAくんにも母親にも対応してきたこと、等々を述べていました。

Aくんはこのような K先生の丁寧な保育を頼りに、いまを懸命に生きてい

ると言っても過言ではありません。そのことを思うと、いま保育者に課せられている困難かつ重要な役割を考えないわけにはいきません。このエピソードはそういう背景の中に生まれたものです。

④ 相互主体的な関係が生きられる瞬間

さて、このエピソードに戻りましょう。子ども同士のトラブルの場面で、まずK先生はしゃがんでAくんの目の高さに合わせ、それからAくんの言い分を聞き、その後に保育士としての自分の思いを伝えるというように、保育者の基本の対応をとろうとしました。ところがそのとき、Aくんは興奮のあまり思わずK先生につばを吐きかけてしまいます。研修の場面で私がK先生と出会った印象で言えば、K先生は性格的に極めて穏やかな方です。そのK先生も、つばを吐きかけられたときはさすがに腹立たしい気持ちになったようで、思わず諫めようとしました。そのときAくんと目が合います。その瞬間、Aくんははっとして、「しまった」という表情になりました。それは、AくんがK先生とのあいだでこれまで築いてきた何かが揺らいだ瞬間です。その「何か」とは、「先生のこと、すき」という思い、言い換えれば「優しいK先生」というイメージです。それが揺らいだ瞬間でした（P.62図3参照）。

思わずつばを先生にかけてしまったけれども、それは興奮から衝動的に出てしまった行為でした。それに対して先生が思わず見せた怖い顔は、いまAくんにとって最も大切なK先生との信頼関係、つまりは「優しいK先生」のイメージを壊してしまったのではないかという不安を生みます。こうしてAくんはうなだれますが、そのとき気持ちを取り直した先生が、「顔にツバがとんで、嫌な気持ちだよ、先生はお話をしたかったんだよ」と自分の気持ちを伝えます。そこでAくんは上目遣いに先生をみて、小さな声で「つばしても、ぼくのこと好き？」という言葉を紡ぐことになったのです。

この言葉には、これまで培ってきたものと、それが危うくなって揺らいでいることとが見事なまでに浮き出ています。乱暴な子と見られていたAくんですが、AくんはK先生の優しい関わりの中で、K先生を信頼する心をこれ

までに育んできていました。この言葉の裏で動くAくんの思い（心の動き）がK先生につかめたことによって、先生もはっとして、怒り狂うことなく気持ちを鎮め、「Aくんのこと好きだよ」と言葉を返しました。これはAくんの「優しいK先生」のイメージが壊れないで生き残るために、そしてそれと結びついて成り立っているAくんの「良い自己イメージ＝良い子の部分」が生き残るために、決定的に重要な対応でした。

　この先生の対応によって、壊れかけた大切なものが壊れなかったのだという安心感の中で、Aくんの中に押し込められていた「良い自己イメージ＝良い子の部分」が立ち上がり、Bちゃんに取り上げたものを返しに行くという行為が生まれたのです。

　Aくんの主体としての「ある」は正負両面をもっています。先生の主体としての思いにも正負両面があります。お互いの主体としての思いがぶつかり合うとき、そこで一瞬火花が散ります。この「つばをかける」から「つばしても、好き？」「好きだよ」までの出来事の流れは、子どもの揺らぐ心が「ある」から「なる」に向かう意義深い出来事だったと言わねばなりません。「育てる－育てられる」という関係の営みは、まさにこのような相互主体的な関係の営みを織り込んで展開されるのです。

⑤　職員間の話し合い

　このエピソードをK先生が書いた後、この園では職員間でこのエピソードの読み合わせが行われ、担任の先生を含めて、これまでのKくんとの関わりが話し合われ、これからのことが語り合われました。その具体的な内容は、『エピソード記述で保育を描く』（2009年、ミネルヴァ書房）に収録されていますので、それをご覧いただくとして、要するに、AくんとK先生との信頼関係がこのエピソードの核心部分だという話し合いになり、やはり制止や禁止の前にAくんの気持ちを受け止める対応が大事だということを確認し合ったということでした。いずれにしても、一人の子どもの心は、このように周囲の人との関わり合いの中で育てられて育っていくのです。

第4章
関係発達の観点から子育て支援を考える

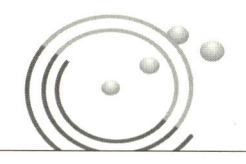

第1章の関係発達の概念図を説明したところでも、＜育てられる者＞から＜育てる者＞に転換する「コペルニクス的転回」は、誰にとっても困難な課題であることに触れ、そこに子育て支援の必要が生まれる理由があると述べました。今日は、家庭で子育て中の保護者への子育て支援の必要が謳われていますが、本章では、それが必要とされる経緯や、保育の枠組みの中でそれがどのように展開されているのかについて、具体的なエピソードを紹介しながら、触れてみます。

第1節　関係発達最早期の様相

　子どもが「育てられて育つ」その端緒は、一人の女性が妊娠期間を経て出産を迎え、母親になる過程と重なります。第1章の図1（P.31）を見れば分かるように、一人の子どもの誕生には前史があり、母親になる人、父親になる人の生涯過程がすでに進行中です。

　初めて母親になる人には、まず妊娠というそれまで経験したことのない出来事がわが身に起こります。人によってその経過はさまざまですが、多くの人は辛い「つわり」の時期を経て安定期に入り、出産へと至ります。その過程で周囲からのさまざまな精神的、物理的な援助が得られる人、得られない人がいるのも事実です。十代の望まれない妊娠から出産へと至るケース、妊娠から結婚へといういわゆる「できちゃった婚」のケース、あるいは不妊治療の結果やっと妊娠して出産に至るケースなど、さまざまな妊娠から出産までの過程も、関係発達論の議論の射程圏内にあります。この過程には、産科出産か、助産院出産かの選択肢を産む人がどのように選び取るかも絡んでくるでしょう。

　しかし、ここでは出産直後からの子どもと養育者（母親）との関係の変容過程に焦点化してみることにしましょう。

（1）　危機としての出産

　出産は産む人にとっても、生まれてくる子どもにとっても、生死を分けるひとつの危機です。近代医療の恩恵を被っている現代人は往々にしてこのことを忘れていますが、妊婦たらい回し事件の悲惨な結末を見るにつけ、改めてその危機を思わずにはいられません。

　江戸期の古文書にある「母子ともに無事、めでたし」という文言からは、まさに生死を分ける瀬戸際から生の側にやってきた子どもの無事な誕生と、

第4章　関係発達の観点から子育て支援を考える

母親の無事を喜ぶ思いが伝わってきます。最初の陣痛から出産までの平均時間がおよそ19時間という事実も、「産みの苦しみ」を間接的に物語るデータでしょう。そしてそこには帝王切開など医療的介入が必要な場合があることも周知の事実です。いずれにしても、ひとつの危機を乗り越えるかたちで、一人の子どもと一人の母親（そして一人の父親）が誕生してくるのです。

(2)　「ともかく大変」

　初めて母親になった人は、生まれて間もないわが子を連れて家に戻ったときから、絶えず子どもに括りつけられた状態を強いられます。授乳、オムツ替え、沐浴と、次々に何かの対応を求められ、まとまった睡眠時間が取れないなかで、しかもそれを自身の出産後の身体の回復と同時にやり遂げなければなりません。最近の産科の医師は産婦に対して「最初の２カ月、ともかく頑張ってください」と声をかけるのが常だと言われていますが、まさにその２カ月をどのように乗り越えるかが、初めて母親になる人にとっては最初の試練になります。

　その際、母親になった人をサポートする体制が重要な意味をもってきます。父親になった人がどのように子育てに絡むのか、それとも父親になった人のサポートはほとんど期待できない状況なのか、子どもの祖父母に当たる人たちのサポートは得られるのか、近所の人たちの応援はあるのか。それらのことがサポートの質とも絡んで、母親になった人の大変さの程度を大きく左右します。

　無事の出産でほっと一息ついた新米の母親は、初めての子育てをどのようにしていけばよいかがとにかく分かりません。なにせ、初めての経験なのです。子どもの泣きが醸し出す切迫感は、対応への焦りを生み、自分の対応で泣き止んでくれないことがさらに焦りを増幅します。切り札は授乳と抱っこですが、抱っこの繰り返しは、身体的頑健さに欠ける今日の女性にとっては、腰痛や足のむくみ、腱鞘炎といった身体の不調をもたらし、それによってさらに子育ての困難が増大する状況を導きかねません。「どう対応すればよい

のか分からない」「眠いし、身体のあちこちが痛いし、もうふらふら」「とにかく大変」「可愛いなんて思う余裕はない」というのが、この時期のほとんどの母親の実感なのでしょう。

　この最初の1、2カ月は、外部から見ればあっという間に過ぎていくので、なかなか「子育て支援」の範疇に含めて考えにくいところがあります。しかし、こうした母親の実態に鑑みれば、この時期に何らかの支援、特に身体面に生じる苦痛を緩和するための支援が必要であることは明らかです。

(3)　3カ月頃の最初の転機

　産科医師のいう「最初の2カ月」を「とにかく大変」と思いながら何とかくぐり抜けた頃、子どもの側にかなり大きな変化が生じてきます。まず首が据わることによって片手抱きが可能になり、さらに目がしっかり合うことによって「気持ちが繋がれた」という実感が母親の側に生まれ、そして何よりも子どもの満面の笑顔によって母親は「癒された」と思えるようになります。

　この満面の笑顔は、それまでの試行錯誤の対応に対して、子どもの側から何らかの応答が返ってくるようになり、それによって育てる側の対応が修正され、こう対応すればよいのだという手応えが得られるようになってきたことと軌を一にしています。

　「他の人には反応しないのに、自分にだけ反応したり笑顔を見せてくれたりすると、ああ、やっぱり自分は母親なのだ、この子にとって自分は特別な存在なのだ嬉しくなる」というある新米ママの発言に、この間の「育てる－育てられる」関係の煮詰まり具合が端的に表現されているように思います。

　こうしたことは、子どもと母親の二者関係、つまり「育てる－育てられる」関係の変化を示すものですが、これに周囲の支援のありようが影響してくることは言うまでもありません。祖父母や周囲の支援は多くの場合、新米母親にはありがたいものです。しかし、新米母親が少しずつ母親らしくなっていくのを（少々の失敗はあっても）祖父母や周囲がゆったりと見守りながら母親の必要とする支援をしていけるかどうかが、支援の質の鍵を握ります。と

いうのも、子どもに必要な支援だといいながら、過剰な手出し口出しで新米母親の自信やプライドを傷つけてしまう場合が往々にしてあるからです。

(4) 子どもを連れて一歩、家の外へ

ともあれ、試行錯誤を経てどうにかおおよその対応の仕方を把握し、「ともかく大変」という時期を乗り越えて、「曲がりなりにも母親」という実感が得られるようになる頃、母親になった人は少しばかりの心の余裕を手に、子どもを連れて家の外に出る機会をつくろうとします。それは、「家に子どもとだけいると窒息する感じになる」からでもあるでしょうし、子育て支援に関するさまざまな情報がチラシやネットを通して母親の手元に届くからでもあるでしょう。実際、現在はさまざまなＮＰＯ法人が「子育て広場」を開き、そこに子育て中の親子が集うという新しい子育て文化が定着しつつあります。あるいは、地域の保育所や保育園が園の一部を開放して、子育て中の母親が子どもを連れて集える環境を用意しているところも増えてきています。

そのような場に出かけたり、近所の同じような月齢の子どもをもつ親子と交流したりすることによって、「育てる－育てられる」という関係は次第に広がりをもつように変化していきます。しかしながら、そこにさまざまな困難も生まれます。

例えば、いろいろな母親とのつき合いは、自分の子育て経験と相手の経験を突き合わせて、それでよかったのだと安心したり、そうすればよいのだと新たな子育て情報が手に入って自分の行き詰まりにヒントが得られたり、というメリットばかりとは限りません。同じ月齢だと、つい子ども同士を比較してしまい、自分の子どもはまだこれができないと落ち込んだり、相手の母親の生活ぶりに嫉妬したりと、せっかくの交流の場で負の思いを経験し、それが元でその交流の場から遠ざかるということも起こるのです。その結果、必要な情報を交流の場から得るのではなく、もっぱらインターネットの書き込み情報から得ようとし、自分に都合のよい情報だけを集めて視野狭窄に陥るということも稀ではありません。

そして、生後半年前後から、子どもを保育園に預けて職場復帰する母親もぼちぼち現れ、子どもの月齢が増すにつれてその数が増えていくようになります。そのとき、家庭で子育てをしている母親は自分だけ取り残されるような気分になり、自分も仕事に就いて子どもを保育所に預けようと思いますが、今度は「待機児」の壁が待ち受けているという具合です。

第2節　乳児期後期から幼児期にかけて

　生後9カ月前後になると、物を「あげる－もらう」の雛形が現れてくることに典型的なように、特定の大人（多くは母親）の意図がおぼろげに分かる、「あっ、あっ」と声を出してその大人を呼ぶ、「んん」という発声で「それじゃない」という自分の意思をその大人に伝えようとする、その大人のすることをじっと見る、といった、対人関係に必要で、なおかつ重要な基本的な行動が身についてきます。そして、母親が片時でも見えなくなると不安になり、その母親が現れると安心するというように、重要な大人（多くは母親）への愛着ないし信頼の様子がはっきりしてきます。
　生後半年ごろから徐々に始まった離乳食もかなり進み、母乳から乳児食への切り替えも見られるようになり、睡眠のリズムも安定してきて、かつての「とにかく大変」という状況は乗り越えられたかに見え、母親の側に少しゆとりが生まれてきます。

（1）　周囲の事物への興味・関心の広がり
　そんななか、重要な大人（母親）との信頼関係がしっかりしてきて最初の誕生日を迎える頃になると、指差しが現れて何を要求しているかが分かりやすくなり、大人の言葉による働きかけを理解する動きも少し見られるようになってきます。
　その一方で、周囲への興味・関心がぐっと強くなり、棚のものを床に落と

したり、手にしたものを投げたり、スイッチを触ったり、というように、手や指先を使った活動が増え、また這い這いによる移動運動も活発になってきます。子どもはそのような手や指の運動能力や這い這いの力を使ってさまざまな活動を試み、その結果に対する周囲の反応を喜ぶようになり、身体のバランス感覚が身についてくるのに伴い、つかまり立ちから歩行へと移行する子どもも出てきます。

このように、子どもの周囲の事物に対する興味・関心が強まると、それは親の願うところであったにもかかわらず、次第に「目が離せない」「何をするか分からない」「危ないことが増える」というように、「育てる者」の気苦労が増えてくるのも事実です。

(2) 周囲の人や子どもへの興味・関心の広がり

他方で、興味や関心は事物ばかりでなく、周囲の人、特に同じ年格好の子どもへと向かうようになります。子ども同士の出会いのきっかけは、近所の子育て中の親同士がお互いの家を行き来することによってであったり、乳児健診のときであったり、あるいは買い物に出かけた折であったりとさまざまです。実際に出会えば、相手の子どものすることをじっと見る、相手の子どもの扱われ方をじっと見るというように、相手の子どもへ目が惹きつけられていくのが分かります。そこから、相手の子どもが使っているものを使ってみる、相手の子どものしているようにしてみるといった、一種の模倣とも見える行動が現れ、その出会いを繰り返すなかで、物の取り合いになって衝突する場面もありながら、しかし「一緒が楽しい」「一緒がいい」という様子を次第に示すようになってきます。

母親たちは、子ども同士が何かをするのを見守りながら、子育てのこと、普段の生活のことなどを話し、親同士の横のつながりが生まれる場合もあるでしょう。しかし、何かのきっかけで、「この人とは合わない」というように価値観の違いを感じて出会いを解消する動きになったりする場合も、最近の若い母親たちのあいだではかなりあるようです。

せっかくつき合い始めた相手の母親が、再就職することになって子どもを保育園に預けるようになったため、いつもの友達と会えなくなり、そのことで子どもがむずかるというようなことも起こってきます。そしていつか気がつけば、周囲につき合う友達がいないという事態に立ち至り、家の中で子どもと二人きりという状況が生まれたりもします。

ここに、1歳を過ぎる頃から、友達を求めるかたちでの子育て支援を求める動きが親の側に現れてくる理由があります。

(3) 2歳前後の親子の様子

1歳半を過ぎる頃から、家庭で子育てをしている人の悩みはぐっと増える感じです。歩き回れるようになり、どこにでも行けるようになると、危なくて目が離せない状況になります。ベランダからの墜落事故も報じられるほどで、注意していても一瞬の隙に動くので、なかなか対応ができなくなります。かといって、家に閉じ込めておいたのでは、ぐずぐずと不平が多く、食事も進まない事態に陥ります。

外に連れて出ても、いつも遊べる友達がいるわけではなく、また誰とでも遊べるというわけでもなくて、都市部では連れ出せる公園が近所にないこともあって、結局はDVDなど動く映像を見せて時間を稼がざるを得ないようです。

ですから、近所の保育園や幼稚園の園庭開放は、この時期の子どもをもつ親にはまったくの朗報で、それを頼りに1週間のリズムをつかむ親子もいるようです。その意味で、現在、さまざまに試みられている子育て支援策は、いまや子育て中の母親には欠かせないものとなっています。

就労していて保育園利用が可能な場合はともかく、就労していないことを理由に保育園利用ができない現在の保育事情は大いに問題です。「就労したいのに保育園が利用できないから就労できない」ということを理由に保育園増設を求める動きが活発ですが、「就労したいから」という理由がなくても、2歳前後の子どもをもって子育てに喘いでいる親には、利用したいときに利

用できる保育の場が必要だと、つくづく思わされます。

そこで、次節では子育て支援の実態、次々節では子育て支援の一環としての一時保育の実態を、担当の保育者の描くエピソードを通して紹介してみたいと思います。

第3節　子育て支援の実態

(1)　保育園での子育て支援の実態

まず、ある保育園の子育て支援の実態を保育者の描くエピソードを通して紹介してみます。

●エピソード8●　「私の保育園の子育て支援」　　　　M保育士
＜概観＞
　私の保育園の子育て支援は、0歳から3歳までの子どもたちを対象にして、週に3日、保育園の一室と園庭の一部を開放するかたちで行われているが、最近は0歳児の利用者が急に増えてきている。近所に住む人たちの口コミによるものがほとんどだが、市の配布するパンフレットを見て来る親子も少なくない。子ども同士を遊ばせるためにというよりも、自分がしんどくてこの場にやってくるという感じのお母さんが多いという印象である。
　室内では、年齢に合った玩具で遊べるよう、いろいろな玩具を用意している。ポットン落としやフラフラボールなど、0歳の子どもたちの興味を引き付ける玩具もある。絵本を一緒に読む親子、線路をつなげて一緒に電車を走らせて遊ぶ親子とさまざまだが、その一方で、親子で一緒に遊ぶというよりも、どちらかというと子どもが遊んでいるのを横目で見て親同士でおしゃべりしたり、保育士が子どもの相手をしているあいだに携帯電話でメールをしたりしているお母さん方が増えてきた印象が

ある。
　外遊びでは、子ども同士で遊ばせておいておしゃべりを楽しんでいるお母さんたちが多い。子どもが砂遊びを始めると、「砂を触るのがいや」「汚れるからいや」と言うお母さんもいるが、最初はそうであっても、子どもと一緒に砂遊びすることで少しずつ砂に慣れ、砂遊びが楽しいと思えるようになったというお母さんもいる。そういうお母さんに出会うと、保育士としてほっとする気持ちになる。
　何かの機会にお母さんと一対一で話し合ってみると、ほとんどの人が孤立感と不安感を強くもち、例外なく日々の子育てに疲労感を背負っていることが分かる。そのような親の思いをどのように受け止めて子育て支援を行っていけばよいのか、担当の保育士として日々、悩むところである。
　お母さんたちが何を求めてこの場にやって来るのかといえば、お母さん同士で話をしたい、ほっこりしたい、子育てから解放されたいと思って、やってくるのに違いない。お母さんたちのそんな思いをまずは受け止めて、この場が安心して過ごすことのできる場でありたいと願っている。そして、お母さんが「子どもとどう接していいのか分からない」「子どもが何を求めているのかが分からない」と、子育てに戸惑ったり、しんどい思いを訴えたりしてきたときには、まずはお母さんの話に耳を傾け、その思いに寄り添うところから始めたいと思う。

＜エピソードの背景＞
　本園の子育て支援の場にしばしば顔を見せるＳちゃん（１歳７カ月）とお母さん。お母さんはこの半年のうちに顔なじみの友達もたくさんでき、お互いにメールのやりとりをしたり、子育て支援の場が開かれない日は、そうした友達と約束をして、お互い子連れで遊びに行ったりすることも増えているらしい。
　Ｓちゃんは父親との関係もよく、休みのときなどは父親がよく一緒に遊んでくれるようだが、Ｓちゃんはどちらかというとお母さんを求める

ほうが多いと聞いている。

　お母さんは友達もできて、子育て支援の場に来ることが楽しみになってきているようである。Ｓちゃんも少しずつ成長し、一語文もでてきてＳちゃんの話すことがなんとなく分かるようになった。それが大きいかどうかは分からないが、お母さんにも少し余裕がでてきたように思われる。

　子育て支援の場に早くやって来て、他の友達がまだ来ていないあいだは、お母さんとＳちゃんとで一対一で遊ぶ姿が見られるが、お母さんの知り合いがだんだん増えてくると、お母さんはお母さん同士の話に夢中になり、Ｓちゃんに目が向かなくなってしまう。

　Ｓちゃんは室内や室外をあちこち移動して、好きなおもちゃを見つけては、じっくりと遊ぶことができるようになってきた。お母さんが友達との話に夢中になっていても、一人で自分のやりたい遊びを楽しんでいる。

＜エピソード＞
　室内でＳちゃんが玩具で遊んでいると、Ｔちゃん（３歳２カ月）が側にやってきて横から手を出してその玩具を取ろうとした。けれどもＳちゃんはまだその玩具で遊びたくて、「いやー」と言ってとられまいと抵抗する。お母さんはＳちゃんのそんな思いには気づかず、「お友達に貸してあげなさい、使いたいんだって、Ｓちゃんはこっちのおもちゃで遊んだらいいから」と、違う玩具をＳちゃんに渡し、Ｓちゃんが使っていた玩具を取ってＴちゃんに渡し、Ｓちゃんに我慢をさせようとした。Ｓちゃんは納得がいかずに床に突っ伏して泣き、一生懸命にいやだという気持ちを訴えている。その姿を見てお母さんは「それはＳちゃんのおもちゃじゃないの、保育園のおもちゃだよ、お友達がこれで遊びたいって言ってるの」と少し強めの声をかけるが、Ｓちゃんは泣きやまない。お母さんは困ったなぁ、どうしようという表情を見せたものの、それ以上Ｓちゃんに関わらず、お母さん同士のおしゃべりに戻ってしまった。

そこで私がSちゃんに「あのおもちゃでもっと遊びたかったのね」と声をかけると、Sちゃんは私を見て一瞬泣きやんだ。そこで私はSちゃんを抱き上げて、「もうちょっとあのおもちゃで遊びたかったね」ともう一度Sちゃんの気持ちを代弁すると、深く頷く。そこで私は「お友達にこのおもちゃと換えてもらおうか？」と声をかけ、「Sちゃんはまだその玩具で遊びたかったんだって、このおもちゃと交換してくれない？」と相手の子に頼むと、相手の子はSちゃんが自分よりも幼いと思ったためか、「いいよ」と換えてくれた。換えてもらったSちゃんは、ちょっぴり嬉しそうにして、またそのおもちゃで遊びはじめた。

　お母さんがおしゃべりの輪から離れてSちゃんのところにやって来たので、私は、Sちゃんが遊んでいるおもちゃを無理矢理取り上げてしまうのではなく、Sちゃんがまだこの玩具で遊びたいという気持ちをまず受け止めてあげてほしいこと、相手のTちゃんには「Sちゃんがまだこのおもちゃで遊びたいから、もう少し待っててね」とSちゃんの気持ちを伝えてほしいことをお母さんに伝えた。お母さんは「無理に譲らなくてもいいってことですね」と頷いたが、私の真意は十分に伝わっていないなぁと感じた。

＜考察＞

　お母さんは、Sちゃんの月齢も大きくなり、いろいろな力がついてくる中で、子育てがしんどいという気持ちが以前より緩和されてきているように思う。けれども、仲良くなった他のお母さんたちとのおしゃべりが楽しくて、Sちゃんに目が向かなくなってしまうことがしばしばあるのも事実だし、子どもの気持ちをしっかり受け止める前に、自分の気持ちに沿って子どもを動かそうとする姿が目につくのも事実である。

　しかしながら、この子育て支援の場にSちゃんと一緒にやって来れば、安心してお母さん同士でたくさんお話ができること、それによって子育てからくるストレスを発散できること、そしていろいろなお母さんたちの対応から学ぶことができること等々、たくさんのメリットが得られる。

それがこの子育て支援の場のよいところだと思う。お母さんたちがこの場を求めてやってきたときに、「ここにきてよかった」「ここがあって本当によかった」と感じてもらえるような支援の場にしていきたいと思う。

(2) このレポートを読んで

この子育て支援担当者の＜概観＞を読むと、現代の子育て中の母親の様子が垣間見える感があります。このレポートから気がつくことを列挙してみましょう。

① 子育て支援の場が必要である理由

いま、この種の子育て支援が必要になった大きな理由としては、前節でも触れたように、近所に子どもの数が少なくなったこと、あるいは近所に同じような年齢の子どもがいても親同士がお互いに交流しようという気持ちが希薄になったこと、さらには親が子どもを連れて近所に出かけることが難しくなったこと、などがまず挙げられます。

0歳代後半の乳児でも、自分と同じような年格好の子どもに興味を示し、1歳前後になると、相手の子どものすることをじっと見ていて自分も似たことをやりだしたり、他の子どもが持っているものに手を出したりと、子ども同士の関わりに向かい始めます。これは人間社会で生きるための萌芽とでも言うべき社会化の始まりでだと言ってもよいものです。このことからも分かるように、子どもの成長にとって、年齢が比較的近い子ども同士で関わり合える場が必要であることはいうまでもありません。その条件を満たす点で、このような子育て支援の場は、家庭の中で育てられている乳幼児にとってはぜひとも必要な場であると言えます。

他方、子どもをそこに連れ出す母親側に焦点を合わせてみても、家庭の中で子育てに括りつけられて窒息するような気分に陥っている多くの母親にとって、まずは家庭の外に出て外の空気を吸う機会が得られ、同じ母親同士、かつての井戸端会議のように日頃のうっぷんをはらすおしゃべりの機会が得

られることは、レスパイト（一時的なケア、休息）の観点からして必要なことです。それに加えて、他の母親の子どもの扱い方や他の子どもの育ち具合を見て、そこから自分の子育てを振り返ったり学んだりする機会が得られるという点でも、あるいは、同じ子育ての立場にある者同士が仲良くなって横のつながりが生まれる上でも、支援の場の存在は子育てに不安を抱えた母親たちにとって極めて有意義な場であることは間違いありません。

こうしてここ10年、子どもの側、母親の側のニーズに応えるかたちで、全国各地でこの種の子育て支援が展開されるようになってきました。

しかしながら、この担当者の言うところによると、「子ども同士を遊ばせるためにというよりも、お母さんがしんどくてこの場にやってくるという感じである」と言い、「一対一で話し合ってみると、ほとんどの人が孤立感と不安感を強く持ち、例外なく日々の子育てに疲労感を背負っている」ようだとも述べています。どうやら、子ども同士が集う場というところに力点があるよりは、しんどい母親たちの集う場という趣があるらしいことが分かります。

そういう母親たちが保育園の園庭に集うと、子どもを支援担当者に任せて自分たちはおしゃべりに熱中することが多いようで、それを見ると担当保育者は、もう少し自分の子どもの遊ぶ姿を見守ってほしい、一緒に遊んでほしいという思いも抱いてしまうようです。しかし他方では、皆どこかで「ほっこりしたい」「一時でいいから、子育てから解放されたい」「子育て不安を解消して、とにかく安心したい」という気持ちを持って集まってくるのだから、ここでは十分におしゃべりをして元気を取り戻してほしいとも述べています。

この担当保育者の二つの相容れない思いの中に、現代の子育て支援の問題が凝縮されているようにも思われます。子どもも主体ですが、母親も主体であり、また保育者も主体だということです。

② このエピソードを振り返る

この担当者が取り上げたこのエピソードを振り返ってみましょう。1歳7

カ月のSちゃんと3歳2カ月のTちゃんのあいだで玩具の取り合いになったとき、Sちゃんの母親はわが子の思いをよそに、相手の子どもに「貸してあげなさい」と一方的に言い、それが不満でSちゃんが泣いて抗議しても、「自分のじゃないから貸してあげなさい」と取り合いませんでした。それを見かねて担当保育者が二人のあいだに入り、Sちゃんの気持ちを受け止めて対応したという内容です。

　このエピソードを読むと、Sちゃんの母親の周りに配慮しようとする思いが先行し、自分の子どもの思いを受け止められない姿が浮き彫りになります。最近の若い母親たちは、たいてい自分の子どもを中心に場面を見ることが多く、Sちゃんの母親のように、相手に配慮して自分の子どもに辛抱させる人は少なくなっています。確かに、これまでの「主体」に関する議論から分かるように、周囲に配慮するというのは、「私は私たち」の心が動く結果生まれる主体の大事な心の働きであり、「私は私」の心ばかりが前面に出やすい昨今の文化動向からすれば、ある意味では貴重なことです。しかし他方で、わが子の思いを受け止めるというのも子育ての基本中の基本であり、そこがもう少ししっかりしていてもよいのではないかというのが、この担当者の思いです。

　そこから分かるのは、わが子の思いを受け止めることの必要性と、周りへの配慮の必要性との兼ね合い、つまり、いずれか一方に傾かないことが大事だということです。そのような両者のバランスを図る経験こそ、このような子育て支援の場を通して母親たちが「親として育つ」ために欠かせないものであると言ってもよいでしょう。

　そのバランスが一方の「配慮」の側に傾きすぎていると思われたので、担当者はこの母親に「Sちゃんがまだこの玩具で遊びたいから、もう少し待っててね」というふうにSちゃんの気持ちを相手の子どもに伝えてほしいと思い、それを母親に伝えたのでした。ところが当の母親は、「無理に譲らなくってもいいってことですね」と逆方向に切り返し、担当保育者の思いを受け止め損ねています。そのあたりに、いまの文化を生きる若い母親たちの主体

としての心の働きの問題と、「親育て」の意味での子育て支援の難しさがあるのでしょう。

　実際、いまの若い母親たちは、子ども同士がトラブルになるとき、うまく双方の子どもの気持ちを受け止めて対応できない人が多いようです。現に母親のなかには、わが子には無理に譲らせなくてもよい、わが子がしたいようにやらせておけばよいと思ってしまう人もいます。これは、ここでのＳちゃんの母親の対極にある親の態度の典型です。他方で、ここでのＳちゃんの母親のように、自分の子どもの思いは分かっていながら、とにかく相手に配慮することを優先させてしまう親もいます。このようにバランスを欠いた「あれか、これか」の対応が目につくのです。この点を少し考えてみましょう。

③　一見すると相手への「配慮」、しかし、本当に配慮なのか

　このエピソードでは、相手への配慮が優先するあまり、わが子の思いを受け止める部分が弱くなっていたように見えました。しかし、ここでの「配慮」は本当に相手の子どもの思いを思いやってのことだったのでしょうか。言い換えれば、相手の子どもの使いたい気持ちを汲んだ上での配慮だったのか、ということです。もしも、わが子の思いも分かり、相手の子どもの思いも分かって、その上で、「いまは相手の子どもに貸してあげてほしい」と思ってそのように対応したというのであれば、おそらく担当保育者が言うように、「Ｓちゃん、まだこの玩具使いたいよね」とまずはわが子の思いをいったん受け止め、その上で、「Ｔちゃんも使いたいんだって、どうしたらいいかなあ……こまったなあ……いっぱい遊んだから、Ｔちゃんに貸してあげようか」とか、「もう少ししたら、代わってあげられるかな？」などといった対応になったのではないでしょうか。

　とはいえ、双方の子どもの気持ちを考え、お互いに思いがあることを認めた上で、相手の思いを受け止めていくようにわが子を導くというのは、特にわが子の気持ちがよく分かる母親には意外と難しいことです。そのために、かえって黙ってしまったり、相手に譲るほうに強く方向づけてしまったりす

ることが多くなるようです。

　どうやらここでの母親の対応は、わが子や相手の子どもの思いを受け止めた結果であるよりも、ともかくトラブルの場面を回避したいという思いから切り出されたもののように見えます。つまり、「譲らせれば問題は解決する」というように、問題解決の発想から切り出された対応のように思われます。だからこそ、担当保育者の助言に対して、「譲らなくてもいいってことですね」という受け止め方になったのでしょう。この一見した配慮は、実際にはトラブル場面を早く回避したい、相手の親から悪く思われたくないという自分の思いが先行した対応にすぎず、わが子や相手の子どもの思いを思い気遣った結果だったとは少なくとも私には読み取れませんでした。こうしたあたりにも、現代文化を生きる若い母親たちの主体としての心の働きが透けて見える感じがします。

（3）　現代の母親たちの抱く二面の心

　子育て支援の場に集まってきた母親たちの話を聞いていると、若い母親たちの多くは、「子育てもしっかりやりたい」し「仕事もしたい」と思っていることがよく分かります。

　最初の２、３カ月の「ともかく大変」の頃は子どもが可愛いどころではなかったけれども、半年を過ぎて、自分を特別な存在だと受け止めてくれるようになったわが子は、やはり可愛いし、わが子に自分が求められると母親としてまんざらでもない気持ちになります。その可愛い子どもをしっかり育てていきたいし、それによって自分自身、母親らしくありたいとも思っています。このあたりが０〜３歳の子どもをもつ家庭にいる母親たちの一方の思いのようです。

　「いまどきの家庭にいる母親たちは子育てをひたすら回避したがっている」という言説は、しばしば耳にするものですが、上の話からも分かるように、明らかにそれは間違いです。子育てが分からなくて悩み、子育てに括りつけられている現状に窒息する気分になっているのは確かですが、それは決して

子どもが可愛くないとか、子育てはしたくないということではないのです。

他方で、「仕事がしたい」という思いも、「仕事がしたいのに子育てをしなければならないので仕事ができない」「子育てのために自分のキャリアが駄目になった」といった発想では必ずしもなく、家庭にいる母親たちの多くは、「子育てだけに括りつけられているのは嫌」「子育てだけで終わりたくない」「気分転換になる仕事はしたいが、フルタイムで働きたいと思っているわけではない」というあたりが最大公約数的な考えのようです。

確かに、待機児童が依然として多数あり、「保育所に入れて働きたいのに保育所に受け入れてもらえないので働けない」というところだけを取り出すと、いまの母親たちがみな仕事志向であるかのように聞こえますが、実態は必ずしもそうではなさそうです。就職希望といってもフルタイムで働きたいというのは必ずしもなく、何かの職に就いていないと保育所の順番待ちに並べないから（本音は子育てから少し距離をとりたいから）、という理由がかなりのウエイトを占め、キャリア志向、自己実現志向で何が何でも仕事をということでは必ずしもないらしいのです。

子育て支援の場に集まる母親同士のおしゃべりの中身は、要するに、一人の母親として上に述べた二つの心が自分の内部に同居していることをお互いに認め合いたい、周りに分かってほしい、ということに尽きるようです。「子育てか」「仕事か」という二者択一ではなく、また「子育ても仕事も完璧に」でもなく、「子育ても」「仕事も」そこそこにやりたい、しかしいまは、子育てだけに括りつけられているから息が詰まる、ここに集まっておしゃべりすると発散できる、というのがどうやら本音のようなのです。

(4) 母親の不安の出所と子どもの思いを受け止めることの困難

こうした若い母親たちの「子育ても」「仕事も」という二面の心の動きはある意味でよく分かります。しかし、なぜいまの若い母親たちはこれほどまでに子育てに強い不安を感じ、子どもの思いを受け止めることに困難を感じるのでしょうか。

不安の出所の一つは、何か正しい子育ての仕方があるはずなのに、それがいまの自分には分かっていないから不安になる、という子育てのとらえ方にあります。子育てに対してそのような構えをとってしまうと、どうにかして正しいやり方を知りたい、誰かがそれを教えてくれるはずだ、それが分かれば子育てはうまくいく、という思考の流れになってしまいます。これでは、いま、わが子がどのような様子か、どのような思いかと、子どもの側に自分の思いを寄り添わせていくことが難しくなり、インターネットから知識を得ようとしたり、口コミ情報を集めたり、メディアの子育て情報に頼ったりという動きになるのは必然です。

　講演会などに参加しても、子育ての心構えのような話はほとんど耳に入らず、授乳の仕方、離乳食の食べさせ方、オムツの替え方など、「子育てはこうすればよい」式の話ばかりが気になってしまうようです。そして、ある程度情報を集めても、まだ他にもあるのではないか、もっと正しいやり方があるのではないかと際限がなくなり、こうして不安のスパイラルに陥ってしまうようなのです。

　こういう母親にとっては、「あなたのその対応でよいのですよ」と言われることが何よりも安心や自信になるし、逆にそう言ってもらえない限り不安から逃れられないということでしょう。この不安と自信のなさが心の余裕のなさに繋がり、それがひいては子どもの思いを受け止めることの難しさに繋がっているように見えます。

　なぜ母親たちがこのような思考法をとるようになったのかは難しい問題ですが、やはり常に「何が正しくて、何が間違っているか」を教えられ、その正しいことを達成することで評価されるという「教育における評価の枠組み」が大きかったのではないでしょうか。そのために、自分で考えて状況を切り抜けるのではなく、常に「何か正しいやり方」があり、それを習得すればうまくいくという思考法が、どのような場面にも当てはめられてしまう結果になるのです。子どもを前にしたときにも、いまの時代に合った子育ての方法があるに違いなく、それを教えてもらってすれば子育てはうまくいく、うま

くいかないことがあれば、もっとよい方法を教えてもらってすればよい、というふうに考えてしまいます。目の前の子どもに向かい合い、その子どもとどう関わっていこうか、まずはその子を一人の人間として受け止めてゆこう、というふうにはならないのです。

　このように、自分の不安を鎮めるために情報を集めて問題解決を図りたいといういまの母親たちの思考法の中に、子育ての最も重要なポイントを見失わせる何かがあるように思えてなりません。そのポイントとは、一言でいえば、「子どもの思いを受け止める」ことです。言ってしまえば簡単そうに聞こえるこのことが、実は子育ての基本中の基本であり、なおかつ、現代に生きる「育てる者」（養育者・保育者・教師）にとって、これが難題中の難題なのです。この詳細については次章で述べるとして、子育て支援の問題に話を戻しましょう。

(5)　子育て支援：「子どものために」と 「母親のレスパイトのために」との狭間で

　冒頭の支援担当者の話にもあるように、保育の場やフリースペースに子どもを連れてやってくる母親たちは、みな「子育てに疲れ」「孤立感、孤独感を深め」「不安を抱え」「子どものためにというより自分のために」「ちょっとの間でよいから、息抜きを」とこの場を求めてやって来ます。いま、核家族で母親が一人で子育てをしている場合に、このような母親のレスパイトのための場が必要であることは確かであり、さまざまな子育て支援の場が、この母親のニーズに応えようとしているのはある意味で当然です。

　実際、この息苦しさは想像以上のもので、「何をしてもほっとすることができない。いつも子どものことが頭にあり、自分に自由に使える時間と空間がない感じがする」。二人目以降の子育てでは、このようなことにも慣れて苦痛に思わなくなるようですが、とにかく第一子の場合には、たいていの母親がそのように感じるようです。そこにレスパイトを求める動きが生まれるのでしょう。支援担当者はその間の事情をよく理解する必要があります。

実際、およそ四半世紀前、各地の乳児院が乳幼児の一時預かりを始めたとき、いまでこそ母親のレスパイトへの配慮は当たり前だとされるようになりましたが、当時は1時間いくらという代価で乳児院に子どもを預け、その間、母親が友達とテニスをしたり、ショッピングをしたりして息抜きを図るということに対して、同じ母親仲間からごうごうたる非難の声が上がったものでした。

　あるいはまた、幼稚園で母親のレスパイトに配慮して延長保育が始まった頃、母親たちが連れ立って喫茶店でおしゃべりしてからお迎えにくる状況に、幼稚園の教師は複雑な思いに駆られ、「お母さんたちがお茶を飲んでおしゃべりしているあいだ、私たちの振り返りの時間がなくなり、私たちのほっとする時間がなくなった」と嘆いていたのを思い出します。

　こうした非難や嘆きの言葉の背後には、「家庭にいるなら子育てを頑張って当たり前」というような考えが当時はあったのでしょう。家庭にいて子育てをする母親をそのように批判するのではなく、むしろ1歳の誕生日を過ぎた子どもと母親が一日中顔を付き合わせた生活は、親子共々息苦しく、「ちょっとの間の息抜き」は必要なものであるという認識がいまの時代には必要です。その息抜きが母親の「余裕のなさ」を解消する方向に働いて、子どもの思いを受け止める余裕につながるなら、レスパイトに向けての支援は単に母親に対してばかりでなく、子どもへの支援にも繋がるということになるのではないでしょうか。

　ところで、レスパイトを求めて集まった子育て支援の場が、十分にそのレスパイト機能を発揮しないことも少なくないようです。というのも、集まってくる母親たちのなかには、子どもが傍若無人に振る舞っても少しも注意しない人がいたり、自分の子どもに思い通りにさせたいために他の子どもの遊びをさえぎる人がいたり、あるいは自分の考えを強く押しつける人がいたりするからです。そのために、それを快く思わない人たちがそこに足を運ぶことから次第に遠ざかるというケースも少なくありません。しかし多くの母親は自分と波長の合う仲間を見つけ、友達の輪を拡げ、少しずつ「私たち」の

心を身につけて、親として成長していくように見えます。その難しい状況の中で、支援担当者は、「子どものために」と「母親のために」という両睨みの課題を引き受けていかねばならないのです。

第4節　子育て支援としての一時保育の概容

　ここで、子育て支援の一環としての一時保育の実際について、担当保育者のレポートを紹介してみましょう。

私たちの保育所における一時保育の概容　　　　　　　Ａ保育士
　一時保育は、子育て中の保護者とその子どもの支援を目的として、各保育所（園）において営まれる子育て支援事業です。この一時保育の利用に関しては、①出産や家族の病気の看護などの理由による「緊急」利用の場合（これも一時的利用の場合と継続的利用の場合があります）、②就労や通学などの理由で１週間に最大３日間利用できる「準定期的」の利用の場合（継続的利用が多いです）、そして③保護者の育児リフレッシュなど「私的理由」での利用の場合があり、大きく三つに分かれます。
　今年度は特に一時保育を希望される保護者が多く、一時保育の待機児童も多いのが現状です。そのため受け入れの調整をするのが大変で、年齢構成やメンバーによっては予定の人数を超える日もあります。就労のための利用の場合はほぼ曜日が決まっていますから、毎日何人かは同じ顔ぶれになります。定期的に利用している子どもの場合は、担当保育士ともだんだん顔なじみになり、「保育所に来るのが楽しみ」という子どもの声もありますが、友達と遊ぼうと思って登所しても相手の友達の利用がない場合もあり、そんなとき子どもたちは複雑な思いをして一日を過ごしています。また、利用が初めての子どもやまだ利用に慣れていない子どもの場合には、抱っこして慰めてもなかなか泣きやまないときがあり、よく利用されて慣れている子どもにもそ

の影響が出て、みんなが不安定な状況に陥ってしまうこともしばしばあります。一時保育はそんな状況の中で営まれています。

　一時保育に対する保護者のニーズはいろいろなかたちで生まれます。特に核家族や一人親家族で生活している場合、保護者が緊急の用事で子育てができない状況に置かれたとき、保護者はまさに「待ったなし」のかたちで一時保育の必要に迫られます。そのような保護者ニーズに応えるのが子育て支援事業の一環である一時保育の目的です。利用の仕方は個々の家庭で異なり、先に述べたように多種多様ですが、1回限りの利用の場合もあるので、初めてこの制度を利用する親子については、いつも「一期一会」を大切にと思って対応しています。

　そのような一時保育にはさまざまな困難さがつきまといます。その入り口のところについていえば、保護者が保育所に子どもを連れてくるのも初めて、親と子が長時間離れるのも初めてという家庭が、かなりの数にのぼります。そういう場合、ほとんどの保護者は子どもを保育所に預けることに大きな不安を抱えています。ですから私たちはまず、そういう保護者の不安を受け止め、朝の短い受け入れ時間の中でも、できるだけ保護者の思いに寄り添うように配慮し、子どもを丁寧に受け入れるようにしています。

　けれども、そのように保護者が不安いっぱいであるとき、預けられる子どもも不安でいっぱいです。最初のうちは泣き通しであったり、抱いて慰めても泣き止んでくれなかったりと、対応が大変にならざるを得ません。初めての環境に置かれた不安を何とか取り除いてあげたいと思って、一対一で丁寧に関わっても、なかなか思うようにならない場合がしばしばで、改めて母を思う子どもの思いの深さを感じさせられます。

　次に、定期的、不定期的、一時的、継続的と、利用の状況がさまざまなので、なかなか子どもが保育の場に慣れにくく、また私たち保育士との信頼関係が築きにくいことも大きな問題です。保育士との信頼関係ができ、ここが安心できる場であると分かってはじめて、子どもたちは思う存分遊べるようになると思うのに、その肝心の信頼関係が築きにくいのです。

また、通常のクラスと違って、メンバーが固定されないのも悩みの種です。いつもの友達がいてこそ楽しく遊べるのに、一時保育のクラスはたいていその日のメンバーが違うのです。いつもの友達がいて嬉しそうにする子どもの姿を見るにつけ、友達がいつも一緒ということの大切さを改めて思わされます。

　それは保護者との信頼関係にも言えると思います。通常のクラスでは保護者とも送り迎えでしょっちゅう顔を合わせますから、比較的信頼関係が築きやすく、こちらの気持ちも伝えやすいですが、一時保育を利用される保護者とはなかなか信頼関係が築けません。予約があってこちらがそのつもりで待っていても、突然「利用をキャンセルします」と一方的な電話が入ることもあり、戸惑うこともしばしばです。突然のキャンセルが入ると、「事情が変わったのだ」と思う前に、「私たちに何か落ち度があったのか」と思ってしまい、落ち着かない気分になることもしばしばです。

　このように、問題点は山積していますが、いまの社会文化状況の中で、子育て中の保護者に緊急避難的なニーズが生まれる場合は多々あり、それに応えて、子どもたちが少しでも安心して保育の場で過ごせるように、子どもの不安な気持ちも、保護者の不安な気持ちも受け止めて、丁寧な保育を心がけていこうと思っています。

●エピソード9●　　1歳半のダイエット　　　　　　　　　A保育士
＜背景＞

　Tさんは今年の5月から週に1～2回、午後（12：30～17：00）の時間だけ、育児リフレッシュのために一時保育の利用を始められました。現在1歳6カ月のSちゃんとご主人の3人家族です。Tさんもご主人も他県の出身で実家との行き来はなく、一時保育を利用する日を楽しみにしています。

　ママ友はいますが、子育ての悩みを話しても共感してもらえず、自分で抱え込んでしまい、相談相手や理解者は実家の母のみだということで

した。

　いつも時間より早めに来て準備され、時間が来るのを待って帰っていかれます。ちょうどその時間帯は他児の午睡中ということもあって、ゆっくり話ができるので、Ｔさんが話したいことがあればじっくり聞いてあげるようにしていました。

＜エピソード＞

　ある日、いつものように12時半より早くやってきたＴさんとＳちゃん。準備を終え、時間が来るのをまっているあいだに声をかけました。「お昼ごはん食べてきた？　いまからお昼寝できそう？」と尋ねると、「昼ごはん食べてないんです」との返事。「えっ？　何で？」と訊き、体調をくずしているのかと思ってもう一度尋ねると、「ダイエット」という返事が返ってきました。

　1歳半のＳちゃんの手首が輪ゴムをかけたようにむっちり盛り上がっているのを、ママ友に「そんな手首ありえない」と言われたらしいのです。そのママ友はＳちゃんと同じ歳の子どもだけでなく、上にも子どものいる先輩ママでした。そんな先輩ママに言われた言葉だから、そしてママ友の子どもの手首は細かったから、何とかしなくては……と思ったＴさんの真面目な試みだったのです。

　「このくらいの年齢の子どもの手首はみんなこんなだよ。大丈夫。ダイエットなんかしないで。ごはん食べさせてあげて」と私が言っても、Ｔさんはママ友の子どもと比較して心配していて、すんなりとは納得してくれません。

　夕方、お迎えに来られたとき、ちょうど隣の1歳児クラスの子どもたちがホールにいたので、Ｔさんに「この子も1歳」「あの子も1歳」と1歳児を見てもらいました。細い子も、ぽっちゃりした子もいる様子を見て、安心し、「本当ですね」と笑顔で帰っていかれました。

＜考察＞

　1歳半の子どもにダイエットのために食事を与えないということを真

面目に選択したお母さんがいたことは、驚きと同時に大きなショックでした。そのため、お母さんの思いを受け止めるよりも先に、「ダイエットしないで」「ごはん食べさせて」と私の思いを強く返してしまいました。決してお母さんの思いを否定していたわけではなかったので、「ママ友にそんなふうに言われてびっくりしたね」と、母親の思いを受け止める言葉をかけるべきだったと反省しています。私の「大丈夫」という言葉だけでは納得してもらえなかったけれど、夕方、実際に1歳児の姿を自分の目で見てもらうことでお母さんは安心し、笑顔で帰っていかれた姿に、ここに来てくれて本当によかったと思った出来事でした。

　育児雑誌や限られた交友関係の中で得る情報ではなく、実際にいろんな子どもの姿や他の保護者や保育者の関わり方を見てもらえるのが一時保育の良さだと思います。

　一時保育はたくさんの保護者が利用されています。「先生、どうしたらいい?」と子育ての悩みを率直に話すお母さんもいれば、話すのが苦手なお母さんもいます。一時保育を利用することで、どんなお母さんも心身ともに元気に子どもと向き合えるように、共に子どもを育てる立場として、支援をしていきたいと思っています。

＜私からのコメント＞
　巷にあふれる情報に簡単に振り回されてしまう現在の若い母親の姿が目に見えるようなエピソードだったと思います。保育所の1歳児クラスの子どもの姿を見てやっと納得できるところに、やはり保護者が子どもを連れて外に出て、自分の子ども以外の子どもの姿を見たり、他の養育者の子育ての様子を見たりすることがいかに大切かがよく分かるエピソードでした。

　また一時保育の意義やその必要性も、担当者の立場から描いてもらうことでより具体的に理解できたように思います。一時保育を利用する保護者のニーズが、緊急避難から育児リフレッシュまで大きな幅のなかにあり、保育する側からみても、利用が毎日ではなく、メンバーも日によって変わるとい

う状況は、通常の保育とはかなり異なる難しいものであることがよく理解できました。

　そのような不定期でメンバーが変わるという保育状況は、慣れる、馴染む、安心する、信頼するといった、保育の場にやってきた子どもがまず満たさなければならない基本的な条件が、通常保育に比べて最初から満たしにくい状況であることが分かります。

　今回取り上げられたエピソードは、利用回数が比較的多いケースだったようですが、利用回数が１回だけとか、数回というようなケースのときに、その困難さは倍加するに違いありません。保育という営みは、「保育者への信頼」を梃子に動いていくものです。利用回数が少ない場合は、いわばその「梃子」を使えないかたちで保育していくことにならざるを得ません。そこに一時保育の最大の難しさがあるのでしょう。

　今回のレポートを通して、一時保育の中身はもちろんですが、それを利用する保護者のニーズや子どもの現実の姿などが読み手にしっかり伝わり、いまのわが国の社会文化状況が透かし彫りに見える感じがしました。そして通常保育が抱えている問題点が、ある意味で凝縮されて現れているようでもあり、また一時保育の担い手たちの抱える悩みも、保育の難しさも見えてきた感じがありました。

　保育のことを知らない政治家のなかには、保育を安易に「サービス」と考え、そこからさまざまな保育行政プランを声高に語る人がいます。そのような人からみれば、保護者に利用のニーズがあれば、そのニーズに応えるのが「サービス」でしょうから、保育する側は保護者の「ニーズに応えて当たり前」ということになるのでしょう。

　このレポートの冒頭で、「利用をキャンセルします」という電話を聞いたとき、これを受けた保育者は、「事情が変わったのだ」と考える前に、「私たちに何か落ち度があったのか」と思ってしまうとありました。利用する側が「一時保育はサービスなのだから、利用するもしないもこちらの勝手、キャンセルのひとことで十分」と考えているとしたら大いに問題です。キャンセ

ルするとしても、理由を述べてキャンセルするのが利用者の礼儀です。さもなければ、「一時保育」は限りなく文字通りの「一時預かり」に堕してしまうのではないででしょうか。そして利用する側がその魂胆なら、利用してもらう側も「最低限のサービス」に徹して当然ということになってしまうに違いありません。

　保育という営みは人と人の関係の上に成り立つものです。そこには善意もあれば感謝もあるという人間的な関係です。それを「サービス」と「コスト」の無機的な関係に置き換えてよいとは思われません。

　今回のレポートは、単に荷物の一時預かりとは違う、まさに子育て支援の内容になっていると思われました。保育ニーズが多様化するなかで、利用する側の姿勢も問われてしかるべきではないでしょうか。

第5章
子どもの思いを「受け止める」ということ

　どれほど幼くても、子どもは「こうしたい」「そうしたくない」という思いをもっています。子どもが一個の主体であるとは、まさにこのような思い（個の欲求や要求に根ざす思い）を抱えているということです。ですから、「子どもを一個の主体として尊重する」という聞き慣れた言葉は、それぞれの子どもの思いを尊重するという意味であり、そのためには、まずもってその思いを「受け止める」ことが最初の一歩となります。一見したところ、これは何の難しさもない、たやすいことであるかに見えます。ところが、これが意外に難しいのです。
　そこで、本章では、なぜ「受け止める」ことが子どもを育てる上にそれほどまでに大切なのかを、主体、「ある」と「なる」といった、これまで紹介してきた鍵となる概念と絡めて論じてみたいと思います。

第1節　子どもの思いを受け止める具体的な場面

　次のような場面が家庭の養育や保育の場で見られる典型的な「受け止める」場面だと言えます。そして大人（親や保育者）に余裕があって、子どもとじっくり付きあう構えにあるときには、たいていの大人はこの受け止める対応が可能なはずです。

① 　3カ月の乳児が眠くなってきた様子で、表情をくもらせグズグズ言い始める。それを眠くなってきたためだと感じ取った母親は、「眠い、眠い……、眠くなってきたね、ネンネしようね」と受け止め、抱き上げると、「おお、よしよし」と声をかけた。

② 　離乳食が半分ほど進んだところで、7カ月の乳児がそれまでのように口を開かなくなり、食べることに気持ちが向かわなくなる。それに気づいた母親が、「もう嫌になった、嫌になったね」とその子の思いを受け止めながら、それでも「もう少し食べようか」とスプーンを運んだ。

③ 　向こうから大きな犬が近づいてきたとき、1歳半の幼児が血相を変えて母親にしがみつく。母親はその子を抱き止めながら、「怖かったね……、大きい犬さんだったもんね」と受け止め、それから少し明るい声のトーンで「でももう大丈夫だよ」と子どもに告げ、笑顔で子どもの顔を覗きこんだ。

④ 　Aくん（3歳）がBちゃん（3歳）の使っていた白いブロックを強引に取り上げる。Bちゃんは「Aくんが取ったー！」と抗議するが、Aくんは「だって要るんだもん、ぼくの白の剣に使うんだもん」と顔を真っ赤にして言い張る。そこにやってきた保育者は、「分かった、Aくんは白の剣を作るのにこのブロックが欲しかったんだね」と受け止めると、Aくんはこっくりうなずく。「でもこれはBちゃんが使ってたブロックだから、Bち

ゃんに貸してって言わなくちゃね、Bちゃんは黙ってもっていかれるのは嫌だって」とBちゃんの気持ちをAくんに伝えた。
⑤ 4歳のCちゃんは朝の母との別れが辛そうで、「ママがいい」と言って母親にすがりついている。出勤を急ぐ母親が困った表情で何やらCちゃんに小声で話しかけ、「お願いします」とCちゃんを私に渡すと、足早に車のほうに向かった。Cちゃんは「ママがいい」と泣き続ける。「ママがいいね、ママが早くお迎えに来てくれるといいね」と声をかけてぎゅっと抱きしめていると、そのうちに泣き止んだので、「ママと一緒にいたかったのね」とCちゃんの思いを受け止めると、こっくりうなずき、しばらくすると「遊びに行く」と膝から降りた。
⑥ 年長児のKくん。何やら浮かぬ顔で、遊びに身が入らない様子。「元気がないね、何かあったの?」と聞くと、「ママが発表会に来れないって言った」とポツリともらす。「そうだったの、ママ、いま忙しいからね……。Kくん発表会の練習、頑張っていたものね、見にきてほしかったね」と受け止めると、悲しそうな顔のまま黙って私の膝に乗ってきたので、しっかり抱きしめる。しばらく無言のままじっとそうしていたが、そのうちに、「降りる」といって、遊びの輪の中に入っていった。

①や②は乳児期の子どもの思いを受け止める分かりやすい例です。しかし①でも眠い気持ちを受け止めるから、「ネンネしようね」という言葉がかかるのです。ただぐずっているととらえたのでは、そのような対応にならなかったでしょう。②でも、もう食べたくないという子どもの思いが分かって、それを受け止めるから、このような言葉をかけ、その上で、もっと食べてほしいという自分の気持ちを子どもに伝えることになったのでした。ここでも、食べさせたい気持ちが先行すると、「どうして食べないの!」というような対応になってしまうでしょう。
③も最初から「怖くない、怖くない」と言葉を返していたら、子どもの「怖い」という気持ちは行き場を失い、怖い思いを自分で飲み込まなければなら

なくなります。「怖かったね」と受け止めてもらうことで、子どもはほっとすることができます。そこが親の対応としては大事なところです。

　④では、Ａくんの〝これが必要なんだ、欲しいんだ〟という思いが保育者に分かったので、「分かった、これが欲しかったんだね」と受け止めることができました。そこでＡくんはうなずいて答えますが、その時点で最初の〝欲しいんだ〟の勢いは違ってきているはずで、黙ってもっていったのはいけなかったなと、考え始めています。そこに受け止めることの大切さがありますが、保育の現場では、保育者の受け止める言葉が、子どもに届かないうちに、「でも」と自分の思いを子どもに伝えてしまう場合が目につきます。それは一見、受け止めているように見えますが、受け止めたつもりになっているだけです。

　⑤では、「ママがいい」「ママと一緒にいたかった」という子どもの思いをしっかり受け止めて対応したので、子どもは保育者に受け止めてもらったことが分かり、自分から保育者の膝を降りることができたのです。このとき、もしも保育者が苛々して、早く降りてほしいと思いながら、かたちばかりの抱っこをしていたら、子どもはなかなか膝から降りなかったでしょう。満たされた気持ちになれないからです。

　⑥では、〝見に来てほしかった〟という子どもの思いを保育者がしっかり受け止めたので、子どもは自分の思いが分かってもらえた嬉しさのなかで、現実との折り合いをつけようとし、気持ちを立て直すことができました。

　これらの「受け止める」例を見れば、子どもは「ある」をしっかり受け止めてもらうと、「なる」へと自ら向かうと第３章で述べたことが納得できるのではないでしょうか。

　しかしながら、家庭の子育てや保育の現場を振り返ってみると、こうした受け止める対応が実は極めて弱くなっているのです。なぜでしょうか。

　それは、大人（親や保育者）の中に自分の願う方向に子どもを動かしたいという気持ちが強くありすぎるからです。これまで、「受け止める」ことを基調にした養育や保育がなされずに「させる」養育や保育に傾いてきたのは、

「こうさせたい」という気持ちが大人に強くありすぎたからだと述べてきました。④でいえば、人の使っているものを取ってはいけないということを分からせなければいけない、⑤でいえば、お母さんがいなくても大丈夫という気持ちに早くなってほしい、⑥でいえば、早く気持ちを切り替えて皆と一緒に活動してほしいというように、保育者の思いや願いが先に立ってしまいがちで、そうなれば、必然的に「受け止める」働きが弱くなってしまいます。

これまでの議論では、大人の中に早い発達を願って「させる」動きが強まり、その結果、子どもの思いを「受け止める」働きが弱まって、「育てる」営みが歪むようになったと述べてきました。その議論からすれば、大人の「受け止める」対応が「育てる」営みの動向を変える鍵を握ることになります。

第2節　思いを「受け止める」と行為を「受け入れる」の違い

ここで言葉の使い方を少し考えてみましょう。保育者から「子どものすべてを受け入れて」という言葉がしばしば聞かれます。しかし、子どものすることのすべてを受け入れることなど、到底できる話ではありません。危ないことや、してはいけないこと、他の子どもが嫌がることを平気でしているときに、それを「すべて受け入れる」など、どうしてできるでしょうか。行為については、それが受け入れられるときもあれば、受け入れられないときもあるはずで、その意味では、「すべてを受け入れる」という表現は、耳には心地よくても空文句にすぎません。

これに対して、子どもの主体としての思いは、どんな場合にも（その内容の正負を問わず）、それをいったん受け止めることはできます。これが「子どものあるがままを受け止めて」と言われてきた中身です。これと「子どものすべてを受け入れて」という表現とは似ていますが、実際には微妙に異なっています。両者を混同すべきではありません。実際、先の④の例のように、一人の子どもが嫌がっている相手の子どもを無視して自分のしたいことをし

てしまい、それによって相手の子どもを泣かせたり、怒らせたりしたとき、そうしたかったという子どもの思いは、主体の抱く思いとしては分かりますから、保育者は「そうしたかったんだね」とその思いをいったん受け止めることができます。しかし、その行為そのものは、大人の通常の価値判断からして、到底受け入れられるものではありません。ですから、その行為に対しては、「やめようね」と制止の言葉をかけざるを得ません。

　しかしながら、その行為を止める必要があるからといって、子どもの思いを受け止めることを省略して、ただ「どうして他の人が嫌がることをするの！　やめなさい！」と強く制止したり叱ったりする対応をしてしまえば、保育者は規範を示したつもりでも、子ども本人は行為を否定されたとは受け取らず、むしろ自分の存在が否定されたと受け止めてしまうでしょう。

　止める必要のある負の行為に対して、叱ることがその子の存在を否定しないかたちで行為だけを否定することができるかどうか、これは子育てや保育で最も難しい対応ですが、そのときに欠かせないのが、強く叱る前に子どもの思いを「受け止める」ことなのです。「そうしたかったんだね」と子どもの思いを受け止めても、その行為が許容範囲を越えているときには、親や保育者はそれに応じきれないのは当然です。「気持ちは分かるけれども、そういうことは嫌だよ」と伝わざるを得ない場合もあるでしょう。しかしそのことは、「応じきれないから受け止めなくてよい」ということとはまったく違います。そこの理解が肝心です。その行為は否定するけれども、あなたの存在は否定しない、ということを何とか伝えていかなければならないのです。

　ここから少し一般化すれば、子どもの思いはその行為とは別に、どんな内容であれ、一個の主体が抱く思いとしていったん受け止めることができるはずです。その思いを受け止めた上で、今度は保育者が自分の主体としての思いや願いに基づいて、その子の行為を受け入れたり、認めたり、逆にそれを拒んだり、制止したりするのが、子どもへの対応の基本です。

　このことを踏まえれば、「受け止める」という言葉は子どもの「思い」に対して用い、「受け入れる」は、その行為に対して用いるというふうに区別

しておくべきではないでしょうか。そうすれば、「すべてを受け止めて」はあり得ても、「すべてを受け入れて」はあり得ないことがはっきりするように思います。

第3節　なぜ子どもの思いを「受け止める」ことが必要なのか

　なぜ子どもの思いを「受け止める」ことが養育や保育の出発点なのでしょうか。ここで、第4章で見た「ある」と「なる」についての議論を思い起こしていただきたいと思います。主体の「ある」姿とは、その主体のいらいらした気分、悲しい気持ち、「これをしたい」「それをしたくない」という思いなど、その主体の「いま、ここ」の思いや情動の動きに発する「あるがまま」の姿のことです。その際、「こうしたい」という子どもの思いが保育者から見て正の意味合いをもつとき、それを受け止めて、「そうだね、そうしたいんだね」と言葉を返すのは容易です。しかし、その「したい」の中身が、保育者の目から見て好ましくなかったり、負のトーンをもっていたりするときに、それをひとまず「あなたはそうしたいんだね」「あなたはいまそういう気分なんだね」といったん受け止めることは意外に難しいのです。どうしても、そのように受け止める前に、「それをしては駄目」「そういう気持ちを切り換えて」というように、保育者の願いを伝えることが先行してしまいがちです。しかしそれでは子どもは自分の気持ちが受け止められたとは感じないでしょう。

　ではなぜ、子どもの思いを受け止めることが必要なのでしょうか。

(1)　「受け止める」は「存在を認める」ことに通じる

　人はみな、自分の存在を認めてほしいという願いを強くもち、事あるごとに周囲の人に認めてもらおうとします。実際、子どもは身体的な欲求や要求が特にないときでも養育者や保育者の現前を求めます。それは養育者や保育

者の瞳の中に自分の存在を確かめたいからです。「私を見て」という子どもの思いに、周囲にいる大人がまなざしを合せて応えて、「ほら、ここでちゃんと見ているよ」と無言のうちに告げると（これも立派な「受け止める」かたちです）、子どもはそれだけで満足することがしばしばあります。そのとき、そこに現前する大人のまなざしは、子どもにとって、「自分の存在を映し出す鏡」の役割を果たしていると言ってよいでしょう。

　子どもがそれほどまでに自分の存在を保育者に映し返してほしいと思うのは、裏返せば、自分ひとりでは自分の存在を確かめられず、自分ひとりでは自分をしっかり肯定できないからに違いありません。たとえ幼くても、子どもには自分なりの思いがあり、その意味ではもう立派に一個の主体なのですが、しかしその主体の輪郭はまだまだ曖昧なままです。大人の鏡に自分の存在を映し出さないと、あるいは大人の受け止める言葉を耳にしないと、自分が自分だと確かめきれないところがあるに相違ありません。

　いや、幼児に限らず、青年や大人でさえ、他者の鏡を必要とする場合はしばしばあります。自己肯定感を抱けない青年たちのほとんどは、自分を映し返してくれる身近な他者を持たず、そのために、自分が誰なのかが分からなくなっていることがその大きな理由になっています。あるいは、子育て支援の場にやってくる若い母親は、子どものためにというよりも、むしろ自分の存在を認めてほしい、自分の思いを受け止めてほしいと思ってやってくることが多いということは、前章で取り上げた子育て支援担当の保育者がこぞって認めているところです。

　そこからも分かるように、人はみな、自分の存在を確かめるために他者を必要としています。その他者が自分の思いを受け止めて発する「そうだね」「そうしたいんだね」という言葉は、その思いの内容が良いか悪いかを評価する前に、そういう思いをもったことを肯定してもらう意味をもち、結果的に、「あなたがそういう主体としていまあることを私はここでしっかり認めていますよ」というかたちで、「その存在を認める」ことに通じています。子どもの場合も同じです。

どうしても使いたくて相手の使っているものを強引に奪い取ってしまったときなど、子どもは最初は自分の行為を正当化しようとして（言葉を使える子どもなら）、「自分のほうが先に使っていた、貸してくれない相手が悪い」と言い張ったりします。このときに、「いけないでしょ！　人の使っているものを取ったら！」と強く叱りつけてしまうと、子どもはそこで固まってしまいます。それは自分の行為が叱られたと受け止めるよりも、むしろ自分の存在が否定されたと感じるためでしょう。

これに対して、行為の善し悪しはともかく、「どうしてもそうしたかったんだね」といったんその子の思いを受け止めると、子どもはたいてい、こっくりうなずいて、ほっとした様子と自分がいけなかったという反省の色を見せます。そこで保育者が、「でもそれはどうだったかな、そういうときはどうしたらよかったかな、私はそうしてほしくなかったな」というふうに、保育者が子どもと一緒に考える姿勢をもって自分の思いや願いを伝えると、たいていの子どもは自分の行為が良くなかったことはうすうす分かっているので、取り上げたものを自分から返しにいったりします。

この例を振り返ってみれば、負の行為をしたとき、子どもの思いを受け止めた大人の言葉は、その子どもの存在を認めていることを暗に告げる意味をもっていることは明らかです。こうして、大人の「受け止める」ことの繰り返しは、子どもには「自分の存在が認められている」ことを繰り返し確認することに通じ、受け止めてくれる大人への信頼と自分への自信（自己肯定感）に通じることになります。要するに、「受け止める」は子どもの自信や自己肯定感、あるいは大人への信頼感を生み出す働きをもつということです。

(2)「受け止める」は「通じ合う」「傍らにいる」ことに通じる

「そうしたかったんだね」「よかったね」「嫌だったんだね」「そうしたくなかったんだね」と受け止める言葉が大人から返ってくるとき、子どもにとっては、その「受け止める－受け止めてもらう」という関係の中で、自分とその大人のあいだで気持ちや思いが繋がれた、通じ合えたという気分になり、

そこで、ほっとする気分、あるいは何か安心感にも似た「包まれる感じ」が得られるように見えます。

③の例に見られるように、「怖かった」という気持ちを親に受け止めてもらった子どもは、単に「怖くない」と告げられているのではありません。怖い気持ちをもった自分が受け止められ、自分を優しく包んでくれる親とそこに共にいることができることで、安心感が得られるのです。

あるいは子どもが自分のプライドを守ろうとして何らかの理由をもち出しているときに、保育者がいったんその思いを受け止める言葉を投げかけると、たいていの子どもはほっとした様子を見せ、自分を守ろうとする勢いが一瞬緩みます。そのときのほっとした様子は、保育者と子どもが「叱る－叱られる」という関係で向き合っているのではなく、その保育者が自分の傍らにいてくれている、自分は孤立しているのではなく、この人と一緒だと自分らしくいられる（being with）という感覚に近いものを感じているからだろうと思います。そこから、自分らしくあることが認められているという気持ちになり、「なる」へと自ら向かう力が生まれ、保育者の期待する「なる」の姿に通じていくのです。

（3）　子どもの声にならない思いに応える意味をもつ

2歳に満たない子どもの多くは、自分の思いを言葉に出せないことが多く、自分の思いをそれとして親や保育者に伝えられない苦しさを抱えています。親や保育者の「受け止める」姿勢は、そのような幼い子どもの言葉にならない思いに気づき、分かり、それを受け止めて言葉にして返すことに通じます。そこから、子どもが真に求めているものに応える対応が紡ぎ出されやすくなることは言うまでもありません。

これまでは、保育者が必要だと思ったことを次々に子どもにさせ、それが保育だと思い込むことが往々にしてありました。それは、子どもは自分の思いが受け止めてもらえずに困っているのに、子どものその「困り感」に気づかないまま、保育者の目から見て、「こうするのが当然」「これが子どもの幸

せに通じるはず」と思い込んでいたからではないでしょうか。

　現状を振り返れば、「させる」という対応をする前に、まずは「受け止める」という対応を手厚く行うことがいま、家庭の子育てでも保育の場でも強く求められているように思います。それはまた、大人目線での「良かれと思う」子育てや保育から、「子どもの思いを分かって」子育てや保育をすることへと転換することでもあるでしょう。

　そして、自分の思いや困り感を受け止めてもらえた子どもは、自分が肯定されている感じ、大事な保育者が傍らにいる感じ、自分を包んでもらえている感じになり、それが子どもの心を前向きに動かし、積極的に、意欲的にという、「前向きの自分」が立ち上がる条件を作り出すことになります。

　これとは逆に、受け止めるところが弱いまま、親や保育者が強く自分の思いに引き寄せて子どもを動かそうとすると、子どもは受身になり、仕方なく従うか、あるいは大人の前では自分の思いを抑えて大人の思いで動くとよいのだと考えてしまうことになりかねません。これが自分らしく生きることの対極にあることは言うまでもないでしょう。

(4)　「受け止める」は「分かる」を基にしている

　これまでの議論を振り返れば、「受け止める」が「分かる」を基にしていることに気づきます。子どもの思いが分からなければ「受け止める」ことができないはずだからです。起こってしまったことから、親や保育者が子どものそのときの思いを推論して受け止めるという場合もあるでしょうが、親や保育者が子どもの思いに寄り添っているときには、まず子どもの思いが親や保育者に通じてきて（親や保育者に直接分かり）、だからこそ、それを受け止めることができるのです。

　ここでは、親や保育者が子どもの思いに寄り添っているということが「分かる」ための必要条件であることがほのめかされています。親や保育者が自分のさせたいことに凝り固まって、子どもの思いに寄り添う心の余裕がなければ、まずこの「分かる」というところが動きません。ですから「受け止め

る」対応もできなくなるのです。単に子どもの行為の意味が分かるのではなく、むしろ目に見えないその子の思いが分かることがあり、それを受け止めるというかたちで、子どもとの関係が動いていくのです。ここに、親や保育者が子どもの気持ちを感じ取る主体として子どもの前に立つことが大切だという理由があります。

　そうしてみると、親や保育者の「受け止める」対応は、子ども一人ひとりを見る自分の気持ちの余裕が大きな意味をもっているといわなければなりません。

第4節　保育者の描くエピソードから

　保育者の描く3つのエピソードを通して、「受け止める」ということの大切さと、その難しさに触れてみましょう。

　●エピソード10●　「どうしたらいいんかなぁ」　　　　　　S保育士
　＜背景＞
　　私は今年度、3・4・5歳の異年齢児クラスに日毎に入るフリーを担当している。4歳児「コアラ組」は19人中、男の子が6人しかいない。小さな頃から一緒に遊んではケンカをし、また仲直りをして遊ぶというように、ずっと一緒に過ごしてきた友達同士である。
　　以前は、自分の思い通りにならないとすぐ手が出ていたSくんも、ひっかいたり、蹴ったりする前に心のブレーキがきくようになってきた。すぐかっとなって怒ってしまうところはまだあるが、自分の気持ちを言葉でも言えるようになってきた。
　　Yくんは、Sくんが作る積み木やカプラ（木の造形ブロック）にいつも憧れをもっていて、一緒に遊んだりマネッコを楽しんだりしている。男児の中で一番月齢が低く、少し幼いところがある。

第5章 子どもの思いを「受け止める」ということ

　私はその日、コアラ組（二人担任）のクラスに一日入っていた。クラスの担任が早出だったので、夕方は私一人で子どもたちと過ごした。子どもたちは、好きな遊びを友達数名と楽しみ、ビー玉ころがし、カプラ、ビーズ、ぬり絵と4コーナーほどに分かれて遊んでいた。
　私は、お迎えの保護者に今日の様子を伝えたり、「ぬり絵の紙はどこ？」「先生、折り紙ちょうだい」などの子どもの声に慌しく応えたりしていた。そのときのエピソードである。

＜エピソード＞
　Yくんの「寄せて（仲間に加えて）よ！」という、いまにも泣き出しそうな声が部屋に響いた。Yくんの視線の先には、ビー玉ころがしをしているSくんがいる。Sくんは珍しく、こつこつ遊ぶことの多いAくんと仲よく遊んでいた。Aくんはビー玉をころがすレールを上手に作れるので、Sくんは喜び、集中してよく遊んでいた。そのレールをうらやましく思ったYくんが「寄せて」とやってきたのである。
　Yくんに対し、Aくんは寄せてもいいよという態度だったが、Sくんは寄せたくなかったようだ。Sくんは聞こえているけど、Yくんの「寄せて」に答えなかったので、Yくんの声はどんどん大きくなっていった。私がそばまで行くと、Sくんは困った顔で「寄せたくない」と言った。私がその訳を問うと「……だって、Yくん寄ったら壊すやろ？　今日だけは二人で遊びたいねん」と話した。いままで何度も一緒に遊んできて、Yくんが加わったら壊れてしまうことが予想できたのだろう。Sくんの気持ちがひしひしと伝わってきた。けれど、Yくんは「寄せて、寄せて」の一点張りである。
　とうとう困ったSくんは泣き始めた。泣きながら、「Yくんは壊すから寄せたくないねん。今日だけは、二人で遊ばせてよ！」と、Yくんに訴える。困ったYくんも大きな声で泣きはじめ、二人の泣き声が響いた。Sくんは自分の思いが通らないと、大声で泣いて思いを通すようなところがある。思いが通らないので、泣き声はどんどん大きくなっていく。

そのあいだにも、次々と保護者のお迎えがあり、周りの子どもも保護者も〝またＳくんが泣いている〟といった表情を浮かべている。私は、正直、早くこの問題を解決したいと焦りもあった。しかし、どうしたらよいのか本当に困ってしまった。
　いつもは、叩いたり蹴ったりして気持ちを表現するＳくんが、きちんと自分の思いを言葉で表現している。そして、Ｙくんが遊んでいるうちに壊してしまうかもしれないから嫌だ、というその気持ちも十分理解できる。また、Ｙくんの、楽しそうな遊びに寄せてほしい、壊そうとは思っていないのに、頭ごなしに壊すから嫌だといわれてしまって傷ついた気持ちもよく分かる。
　私が大人のルールで「寄せてあげなさい」と言ったり、あるいは、「今日だけは、ＡくんとＳくんの二人で遊ばしてあげて」とＹくんに話したりすることもできたけど、二人の思いが分かるだけに、勝手な大人のルールを押しつけられないな、という思いが強くなっていった。
　大声で泣いている二人に対し、「困ったなぁ、先生はＡくんと二人で遊びたいＳくんの気持ちも分かるし、寄せてほしいＹくんの気持ちも分かる。そやし、どうしたらいいんかなぁ？　二人はどうしたらいいと思う？」と私の正直な気持ちを話した。
　すると、二人はすーっと泣きやんだ。そして、Ｓくんはそばから離れて行った。
　それからＳくんは、自分の大好きなカブトムシをじーっと見つめていた。自分の気持ちを整理しているのだろう。私は「Ｓくんの気持ち分かるよ、どうしたらいいか思いついたら先生に教えてね」と声をかけ、Ｓくんのそばから離れた。
　しばらくすると、ＳくんがＹくんのそばに来て、「ごめんね、寄せてあげる」と言い、３人で遊び始めた。
　〈考察〉
　Ｓくんは、自分の思いを主張したあと、Ｙくんの思いにも耳を傾け一

第5章 子どもの思いを「受け止める」ということ

緒に遊ぶということになった。今回のエピソードは私の心が揺れたエピソードである。後で私は、二人に対して満足のいく解決策を出すことができず、二人の役には立ててなかったなという、何だか不甲斐ない気持ちになった。

　私がどうしたらよかったのか分からないけれど、二人の正直な思いが分かるぶん、早く解決させたいという私の勝手なルールではいけないな、とそのときは強く思った。そして子どもの答えを待とうと考えた。

　子ども一人ひとり、いろんな思いや考えがあるから、それを受け止めて「こうしてみたら？」と言える場面もあるけど、難しいケースもある。保育士という仕事は常にその時々の判断を迫られている。臨機応変に機転を利かせて決めていかなければならないときもあるけど、一人ひとりの思いを聞きつつ、こちらの思いも伝え、一緒に考えるときもあってもいいのかなと思った。

＜私からのコメント＞

　エピソードからは、4歳の子ども同士の思いのぶつかり合いと、そのあいだに挟まる保育者の思いの絡み具合が実によく読み手に伝わってきます。Aくんと二人だけで遊びたいというSくんの気持ちも、一緒に寄せてと思うYくんの気持ちも、先生にはよく分かっています。それぞれの言い分がそれなりに分かるので、保育者としては困って、「どうしたらいいかなぁ」と思わずつぶやいてしまいます。その箇所の記述が素朴で、真剣に困っている様子が素直で好感がもてます。

　また＜考察＞のところで、早く解決させるのではなく、子どもの答えを待とうと思った、というくだりも、二人の思いを受け止めた上での考えなので、保育士の対応としてよかったと思います。

　お互いの考えがせめぎ合うとき、すぐに決着をつけようとしたり、解決策を出したりと保育者主導の対応に流れるのではなく、そこに「間＝ま」を置いて、一緒に考えようという姿勢をもつこと、これがトラブル場面ではとり

わけ大事なことです。ただしここでの「間」は、置こうとして置いたというより、保育者の思いに引き込んで子どもたちを動かすことは逆の、子どもたちの思いを受け止めようとしたからこそ生まれた「間」であることに注意する必要があります。

そして二人の子どもも、保育者に自分の思いを受け止めてもらえてほっとする気持ちがあったからこそ、相手の気持ちを考えられるようになったのでしょう。SくんがYくんの思いを受け止めて「寄せてあげる」と言ったとき、Yくんも「壊さないように遊ばなければ」と思ったかもしれません。

保育者の「受け止める」は、こうして、子どもたちの中に、「私は私」と「私は私たち」の心を育てる契機となるのです。

●エピソード11●　「少し離れていたい」　　　　　　　F保育士
＜背景＞
　Mちゃんは11カ月で入所し、現在2歳2カ月の女児である。9月末にお母さんが妹を出産されたため、毎日の送迎は母親から祖父に変わることになった。Mちゃんはそれまで一人っ子だったので、寂しい気持ちや甘えたい気持ちがいっそう強くなり、少しのことで涙が出て、いったん泣き出すとなかなか泣きやまず、そのために抱っこをすることが増えてきていた。

　それでも保育所では友達との関わりがあり、ままごとを一緒にしたり、「あっち行こっか」と自分から友達に声をかけたり、友達が登所してくると「Hくんが来たー」など言いながら玄関まで迎えに走っていったりする姿は見られた。

　しかし、妹が生まれて以降、友達と玩具や場所の取り合いになると「キャー」と大きな声を出して保育士を求め、保育士がそれに気づいて傍に行くと、「うわ〜ん」と大きな声で泣くことが頻繁になった。Mちゃんが使っていた玩具でなくても「Mちゃんの！」と言って泣くことも増えた。一度泣くと、その後しばらく泣き続けて泣き止まない。いったん泣

第5章 子どもの思いを「受け止める」ということ

き止んでも、友達の手がちょっと当たったり、頭をなでられたりしただけで、また泣いてしまう。このような状態がしばらく続いていたので、私は何とか泣き止んでほしいと思いながら関わってきた。

＜エピソード＞

　登所し、祖父と離れるときには手を振って別れたMちゃん。保育士と手をつないで保育室に入ったが、手を離すと「抱っこ」と手を伸ばしてきた。

　しばらく抱っこをすると安心したのか、RくんやHちゃんがままごとをしている輪の中に自然に入っていった。私はその様子を見ていたが、少しして、Rくんと玩具の取り合いになった。その玩具はRくんが使っていたものだったが、Mちゃんは「Mちゃんの！」と言って泣き出した。

　私はまたかと思いながらMちゃんを抱っこし、「Mちゃん、これはRくんが使っていたんだよ。Mちゃんのじゃないよ。違うのにしようか」と話したが、Mちゃんはその後しばらく泣き続けた。私が抱っこをしていると、Iちゃんが心配そうな顔でMちゃんの頭をなでようとした。Mちゃんはそれも嫌で、「いや！」とIちゃんの手を払いのけて泣き続ける。私は「Mちゃん、Iちゃんはいい子いい子しようとしただけだよ。泣かなくてもいいよ」と言うが、Mちゃんは一点を見つめたまま返事をしない。この後しばらく抱っこをし続け、おやつの時間になって、やっと椅子に座っておやつを食べた。

　おやつが終わり、私は散歩に行く準備をし、子どもたちは他の保育士と一緒に順番にトイレに行っていたが、Rくんたちと遊んでいたMちゃんがまた急に泣き出した。なぜ泣いたのか分からず、私はすぐにMちゃんのそばに行き、抱きかかえ「どうしたの？」と聞いたが「うわ〜ん」と泣いているだけだった。「もう泣かないの！」と言っても泣き止む様子はなかった。

　朝から泣いている状態が繰り返し続いていたので、このとき私の中で、〝何で泣くの。もういいかげんで泣かないでよ。こんな不安定なMちゃ

んを連れて散歩にはいけない〟という思いが強くなってしまった。

「Mちゃん、今日はひよこ組さんで遊ぼう。散歩やめよう」と声をかけると、Mちゃんは小さくうなずいた。私はMちゃんをひよこ組（0歳児）の保育士に頼み、クラスの子どもたちと散歩に出かけた。

しかし、散歩に行っている間も、〝やっぱり連れてきてあげればよかったかな？〟とMちゃんのことが気になって仕方なかった。保育所に帰ってすぐにひよこ組の保育室に行くと、Mちゃんは泣かずにひよこ組の保育士と落ち着いて遊んでいた。

<考察>

母親が出産する前もMちゃんはよく泣くことがあったが、妹ができてからは不安定な状態が続いていた。お母さんを独り占めできないという思いや、甘えたい、自我を通したい、思いを受け止めてもらいたいというMちゃんの気持ちは分かっていたつもりである。

でも、ちょっとしたことで泣き続けるMちゃんに、〝Mちゃんの泣き声に疲れた。何でこんなに泣くの？ Mちゃんと少し離れていたい〟という気持ちが勝ってしまい、私はMちゃんの気持ちを受け止めることができなかった。この日、散歩に連れていかずにMちゃんと離れている間、私自身、Mちゃんのことが心配になり、〝一緒に連れてくればよかった〟〝何で置いてきたんだろう〟という思いばかりがつのった。保育所に帰っていそいでMちゃんの顔を見に行ったとき、〝ごめんね〟という思いでいっぱいになってしまった。

毎日不安定な状態が続いて泣いている子に対し、保育士がその気持ちを受け止めてあげなければ、その子はどんなに悲しい気持ちになるかと思い、深く反省した。それと同時に、Mちゃんのように心が不安定になっているとき、保育士としてどうやってその子の気持ちに寄り添っていけばよいか、もっと考えてみなければいけないと思った。

第5章　子どもの思いを「受け止める」ということ

＜私からのコメント＞
　これはある地方で行われたエピソード研修会で提示されたエピソードで、これを書いたのは保育歴2年目の若い保育士さんです。
　ちょっとしたことですぐに泣き、しかも簡単に泣きやんでくれない……。こんなとき、保育者としてやるせない気持ちになるのはよく分かります。特に若い保育者の場合、「泣き止んでほしい」「機嫌を直してほしい」という自分の思いが先に立って、子どもがどんな思いでいるか、それを受け止める姿勢になりにくいようです。そして泣き止んでくれない現実に疲れてしまって、「少し離れていたい」という気持ちになってしまったのでしょう。
　このエピソードは素朴すぎるほど素朴に、そのときの自分の気持ちを正直に書いたものであり、その点では好感のもてるエピソードですが、しかし保育のあり方としてはどうでしょうか。
　研修の場でこれを職員間で読み合ったとき、他の職員から、正直な気持ちに共感した、自分もこの職員の気持ちがよく分かるという発言がありました。その一方で、やはりこれでは子どもの気持ちを受け止めたことにならないのではないかという発言もありました。読者の皆さんは、このエピソードをどのように読まれたでしょうか。
　まず＜背景＞から、それまで一人っ子で周囲からの注目を一身に浴びて育てられてきたMちゃんが、妹が生まれて、世界の中心からはずされ、お母さんを妹に取られた気分になって、寂しい気持ちでいることが分かります。このエピソードの書き手も、そのことには十分気づいている様子です。しかし、Mちゃんはその寂しい気持ちを泣いて周りの人の注意を引くかたちで表現し、しかもちょっとしたことで泣き、一度泣き出すとなかなか泣き止んでくれない様子です。
　＜エピソード＞では、この日もちょっとした物の取り合いで泣き、何とか泣き止んだかと思うと、お散歩前にまた急に泣き出し、なかなか泣き止んでくれなかったとあります。こうして、書き手である保育者は、Mちゃんを他のクラスに預けて散歩に出かけることになりましたが、散歩のあいだも置い

165

てきたMちゃんのことが気になり、後でそれを後悔したという内容です。
　そして〈考察〉では、〝Mちゃんの泣き声に疲れた。何でこんなに泣くの？ Mちゃんと少し離れていたい〟と本心を述べています。私は研修会の場でその間の事情を詳しく聞いてみましたが、書き手であるこの保育者は「本当に泣き止まなくて……困ってしまいました」と話し、また「Mちゃんにばかり対応すると、他の子どものことが見られないので……」とも話していました。
　このエピソードを振り返ってみると、「泣き止んでほしい」という保育者の思いが前景に出ているのがよく分かります。エピソードの前半部の取り合いの場面でも、Mちゃんの思いを「この玩具、使いたかったのね」と受け止める前に、「Rくんが使っていたんだよ、Mちゃんのじゃないよ」という言葉かけになっています。また、Iちゃんが関わるのをMちゃんが嫌がる場面でも、Mちゃんの気持ちを「嫌なんだね」と受け止める前に、Iちゃんの気持ちをMちゃんに伝えようとし、〝泣かなくてもいい〟という自分の気持ちを先に伝えようとしています。さらに、散歩に行く前の場面でも、「もう泣かないの！」と自分の泣いてほしくない気持ちを伝えるばかりで、いま散歩に気持ちが向かわないMちゃんの気持ちを受け止めようとはしていません。そして、「ひよこ組さんで遊ぼう、散歩やめよう」というのも、Mちゃんの気持ちをそのように受け止めたからではなく、自分の気持ちを一方的に伝えた感じです。
　このように、このエピソードでの保育者の対応は、Mちゃんがいま寂しい気持ちでいることが分かっていながら、しかしその気持ちを受け止める前に、保育者の気持ちを伝えることに終始していることが分かります。集団を動かしていく必要があるときに、一人の子どもの負の状態にばかりつき合っておれない、というのが大方の保育者の思いなのでしょう。ここから次第に保育者の思いや願いに重きを置いた保育へと傾き、保育者主導の「させる」保育へと繋がっていくのだと思います。

第5章　子どもの思いを「受け止める」ということ

●エピソード12●　「分かってる」　　　　　　　　　　　S保育士
＜背景＞
　4歳の女児Hちゃんは、4人家族で上に兄がいる。0歳のときから保育園に通ってきていて、夜8時までの超延長保育をたびたび利用している。私はHちゃんの担任をしたことはないが、延長保育や朝の保育ではこれまでにも一緒に遊ぶ機会があった。4歳児になったHちゃんはとても負けん気が強く、一番になりたいなどの思いが強くある。運動会のかけっこの練習では、一等になりたいがために、ゴールテープ目がけてジャンプして飛び込んでくるほどであった。自分の思いがかなわないときには、泣いてすねてしまうことがしばしばあった。今年度、私はフリー保育士として保育に参加している。

＜エピソード＞
　その日私は朝の10時からクラス応援に入った。雲梯(うんてい)のところで4歳児クラスの担任とHちゃんが話をしていた。雲梯を始めるに当たり、一番になりたかったHちゃんが他児を押しのけて先に並ぼうとしたので、担任がそれはどうかとHちゃんと話をしていたところだったらしい。けれども担任の話はHちゃんの耳に入らない様子で、Hちゃんは担任に砂を蹴ってかけたり、叩いたり、かなり気持ちがたかぶっている様子を見せ、Hちゃんは雲梯から離れていった。それからしばらくクラスの子どもたちの雲梯遊びが続いた。その遊びが終わりかけた頃、Hちゃんが雲梯のところに戻ってきたので、私は最後に一緒に雲梯をやってみようと誘ってみたが、Hちゃんは応じなかった。
　クラスのみんながお部屋に帰り始め、Hちゃんもすねながらもみんなについてきていたが、部屋の入口のところで立ち尽くしてしまった。少しうつむいて立ち尽くしたまま、目はしっかりとクラスのみんなや担任の姿をとらえていた。そんなHちゃんの姿を私は知らん顔をしてそっと見ていた。クラスのみんなから、立ち尽くすHちゃんを少しはやし立てる言葉や素振りがみえ始めた。それにいち早く気づいたHちゃんは、そ

んな友達をキッと睨みつけた。
　このままではと思い、私は別のかたちでHちゃんを誘ってみた。「先生、ヤカン返しに行くけど、Hちゃんついてきてくれる？」と私が言うと、Hちゃんは初めはとても厳しい顔でこちらを見ていたが、空のヤカンを差し出すと、すんなり手にとってついてきてくれた。
　ヤカンを返し終わって、園庭の見える廊下に一緒に座ってさあ話でもと思ってHちゃんを振り向くと、Hちゃんは「分かってる」と一言つぶやいた。そこで私は「そうか」とだけ告げた。するとHちゃんは私の肩に手を載せてきた。ならばと、すこし嫌がる素振りのHちゃんを膝に抱っこして、しばらく気持ちが落ち着くのを待ってから部屋に戻った。
　その帰り道、Hちゃんは黙って私の手を引いていく。抱っこしていたのはほんの２、３分だったけど、それがよかったかな、などと考えているうちに部屋に着き、部屋に着いたと思ったら、Hちゃんはまた下を向いてすねた顔をし始めた。やっぱりちゃんと話をしなければいけなかったかなと思っていたら、Hちゃんと目が合った。私がそこで軽くうなずいて見せると、しばらくもじもじしたあと、担任の先生のところに行き、「（叩いてしまって）ごめんなさい」と謝った。Hちゃんが自分で考えて謝りにいったのだと担任に伝えるとともに、私は素直にHちゃんを褒めた。担任も一緒になって褒めてくれたので、Hちゃんはやっと落ち着いた表情になった。
　部屋での活動に一区切りがついたとき、Hちゃんはすっと私の傍にやってきて、ちょこんと私の膝に座った。そして私の顔を見てニヤッと笑ったので、ゆっくり抱っこして「お姉ちゃんになったね」と少し抱きしめて話しかけた。Hちゃんは「うん」と言った後、私の膝に乗っていたのはHちゃんのほうだったのに、「先生、重いわー」と笑いながら、私の膝から離れていった。
　＜考察＞
　ちょっとのことだけれど、Hちゃんの「分かってる」と言った気持ち

第5章 子どもの思いを「受け止める」ということ

に寄り添えてよかったと思った。Hちゃんの自分の思いがかなわないときの気持ちの切り換え方、自分の思いを言葉にして切り抜けていく力は、これからHちゃんがいろいろなことを通して学んでくれたらと願う。

　そして今回、このエピソードを書き起こしてみて、もし自分が担任だったらどう対応したのかなと考えた。言葉かけも違っただろうし、保育室から離れることもなかっただろう。フリーの保育士だったから、今回のようにHちゃんに関わることができたのではないかとも思う。子どもたちと担任の先生との関係は特別なものがある。その関係を大切にしながら、フリーとして子どもに関わるのは、いろいろな点で難しさを感じる。しかし、どんな関わりであれ、子どもたちと接し、それぞれの子どもの思いを受け止めて、クラスに返していくような保育をしたい。一日の保育の流れの中で、いろいろな立場の保育士がいろいろな思いをもって子どもたちに関わることは、保育所ならではの長所だと改めて感じた。

＜私からのコメント＞
　負けん気が強く、また気も強いHちゃんが、担任の保育士さんに注意され、カッとなって反抗的になり、あとはすねてなかなか立ち直れないでいる。そんなときにフリーの保育士さんに声をかけてもらい、その場から離れて一緒に歩いているうちに、Hちゃんの気持ちが落ち着いてきて、自分で自分のいけなかったところを素直に認めることができるようになった、ということのようです。幼児はどんなに気が強そうに見えても、まだまだ自分で自分をしっかり立て直すことはできません。このときのHちゃんは、いけないことをしてしまったという思いと、みんなに受け入れられないみじめな気持ちが交錯して、自分でもどうしたらいいのか分からない状態だったのではないでしょうか。そんなときそっと寄り添ってくれる大人がいると、「私」を取り戻すことができて、素直に自分を見つめ直せるようです。
　このエピソードを読んで、叱ることは難しいものだとつくづく思います。大人はそういうことはよくない、してほしくないと伝えているつもりでも、

子どもは自分の思いが受け止めてもらえなかった、自分が否定されたと思ってしまうようです。Hちゃんが割り込んだような場面では、大人は誰でも、担任の先生のように、後から人を押しのけて一番になろうとするHちゃんに注意すると思います。しかしそのあとで、子どもが本来の健康な「私」を取り戻せるように、「私」に寄り添うことも重要です。これを一人の保育者がするのはとても難しいことです。このエピソードのように、子どもの心を育てるのに周りの保育士さんの協力が必要になるときがよくあります。ここでは保育士さん同士がうまく互いに補い合っていたのではないでしょうか。難しい場面で、Hちゃんが自分で謝ろうという気持ちになっていくように、フリーの保育士さんがHちゃんの思いを受け止める対応をしたことに改めて感服しました。

　最後の「重かった！」というのは、「重かったでしょう、ありがとう」と言うところを、テレてこういう表現をしたのに違いありません。

　「ごめんなさい」を言わせる保育、いけないことを指摘して強く反省を求める保育が目につきますが、そうではなく、子どもの思いを受け止めて丁寧にその負の気持ちにつき合うと、子どもに自分が受け止めてもらっていることが分かり、自分がいけなかったという思いが自然に湧いてきます。そして受け止めてもらえた安心感が自分から謝る勇気を与えてくれます。「分かってる」は、いけないことをしたのだから自分から謝りにいかなければならないことは分かっている、という意味です。そのようにHちゃんの気持ちが動いていることがフリーの保育士さんに分かったから、「そうか」とだけ告げたのでしょう。

　私は、ここに子どもの心を育てる保育の核心部分を見た気がします。頭ごなしに叱ったり、善悪を教え込もうとしたり、謝ることを強く求めたりといった保育ではなく、保育者と子どものあいだで心が繋がることが心の育ちには欠かせないということが、このエピソードから改めて分かります。

第5章　子どもの思いを「受け止める」ということ

第5節　三つのエピソードを振り返って

　三つのエピソードとも、まさに子どもが「育てられて育つ」その場の営みを描き出したものです。各地の保育の場に顔を出してみると、残念なことに、エピソード11に示されているような保育者主導の対応が極めて多く見られ、エピソード10やエピソード12に示されているような対応は、ごく稀であることを認めざるを得ません。

　しかし、先にも触れたように、子どもは大人にいまの自分を受け止めてもらえれば、それが負の思いであっても何かしらホッとするところがあり、そこからその負の状況を自ら乗り越える動きが生まれてきます。それはエピソード10や特にエピソード12にうかがわれるものです。これに対して、エピソード11では、保育者の思いが先行してしまうために、子どもの寂しい気持ちや面白くない気持ちは受け止められないままです。そのとき、子どもの負の思いは行き場を失って、泣き続けたり、全体の流れに乗れなかったりと、負の行動が連鎖していってしまいます。

　もしもエピソード11で、「Mちゃん、いま寂しいね、でも先生がいるからね」とか、「これが使いたかったのね」「お散歩、行きたくない気持ちなんだね」というように、Mちゃんの気持ちをしっかり受け止めた上で、そのような言葉が保育者から返っていれば、Mちゃんの気持ちは別様に動いた可能性が十分にあります。「受け止める」という働きは、単に現状を肯定・固定するように受け止めることなどではなく、いまの状況を変える動きをすでにその内側に孕んでいるのです。このことはエピソード12に明らかで、フリーの先生に受け止めてもらって嬉しかった気持ちが、自分から謝りにいくことに繋がったのでした。

　ここでは三つの保育場面を取り上げてみましたが、家庭での養育の場面でも、学校教育の場面でも、大人が子どもの思いを受け止めるところが極めて

弱くなって、大人の気持ちや願いを伝えることが先行しがちです。子どもの心が育ちにくくなっているのは、そこに起因しているというのがこれまでの議論の運びでした。

第6節 「受け止める」ことの奥行き

　「受け止める」ことについて、しつこく議論しているのは、それが「育てる」という営みの中核部分だからです。先の議論では、「受け止める」が「子どもの存在を大きく包む」ものであり、それによって子どもは自分の「存在が認められた」、先生と「通じ合えた」、先生に「傍にいてもらえた」と思うことができ、これによって＜なる＞に向かう力が子どもの内側から湧いてくると述べました。ここに、「受け止める」ということの奥行きと意義が示されています。

　しかし、それは大人の「受け止める」働きが正しく機能した場合であって、大人は子どもの思いを受け止めたつもりでも、子どもにそれがそのように受け取られていない場合がしばしば起こり得ます。ではなぜ、「受け止める」が「受け止めたつもり」やうわべの「受け止める」になってしまうことがあるのかといえば、大人の側に子どもに伝えたいこと、させたいことが多くあるからです。さらに、子どもの思いを尊重する姿勢が弱いことも指摘しておかなければならないでしょう。

　現に、「受け止める」ことの重要性を指摘する私の議論に対して、「受け止めるだけで子どもは育つのでしょうか、やはり何かを教えたり、させたりしなければ、子どもは伸びないのではないでしょうか」という疑問がしばしば投げかけられます。この疑問をぶつけてくる人は、たいてい、「受け止める」ことは簡単なことだと考えています。子どもの思いをただ「そうだね」と受け止めて返せばよいのでしょうか、しかし、それだけで子どもは育つのでしょうか、というわけです。

しかし、これまでの節でも議論したように、育てることに真に結びつく「受け止める」は、子どもの思いに真に共感する部分と、その背景にもっと大きな「存在を大きく包む」「存在を認める」という働きを含んでいます。だからこそ、「通じ合う」ことや「傍にいる」ことにつながり、子どもが自分を肯定する契機にもなり得るのです。そのような背景的な働きが十分でないままに、直ちに大人の思いを伝えようと身構えた、うわべだけの「そうだね」や、真の共感を欠いた言葉だけの「そうだね」がここでの「受け止める」ではありません。

このことをしっかり理解するために、第3章に掲げたエピソード7「つばしても　好き？」（P.110）を再度取り上げてみたいと思います。

第7節　エピソード7：「つば　しても　好き？」を再吟味する

まず、このエピソードの本体部分を再掲しましょう。
　＜エピソード＞
　　夕方、お迎えを待つ自由遊びの時間のことである。「Aくんがブロックを黙って取ったー！」とBちゃんが泣きながら私のところに訴えて来たので、Aくんのそばにいって話を聞こうとした。
　　「だってこれが欲しいんだもん！　これがいるんだもん！」と顔を真っ赤にして大声でまくしたてるAくん。「うん分かった。このブロックを使いたかったんだね。欲しかったんだね」「そうだよ！　Bちゃんが貸してくれないんだもん。だから取ったんだよー」とだんだん興奮してきて、話を聞こうとしてしゃがんだ私の顔につばを吐きかけた。
　　私は顔につばがとび、一瞬とても不快で、腹が立ち、多分露骨に嫌な顔をしたと思う。Aくんは私と目が合うと、ハッとして、「しまった」という顔をした。私は、内心の怒りを抑えて、「Aくん、先生、Aくんのつばが顔にとんで、すごく嫌な気持ちだよ」と言った。Aくんはうな

だれたまま黙っていた。「先生は、Aくんと話をしたいんだよ」と私が言うと、Aくんは上目づかいに私を見て「つばしても、Aくんのこと好き？」と小さな声で聞いてきた。私もハッとして「うん、つばしてもAくんのこと好きだよ」と答えると、Aくんは自分のTシャツの裾で黙って私の顔のつばをふき、またうなだれていた。

　私もすっかり気持ちが落ち着いたので、「Aくん、Bちゃんのブロックを使いたいときには『貸して』って言うんだよ。そしてBちゃんが『いいよ』って言ったら貸してもらおうね」と言うと、Aくんは黙ってうなずき、Bちゃんにブロックを返しに行った。Bちゃんはびっくりしてそれを受け取り、私を見たので私がうなずくと、そのままそのブロックで遊びはじめ、Aくんも別な友達のところへ行って遊び始めた。

(1) 「関わりの歴史」と「育てる」経験の厚みからくる余裕

　このエピソードは先に「相互主体的な関係」という枠組みで議論したものでしたが、いまの「受け止める」というテーマを考える上にも、格好のエピソードです。先にも触れたように、このエピソードを書いたK先生は、Aくんを0歳、1歳のときに保育した経験をもち、それ以来、家庭的に難しい問題を抱えているAくんを常に気にかけてきていました。そのことがAくんを「大きく包み」その「存在を認める」構えに通じています。もしもそのような関わりの歴史がなければ、このエピソードに見られるような「受け止める」はなかなか難しかったのではないでしょうか。子育て中の養育者のほとんども、乳児のとき以来の子育ての積み重ねによって、暗黙のうちに子どもの存在を大きく包み、その存在を認めてきています。それがさまざまな場面での「受け止める」の背景になっているはずです。

　その意味では、「関わりの歴史」が大きな意味をもつでしょう（ということは、関わりが浅ければ、「受け止める」ことが難しくなったり、浅い「受け止める」で終わりがちだったりするということでもあります）。さらには、「育てる」経験の厚みがもたらす気持ちの余裕も重要な意味をもつでしょう。

第5章 子どもの思いを「受け止める」ということ

翻って、先のエピソード11の「少し離れていたい」を書いた若い保育者は、「関わりの歴史」という点でも、「育てる」経験の厚みという点でも、いまだ十分でなかったために、気持ちに余裕がなく「大きく包む」ことも「存在を認める」ことも難しくなって、子どもの負の状態に疲れてしまい、「少し離れていたい」と思わずにはいられなかったのに違いありません。

(2)「受け止める」と「聴く」態度

さて、エピソード7「つば　しても　好き？」で、K先生が「うん分かった、このブロックが使いたかったんだね、欲しかったんだね」とAくんの気持ちを受け止めるとき、それは決して、うわべの「受け止める」や「受け止めたつもり」での「受け止める」ではありませんでした。その「大きく包む」態度や「存在を認める」態度に加えて、広い意味での「聴く」態度が働いていることにも注意したいと思います。

ここで「聴く」というのは、単に子どもの話すことを聞くということではなく、いまだ語られない子どもの内なる声に耳を傾けて聴く態度のことです。この態度は「大きく包む」態度や「存在を認める」態度と不即不離の関係にあります。そしてこの態度が「いつもすでに」働いているかどうかが重要なのだと言い換えてもよいかもしれません。

ここまでくれば、ここで議論している「受け止める」が、カウンセラーの「聴く」態度とほとんど重なることに気づくでしょう。というのも、カウンセリングにおける「傾聴的態度」とは、単に「ふんふんと聞く」ことではなく、さらにはクライエントの発言を単にオウム返しに反復することでもなく、まさにクライエントの気持ちに共感しながら、クライエントを「大きく包み」「存在を認め」、その上で、「いつもすでにクライエントのいまだ言葉にならない内なる声を聴こうと努める態度」に終始していることだからです。

エピソード7でなぞれば、つばをかけた次の瞬間にAくんがハッとして「しまった」という表情になったのをこの保育者がとらえ、その表情にAくんの「内なる声」を聴いたところこそ、この事態の展開の鍵を握る決定的な場面

でした。

「内心の怒りを抑えて」と書かれていますが、それが可能になったのは、すでにその表情をとらえたところで、Aくんの内なる声が保育者に届いていたからだといっても過言ではありません（その表情にAくんの内なる声を聴くことは、私が「間主観的に相手の気持ちをつかむ」と呼んできた事態であり、それはまた臨床にとっても欠かせない働きのはずですが、これについては最後の章で改めて取り上げることにします）。

ともあれ、先のエピソード場面ですでにこの意味での「聴く」態度が「存在を大きく包み」「存在を認める」態度と並んで働いていたことを確認しておきましょう。「受け止める」がうわべだけになったり、受け止めたつもりになってしまう人たちにとっては、これらの態度がなかなかとれないところが問題なのです。

第8節 「受け止める」から「伝える」へ

保育の研修の場で、「受け止める」ことが大事だと言うと、保育者の中には、ただ「受け止めればよいのだ」と表面的に理解し、保育の現場に戻ったときに、子どもがいけないことをしていてもそれに気づいていながら黙認し、それはそうしたいという子どもの思いを受け止めていたからだと理由づけする人がいます。それはたいていの場合、「受け止める」ということをここで述べたような意味で十分に理解していないからです。つまり、ここで述べた「大きく包む」「存在を認める」「聴く」という態度に裏打ちされないまま、ただ子どものしていることを黙認することでもって、あるいは子どもの気持ちに共感しないまま、受け止めたつもりの言葉を返すだけでもって、それが「受け止める」ことだと表面的に理解したつもりになっているからです。

そこで「まずは子どもの思いを受け止めて、それから保育者の願いや思いを伝えてほしい、それが育てることの基本のかたちです」と念を押しても、

今度は前半部を軽く考えて、単に「そうだね」とかたちばかりの「受け止める」で受け止めたつもりになり、後半部の「保育者の思いを伝えてよいのだ」という自分の都合のよいところだけを取り上げて、それまでの「これをさせて、あれをさせて」という「させる」保育に後戻りすることも稀ではありません。そのような事態に至るのも、「受け止める」の理解が浅いまま、やはり何かをさせて力をつけてという、昨今の文化の流れに引きずられてしまうからでしょう。それがまた「受け止めるだけで子どもを育てていけますか」という疑問の出所にも連なっています。その点で言えば、受け止めていることが子どもに分かるように「伝える」ことと、大人の願いを「伝える」こととを区別しておく必要があるのかもしれません。

　いずれにしても、子どもに受け止めていることが伝わるように「受け止め」、その上で大人の願いを「伝える」ことが、真の「育てる」働きです。「受け止める」だけでも子どもは育ちませんし、受け止めないままの「伝える」だけでも子どもは育ちません。

　先のエピソードはこの点をも例証しています。Ａくんの気持ちをしっかり受け止めた上で、「私はいやな気持ちになった」「あなたと話をしたかった」「友達に貸してと言ってほしい」とＫ先生が自分の気持ちを伝えるとき、「しまった」と思ったＡくんの中に、Ｋ先生の思いを受け止めようという態度が働き始めます。それが結局は、Ｔシャツの裾で先生の顔にかかったつばを拭き、奪い取った玩具を友達に返すことに結びつくのです。これはまさにＡくんの自発的な行為である点にも注意してほしいと思います。

第9節　「受け止める」が難しくなる理由

　「育てる」営みの基底をなす「受け止める」が、現在のわが国の文化環境の中で難しくなっているのは、多くの育てる人（養育者や保育者や教師）にとって、上記の態度がなかなかとれないからです。なぜそうなるのかを、こ

れまでの議論を振り返りながら考えてみましょう。

(1) 大人において「私は私」と「私は私たち」のバランスが崩れている

「主体」概念を再考したところでも触れたように、真の意味で主体的だと言えるのは、私の立場を押し立てる一面をもちながら、同時に相手を尊重する姿勢を失わないというように、「私は私」と自己主張する面と、相手を尊重して「私は私たちの一人」と思いなす面との両面を何とかバランスして生きようと努めるときです。

ところが、現在のわが国の文化状況においては、相手を顧みずに「私は私」の立場を押し出すことが主体的な生き方であるという錯覚が拡がってしまい、「共に生きる」姿勢を欠いた自分中心の大人を大量に輩出するようになってしまいました。要するに、「主体であることの二面性」を表すヤジロベエの図7（P.102）が、「私は私」の側に傾斜したまま、復元できなくなっているのです。その代表例がモンスター・ペアレントであることについては、すでに言及しました。

そのような文化環境の中で成人した人が子どもを育てる側に回るとき、子どもの思いを受け止めるよりも先に、自分の思いを一方的に伝え、自分の意図や都合に沿って子どもを動かそうとする姿勢を当然のようにとってしまいます。むずかるわが子を前に、その状態を受け止めきれずに「泣き止みなさい！」と怒鳴ったり、隣の部屋に置き去りにして耳を塞いでしまったりという子育て中の養育者に見られる行為や態度は、その典型でしょう。また先のエピソード11の保育者の余裕のない対応も、その部類に入るものです。

(2) 「与える」「させる」が育てることだという錯覚が生まれた

従来の発達の考えを批判的に吟味したところでも触れたように、能力発達の考えが浸透するなかで、力をつけることが育てることであるという錯覚が拡がり、そのために、「与える」「させる」が育てることの主要な中身だと勘違いされるようになったことも、「受け止める」働きが弱くなった理由だと

思います。今日の養育者や保育者に広く見られる自分の思い通りに子どもを動かそうとする態度や行為は、(1)の理由もありますが、同時に力をつけることが育てることだという錯覚も、その態度や行為を当然のものと思わせてしまう大きな要因です。そこに、競争原理の支配する文化環境が一役買っていることは言うまでもありません。

　もちろん、与えること、させることがなくてよいと言っているのではありません。ただ、受け止めることとのバランスを著しく欠いた、過剰な「与えること」「させること」が育てる営みに深く入り込んだために、結局は大人の思いが主になって、子どもの思いを無視したり、子どもの心の育ちに目が向かなくなったりする状況を生み、育てる営みを歪めてしまったということを指摘しているだけです。

(3)　問題解決という合理的なものの考え方が子育てに持ち込まれた

　子ども同士のトラブルなど、何らかの負の事態に直面したとき、誰が悪くて誰が良いかを判定し、悪いほうに謝らせるという問題解決型の発想が子どもを育てる場面に浸透したことも、子どもの思いを受け止めることが弱くなる理由の一端です。子どもが泣き止まないときに、子どもの負の気持ちをあるがままに受け止める前に、原因や理由があって泣いているのだろうから、その原因や理由を取り除けば「泣き止む」はずだと考えるのも、その合理的なものの考え方の端的な例です。

　実際、子どもの「夜泣き」で悩む養育者にとって、こうすれば夜泣きは解消できるというハウツーは、まさに飛びつきたくなる情報に違いありません。

　それに関して言えば、数年前、ＮＨＫの科学番組で、夜泣きをする乳児にある音を聞かせると夜泣きが止むという問題解決の方法を示すものがありました。私の記憶に正確でない部分もあるかもしれませんが、要するに、その音は何だろうという問いが立てられ、①胎児に聞こえているであろう母親の心音、②モーツァルトの音楽、③スーパーなどでくれるレジ袋を擦り合わせたときの音、の三択から参加者に選ばせるというのがその内容でした。正解

は③で、実際に夜泣きをしている乳児の傍で、レジ袋を擦り合わせてシャカシャカいう音を立てると、泣いていた乳児が一瞬、聞き耳をたてるかのような様子を示して泣き止むという姿が映像にありました。

　これなどは、負の事態の問題解決という発想の最たるものでしょう。そうしたハウツーがすべて間違っているというつもりはありませんが、その問題解決を強く求める姿勢が、子どもの思いを受け止めることに親の気持ちを向かわせなくなるところが問題です。先のNHKの番組も、負の状況に対する問題解決の発想を助長するだけのものであり、子どもを育てるとはどういう営みなのかという根本の問いを欠いた、いかにも底の浅い番組だったと言わねばなりません。その対極にあるのが、先に取り上げたエピソード10の「どうしたらいいんかなぁ」やエピソード12の「分かってる」なのです。

(4)　負の世代間連鎖が起こり始めている

　若い養育者や保育者が子どもの思いを受け止められない背景には、もうひとつ、自分たちが大人になる過程で、周囲の大人に十分に自分の思いを受け止めてもらえないまま大人の意向に従わせられてきた、という負の育ちの歴史の問題もあります。

　子育てには、関係発達という考えを紹介したところでも触れたように、育てられて育った子どもが大人になり、子どもを育てる側に回ったとき、自分が育てられたように育てるというように、世代間で循環する構図があります。本来それは、よい意味での循環であるはずですが、ある世代で育てる営みに歪みが生まれれば、その負の様相がそのまま世代間で循環しやすくなるのはある意味で当然です。

　もちろん、育てる営みは親と子のあいだにだけあるものではなく、そこに保育者をはじめ周囲からのさまざまな育てる営みが入り込む可能性がありますから、単純に親子間だけに負の連鎖が生まれるわけではありません。しかし保育者もまた、幼少の頃から自分の思いを十分に受け止めてもらえないまま、周囲からの過剰な「させる」働きかけのもとで、しかも合理的な問題解

決型の対応の下で育てられてきた人たちだとすれば、育てる営みに関与する大人たち全体にこの歪みが浸透し、結果的に、世代間で負の連鎖が生まれやすくなることは、現行の文化の可能性として十分にあり得ることです。

(5) 集団で子どもを保育する、教育することが定着した

「受け止める」という働きは、大人と子どもの一対一の関係の中で生まれるものです。ところが、明治以降のわが国の文化の中で（外国の文化でも同じですが）、子どもたちを年齢で輪切りにして集団として扱うようになると、どうしても子ども一人ひとりに目を向けることが難しくなり、まずは集団を動かそうという発想が保育者や教師に色濃くなります。「子ども一人ひとり」とは言いながら、いまやそれは建て前に過ぎなくなってしまい、「これだけの集団を動かしていくときに、どうして一人ひとりの思いをしっかり受け止められるだろうか」という考えが本音として保育者たちに抱え込まれてしまいます。

もちろん、集団の中でさまざまなことを経験することは、子どもの育ちに欠かせないものであり、子どもたちが集団を経験すること自体に問題があるわけではありません。しかし、「一人ひとり」が先で、「集団」が後にくるはずのところが逆転し、「集団」として動くことが先にきてしまうようになると、「一人ひとり」が立ち消えになるばかりでなく、結局は一人の子どもの思いを「受け止める」という部分が希薄になるのは避けられません。こうして集団を動かすための「させる」働きかけが横行することになるのです。これは「育てる」というよりも、「教育する」という考えが文化に浸透し、家庭教育、幼児教育が「何かをさせること」として語られるようになったこととも軌を一にしているでしょう。

次章ではこの「教育」の問題を考えるために、保育の世界に浸透している「養護」と「教育」の議論を取り上げてみたいと思います。

第6章

「養護」と「教育」
そして「学び」と「教え」

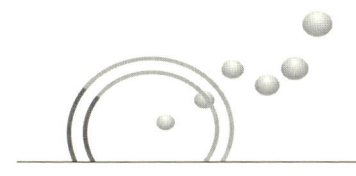

　いまでこそ、保育だ、幼児教育だ、あるいは保育園だ、幼稚園だ、認定子ども園だと、かまびすしい議論が重ねられていますが、人類の歴史に保育所や幼稚園が登場する以前を考えてみれば、子どもは周囲の大人によって育てられて育つという、ごく当たり前の事実が浮かび上がってきます。そこに立ち返って、もう一度「育てる」営みを振り返ってみることが急務ではないか、とうのが序章の議論でした。
　本章は、子育てや保育を念頭に置きながら、「育てる」営みが「養護」の働きと「教育」の働きの両面からなり、しかもその両面は相互に浸透し合って、分かちがたいという点に触れてみたいと思います。そこを十分に理解することが、現在の子育てや保育や教育に孕まれている歪みを是正することに繋がると思うからです。
　また、それに付随して、保幼小連携の議論を視野に置きながら、「学び」と「教え」の問題にも言及してみましょう。

第1節　養護の働き

(1) 子どもは大人に大事に思われ愛されてこそ、元気に生きていくことができる

　未熟な存在として誕生した子どもは、生きていくために大人の養育を必要不可欠としています。大人が養育を放棄すれば、子どもは当然ながら生きていくことができません。これは残念な虐待報道を待つまでもなく、誰が考えても行き着く当然の結論です。乳児院保育、児童養護施設保育はこの観点から生まれた福祉の営みですが、その際、そこで育つ子どもが必要としているものは、生命維持に必要な栄養摂取や清潔などの身体的ケアばかりではないことが、まずもって強調されなければなりません。

　第二次世界大戦後、WHOの肝煎りで行われた一連の施設児研究が示すように、誕生直後から、人間の子どもは周囲の大人から「愛される」ことを必要不可欠としている存在です。つまり、周囲の大人に「大事に思ってもらえる」「存在を喜んでもらえる」ことは、子どもが「自分は生きていてよいのだ」「自分は人に喜んでもらえる存在なのだ」と分かって、元気に自信をもって生きていくための必要不可欠の条件なのです。周囲から愛されることがなければ、子どもは元気をなくし、茫然として、暗い表情で世界を生きることを余儀なくされます。このことは、難しい家庭環境に育つ子どもが保育園の中で見せる暗い表情を見れば明らかです。

　「育てる」とは、ですから、決して身体的なケアに還元されるものではありません。むしろ「愛する」「大事に思う」というように、周囲にいる大人が子どもに対してその存在を喜び、その存在を肯定する思いをもつことが、「育てる」ことには必須です。子どもの側からみれば、自らの幸せは周囲にいる大人が「自分のことを大事に思ってくれる」その思いに絶対的に依存していると言っても過言ではありません。私のみるところ、これが「育てる」

ことにおける「養護」の面の本来の意味です。

「養護」という言葉は、保育の世界で多用される言葉です。従来は生命の維持と保護、主体である子どもの情緒の安定を図ること（泣いている子どもをなだめ、不安定な気持ちを支えること等々）が、子どもが幸せに生きるための基底的条件として最優先に考えられ、そのために「養護」といえば、どうしても衛生面、栄養面など、身体面のケアと身辺のお世話という意味に理解されがちでした。しかしながら、それに優るとも劣らないのが、心の面の「養護」です。これが前章での「受け止める」についての議論に通じていることは言うまでもありません。

(2) 子どもの存在を喜ぶ大人の思いの出所

たいていの養育者は生まれてきた子どもを可愛いと思い、まずはその誕生を喜び、慈しんで大事に育てようという構えをもちます。育てる営みの基底にある、子どもの存在を喜ぶ、大事に思うというこの姿勢は、いったいどこからくるのでしょうか。それらのことはあまりにも自明なことなので、なぜ？　と問われると、かえって戸惑いを覚えてしまうかもしれません。

しかし、長い人類の歴史を振り返れば、出産時、子どもも母親も互いに生死を分けるような危うさの最中におかれ、その危機を乗り越えた子どもの誕生は、まさに僥倖として迎えられたに違いありません。子どもの誕生という出来事は、ひと昔前まで、並大抵のことではなかったのです。そのことは、先にも引いた「母子共に無事、めでたし」という江戸時代の宗門改め帳の表現に滲み出ています。

計画的につくって計画的に育てる昨今とは違い、授かった子どもだから、危機を乗り越えるだけの僥倖に恵まれて生まれてきた子どもだから、だから大事に育てていこうという構えが自然に生まれ、それが子どもの存在を喜び、そのあるがままを受け止めようという姿勢におのずから繋がったのではなかったでしょうか。それゆえにまた、子どもという存在が自分の意のままにできる存在ではなく、その存在そのものがある意味で奇跡であり、喜びである

ということだったのではなかったでしょうか。

　ところが、科学が発達して医療的管理の下に安全に出産が営まれ、人々のあいだに合理的なものの考え方が定着していくと、上記のような考えは一掃されてしまいました。そのとき、子どもの存在そのものを喜び、子どもを一個の主体として受け止める姿勢もまた同時に弱まってしまったようにみえます。そして「育てる」営みもまた、合理性を追求する姿勢の中で、大人の計画通りに運ぶもの、という考えに道を譲っていったようにみえます。

　いずれにしても、「育てる」という営みをその根本に立ち返って考えてみると、まずもって「子どもを大事に思う」ことが、「育てる」営みの端緒であることに改めて思い至ります。

(3)　乳幼児期、学童期を通じて一貫して必要な「養護」の働き

　いま、保育所保育と幼稚園教育の異同を巡る議論のなかで、「保育所には養護の項目があるけれども、幼稚園には養護の項目がない」という議論が聞かれ、「0、1、2歳のクラスにはやはり養護の観点が不可欠です」というような議論が当然のようになされています。しかし、そのような議論は、「養護」の考えを未熟な子どもの身体的ケアに片寄せして理解してしまい、身体的なケアをどのように行うかの具体的な関わり方に議論が傾き、「子どものことを大事に思う」という育てる側の心の面の重要性を取り逃がしてしまっています。「3歳未満児は保育、3歳以上は幼児教育」というように、年齢で保育と教育を分割する議論に堕してしまうのもそのためでしょう。

　これに対して私は、乳幼児に限らず学童期に至っても、子どもが大人の養育を必要としているあいだ、子どもには「あなたが大事」という周囲の大人の思いが必要であり、そこから生まれる「あなたの思いを受け止める」ということが、大人の養護の働きとして重要であると考えます。つまり、少なくとも就学前は、乳児であろうと年長児であろうと、そして「保育」と呼ぼうと「幼児教育」と呼ぼうと、そこには上記の意味での養護の観点が一貫して必要であり、それが保幼小一貫を語る際の基盤にもなるはずなのです。

「育てる」営みの中に一貫してこの意味での養護の働きがあるということこそ、安易に「保育」という言葉を「幼児教育」という言葉で置き換えてはならない最大の理由であると、私は考えています。

(4) 子どもの思いを受け止めることが養護の概念の中心にくる

大人が子どもを育てるのは、子どもが将来、一個の主体としてこの世界を生きていく心と力を身につけてほしいからです。それが「育てる」ことの中核的な意味です。

その「育てる」という営みには二面あって、その一面は「子どもを一個の主体として受け止める」という対応、つまり、子どもの〝いま〟の思いを一個の主体が抱く思いとして受け止め尊重するという対応です。これまでみてきた、子どもの「存在を喜び」、子どもを「愛し」「大事に思う」ことは、この「受け止める」の端緒のかたちでもあります。

さて、すでに述べてきたことですが、周囲の大人に愛され、大事に思われて育てられる子どもは、いろいろな要求をもち、それを大人に訴えるようになります。それは、子どもがいまだ未熟で自分一人で自分の思いをかなえて生きていけないからです。子どもを育てる大人は、そのような未熟な子どもの訴えを「一個の主体の思い」として受け止めようとし、その上で、それをできるだけかなえる方向で対応しようとします。その背景には、これまで見てきた「子どもが大事」という思いがあります。要求に応え、むずかりをなだめ、子どもが機嫌よく、気持ちよく、自分らしく過ごせるように配慮しようとするというのも、子どもには子ども独自の思いがあるとみなし、子どもを小さいけれども一人の人間として尊重しようとするからこそです。そして運動面や認知面の力が次第に育ってきて、一個の主体として自ら進んでさまざまな行為を示すようになると、周りにいる大人は子どものそうしようとする前向きの気持ちを認めたり、支えたり、肯定的に映し返したりしながら、そうした行為を共に喜ぶようになります。

このように、子どもの思いを受け止めてなされる対応、つまり、前章でみ

た、受け止める、存在を認める、存在を大きく包む対応こそ、「一個の主体として受け止める」という営みの中身であり、それは広く「養護」という概念の下に包摂されるものと考えられなければなりません。

　子どもに次第に定着していくさまざまな能力の過半は、このような養護的な対応によって、子どもがまずもって安心感を抱き、自分に自信を持ち、周囲に信頼を向けるようになるというように、心が充実することを背景にしています。それらは、させられ、教え込まれて身につくものではないことを銘記しておく必要があります。

第2節　言葉の広い意味での教育の働き

　これまで「育てる」ことに含まれる養護の働きの面を議論してきましたが、「育てる」にはもう一つの面があります。

　成長する存在である子どもに対して、大人は身についてきた力を見極め、その都度の思いを受け止めながら、もう一歩「なる」に向かって進み出るように、大人の願う行為へと誘ったり、導いたり、あるいは大人の目から見て願わしくない行為に対しては、別の方向を提案してみたり、それを拒んだりというように、子どもの願わしい姿に向けた対応を振り向けます。これもまた「育てる」という営みに含まれてくる重要な一面です。というよりも、従来はそのように大人の思いに沿ってもっぱら働きかけることが「育てる」ことだと考えられてきたように思います。いずれにせよ、私はこれが養育や保育における教育の働きの面だと考えています。

　しかし、ここでの「教育」とは、いまみたように、環境を準備して子どもの出方を待ったり、「やってみない？」とゆるやかに誘ったり、「こうしてみようか」と別の提案をしたり、「それはいやだなぁ、やめてほしいなぁ」と思いを伝えたり、はっきり「それはいや」と拒んだりというように、大人の側の思いを伝えることを基調にした対応を意味しています。そこには、子ど

もの思いを受け止める対応を前提にしながら、それとは逆向きの、主体である大人の願いや思いを子どもに伝え、大人の期待する姿に向かって子どもが成長していくように促そうとする意図が働いています。

　ここで注意したいのは、「教育」という言葉にまつわりついている「させる」「与える」「教え込む」という大人の側の一方通行の働きかけではなく、常に子どもの主体としての思いを受け止めることと対になった、子どもの出方に配慮しながらの、誘い・導き・教え・伝える働きかけを「教育の働き」と呼んでいる点です。

　この広い意味での「教育」の働きについては、後段で「学びと教え」を取り上げる際に再度触れてみたいと思います。

第3節　「育てる」営みは養護の働きと教育の働きの両面からなる

　これまでの議論をまとめると、「育てる」という営みには子どもの主体としての思いを受け止める養護の働きと、主体である大人の思いや願いを伝える教育の働きとの双方向の動きが含まれ、しかも、この両者は逆向きのベクトルをもちながらも不即不離の関係にあると言えます。この二つの働きが「あちら立てればこちら立たず」の関係になりやすい点では、「育てる」営みそのものが両義的だと言ってもよいでしょう。

　つまり、子どものいまのあるがままを受け止め・認め・支えながら、しかしそのなかで、子どもが自らいまのあるがままを乗り越えていくのを期待し、時に大人の思いや願いを子どもに伝えていくというように、「育てる」営みは、その内部に逆行する動きを含んだまさに両義的な営みです。ですから、大人が正しいと思うことを一方的に子どもに振り向け、大人から見てよかれと思うことを次々に「させて」いくことは、決して本来の育てる営みではありません。

　再確認しておきましょう。「育てる」営みとは、子どもを小さくても一人

の人間として尊重し、大事に思い、一個の主体として受け止め、その訴えに耳を貸し、その振る舞いを愛で、認め、支え、しかし、大きくなるにつれ、大人がやってみせたり、誘ったり、拒んだり、促したりするかたちで、子どもが周囲の人のすることを学び取って成長していくように導く大人の子どもへの対応だということです。

育てる営みに含まれる両義的な二面、つまり、受け止め・認め・支える養護の働きの面と、誘い・導き・教え・伝える教育の働きの面の二面は、主体としての子どもが「私は私」と「私は私たち」の二面からなることにぴったり対応しています。受け止め・認め・支える養護の働きがなければ、子どもに自信や自己肯定感が育まれず、「私は私」の面が育ってきません。また誘い・導き・教え・伝える働きがなければ、周囲の人と共に生活する中で子どもに「私は私たち」の面が育ってこないでしょう。

つまり、「育てる」営みに両義的な二面が含まれるのは、子どもという主体そのものが両義的な存在だからにほかなりません。

第4節 「養護」や「教育」は領域概念なのか機能概念なのか

「新保育所保育指針」にはその冒頭で「保育所の特性は養護と教育を一体として行うところにある」と書いてあります。しかし、それは「保育所であるがゆえの特性」なのでしょうか？　この文言は確かに、保育所だ、幼稚園だ、認定子ども園だという保育の場の違いを意識して書かれているように見えます。しかし、そこに混乱を招く理由があるのです。本来、保育の場のかたちに関係なく、「保育というものの特性」あるいは「養育というものの特性」、より一般化すれば「育てるという営みそのものの特性」が「養護と教育を一体として行う」ことにあると理解すべきだというのが、これまでの私が主張してきたことでした。

現に、「新保育所保育指針」解説書では、「養護と教育が一体的に展開され

第6章 「養護」と「教育」そして「学び」と「教え」

るという意味は、保育士等が子どもを一個の主体として尊重し、その命を守り、情緒の安定を図りつつ、乳幼児期にふさわしい経験が積み重ねられていくように援助することです」と述べ、さらに、「保育には、子どもの現在のありのままを受け止め、その心の安定を図りながらきめ細かく対応していく養護的側面と、保育士等としての願いや保育の意図を伝えながら子どもの成長・発達を促し、導いていく教育的側面とがあり、この両義性を一体的に展開しながら子どもと共に生きるのが保育の場であるといえます」と述べています。これはまさにこれまで議論したこととぴったり重なります。そしてこの文言は保育所だから該当するのではなく、幼稚園や認定子ども園の保育にもぴったり当てはまるものなのです。

ところが、「新幼稚園教育要領」には「養護」という概念はどこにもなく、もっぱら「教育」という表現に終始しています。それはなぜでしょうか。これまで「育てる」という言葉のもとに議論してきた養護の働きの面と教育の働きの面を、すべて「教育」という概念に包摂できるものでしょうか。

これまで私は「させる」「与える」ことの過剰が本来の「育てる」営みを歪めたと述べてきました。視点を換えれば、受け止めることを忘れたまま、「教育」という言葉で「育てる」営み全体を覆うことができるかのように思いなしたことが問題だった、とも言えるでしょう。

「新保育所保育指針」では「保育内容」として「養護」の領域と「教育」の領域が示されるかたちになっています。つまり、養護の領域として心身の保全と情緒の安定という2領域が示され、「教育」の領域として「健康」「人間関係」など5領域が示されるという具合です。

「指針」に見られるこのような養護や教育という言葉の使い方は、従来からのものと何ら変わりがなく、私の考えや上記に引用した「新指針の解説書」の見解がむしろ従来とは異なると言わなければなりません。

では従来の考え方と私の考え方の異同はどこにあるのでしょうか。従来の「養護」や「教育」は、ちょうど学校教育の教科と同じように、指導すべき内容（領域）を指す言葉として使われています。これに対して、私や新指針

の解説書の立場は、これを保育者の子どもに関わるときの働き（機能）として理解しようとしています。そこに食い違いがあります。従来の「保育には養護があるが、幼稚園にはない」という理解は、養護と教育をいま見たような「領域」（大人の対応を振り向ける領域）を覆う概念としてとらえ、養護は２領域、教育は５領域と考えることに基づいています。そこから、「養護は保育所（園）にしかないけれども、保育所（園）でも教育をしている」という主張が導かれてきたのではないでしょうか。

これに対して私の主張点は、「保育園でも教育をしている」ところにあるのではなく、「幼稚園に養護の考え方がないのがおかしい」というところにあります。そして、養護は保育者の「受け止め・認め・支える」働きを覆う概念、教育は保育者の「伝え・誘い・導き・教える」働きを覆う概念と理解してこそ、「養護と教育を一体的に展開するのが保育」という意味が明らかになるのではないかと考えます。

第５節　「学ぶこと」と「教えること」

(1)　相互行為としての「学ぶー教える」関係

「学ぶ」というと、子どもが主語の位置に来て、何かを身につけようとする子どもの主体的、能動的な動きが前面に出、そこでの大人の対応や学びを誘う環境のありようが視野に入ってきにくい趣があります。これに対して、「教える」というと、大人が主語の位置に来て、大人の主導的な働きかけが前面に出、子どもはその働きかけを身に被り、大人に言われたことをするだけの受動的な存在のような印象を受けます。

しかしながら、この「学ぶ」と「教える」は本来、子どもと大人の「学ぶー教える」の関係として繋がっているはずで、その一方だけを切り離しては考えることのできないものです。そのことは、「教授ー学習過程」や「相互行為」というような関係論的な用語が教育の世界で使われてきたところにも

第6章 「養護」と「教育」そして「学び」と「教え」

うかがうことができます。

① 自ら「なる」と「なる」を導くとの関係

これまでの議論でいえば、「ある」と「なる」の関係の議論がここに関わってきます。「ある」を大人にしっかり受け止めてもらうなかで（大人の養護の働きの中で）、子どもには自信と意欲が生まれ、自ら「なる」に（つまり「学ぶ」に）向かおうとします。それに気づいた大人は、その「なる」に向かう力がさらに前に出るように、誘い、導き、教えるという教育の働きを子どもに振り向けます。そして、それによって自ら「なる」を手にした子どもは、その喜びや満足の中で、さらに次なる「なる」をめざすようになります。これが「子ども－大人」のあいだの「学ぶ－教える」の相互行為の中身であり、それが循環して子どもの「学び」が次々に生み出されていくのです。

「なる」を誘い出す大人の働きが「教える」に対応し、子ども自らが「なる」に向かおうとすることが「学ぶ」に対応しています。そしてこの「なる」を巡る子どもと大人の関係のありようが、広く「教育」の問題なのです。ここで、自ら「なる」に向かい、その「なる」を手にしたときの子どもの喜びや、それを共に喜ぶ大人の映し返しが、子どもの有能感や自尊感を導き、それが子どもの次の「なる」に向かう原動力になっていることを再度、確認しておきましょう。

② 「学び」に本来含まれる「喜び」や「有能感」が見失われたのはなぜか

しかしながら近年、「学ぶ－教える」の相互性＝関係性が分断され、大人主導の「させる」「与える」「教える」という教育的関与が子どもの学ぶ態勢と切り離して子どもに振り向けられるようになり、しかもその関与が過剰になる一方で、子どもの「ある」を「受け止める」大人の養護の働きの面が極端に弱くなってしまいました。そして「なる」ことを子ども自身が喜ぶことと、子どもが自ら有能感や自尊感を感じ取れるように映し返すはずの大人の対応が、なぜか「褒めて育てる」「褒めれば育つ」というふうに理解されて

しまいました。

　そのために大人は、自分の指示に従えば子どもを褒めるというかたちの対応が増え、それが子どもを育てるための正しい対応だと錯覚するようになりました。その結果、子どもはひたすら大人の意向に沿って、褒められることをすればよいというように受身にさせられ、大人は大人で、それが聞き分けのよい子どもの姿であると錯覚するようになり、このようにして、子ども自らが「なる」に向かおうとする本来の「学ぶ」力が弱まってしまったように見えます。その際、学びに本来伴われていたはずの喜びもいつのまにか見失われてしまい、学ぶとは嫌なことでも我慢して身に被ること、ひいては嫌々ながらすることというように、前向きの意味合いがすっかり薄れてしまいました。

　要するに、大人主導の一方的な教育の働きかけが強くなりすぎて、子どもの「ある」を受け止める養護の働きとのバランスが崩れると、子どもの主体的な学びの芽が摘まれてしまうということです。このことが今日のわが国における児童の学習意欲の低下、青年の自分への自信のなさにつながっていることは言うまでもありません。これは「学ぶ」ことも「教える」ことも本来の姿から逸脱してきたことを示唆しています。

　③「教える」に含まれる「教え込む」イメージ
　確かに、「教える」や「教育する」という言葉には、子どもの意向に関係なく、大人の教えたい内容を有無を言わさず子どもに教え込むというイメージがどうしてもつきまといます。「スパルタ教育」や「軍隊式教練」はそのイメージを強調したものでしょう。

　実際、子どもの年齢が上がって就学期になると、「教える」ことの中身に「有無を言わさず」という面が少なからず入り込んでくることは避けがたいところです。それは唱歌「スズメの学校の先生は、鞭を振り振り、チーパッパ」のイメージと重なります。そして教師が「これが分かる人」と問いを出し、子どもに「はーい」と返事をさせるという関係、つまり「指示や問いを

出し」「させる」教師と、それに従順に「従い」「応答する」子どもという上下関係のイメージも、それに合流するものでしょう。そして、教師の問いかけに応答しない子どもは、端的に、「困った子ども」のラベルを貼られていくことになります。現に、いわゆる「発達障碍」の子どもは、まさにこの「問い－応答」の学校教育の枠組みに馴染みにくいがゆえに、「問題のある子ども」と見られるのです。しかしながら、大人の強い一方通行の働きかけを通して何かを身につけることが「学び」の基本なのでしょうか。

これとは逆の「学び」のイメージを喚起するのが唱歌「メダカの学校」です。「誰が生徒か先生か、みんなでお遊戯しているよ」と歌われるところには、まさに「学ぶ」と「教える」が分断されない相互行為としての「教授－学習」がほのめかされ、さらに「学ぶ」ことが喜びでもあるという学びの本質の一端が示唆されているように見えます。もちろん、「メダカの学校」のイメージで「学ぶ－教える」のすべてを覆いつくすことができないのは明らかです。しかし、「スズメの学校」のイメージでそのすべてを覆いつくしてよいというわけではないでしょう。

(2)「学ぶ」から「教える」への世代間循環

手前味噌になりますが、これまで述べてきた私の関係発達論の観点は、この「学ぶ」と「教える」の相互性の問題に切り込むことを可能にします。子どもは、いまは子どもですが、未来の大人です。他方、大人はかつての子どもであり、成長の過程でさまざまな力を身につけ、それを蓄積してきて大人になった存在です。ということは、子どもは大人になるためにさまざまな力を身につけなければならない存在だということになります。また大人は、自分が身につけてきたものを子どもが身につけていくことができるように、子どもを導いていかねばならない存在だということになります。

これまでの議論でいえば、子どもの「ある」を尊重する大人の「受け止め」「認める」という養護の働きによって安心感と自信を得た子どもは、いまの「ある」を自ら踏み越え、自ら「なる」に向かおうとします。そして、その

「なる」の芽が伸びるように大人がうまく「誘い」「導き」「教える」という教育の働きによって、子どもはいろいろな経験を身につけ、不断に「ある」を更新して、さらに「なる」に向かい、こうして大人に徐々に近づいていくことができます。

そこでは、子どもの側の「学ぶ」と大人の側の「教える」が切り分けられないかたちで結びついています。しかもその際、子どもにとって大人は自分がこれから向かう目標、そうなりたいと思う存在として目の前におり、また大人はそのような存在として子どもの前に現前しているはずです。他方、大人についてみれば、自分もまた幼いときには周囲の大人を目標に成長してきたことに思い至り、そうすれば目の前の子どもは、かつて自分の歩んできた道のりをいま歩みつつあること、そういってよければ、目の前の子どもはかつての自分なのだと思いなすことができるはずです。

これは子どもから大人への同一化と、大人から子どもへの同一化という、同一化の相互性として述べてきたことです（P.37〜36参照）。私の主張する関係発達論からすれば、＜育てられる者＞から＜育てる者＞へという世代間循環のなかに、相互の同一化を挟んで、「学ぶ」と「教える」が埋め込まれているということであり、言い換えれば、「学ぶ―教える」という関係の基底には、＜学ぶ者＞から＜教える者＞への世代間循環の問題があるということになります。大人から子どもへ一方的に伝えられることのように見える「教える」営みは、少し視点をずらせば、時間の大きな流れの中で、＜学ぶ者＞から＜教える者＞への立場の転換の世代間循環にそれぞれの世代が身を投じるということなのです。

だとすれば、＜学ぶ者＞は一方的に学ぶのではなく、その学ぶことのうちに、既に未来の＜教える者＞になることの何かが懐胎されているはずであり、教えることのうちには過去に自分が学んできたことが密かに忍び込んでいるはずだということになります。

第6章 「養護」と「教育」そして「学び」と「教え」

(3) 大人になる道程で身につけねばならないもの
① 就学前の様相

　大人になる道程で、確かに子どもはいろいろなものを身につけて「なる」に向かわなければなりません。

　幼少の頃には、まず食事、衣服の着脱、洗面、歯磨き、など、一人の主体として生活することに欠かせない一群の行動を自律的に行えるようにならなければなりません（身辺自律）。次には、周囲の大人の話す言葉を理解し、周囲の大人の言葉をいつのまにか取り込んで、自分の意思を言葉で表現するすべを身につけなければなりません（言葉の獲得）。そして、家族での生活や集団生活を営む上に必要なルールや規範を身につけなければなりません（社会性の習得）。さらに自分が主体として受け止めてほしいように、自分も相手を主体として受け止め尊重する姿勢を身につけなければなりません（主体としての育ち）。

　これらが就学前に必要な「なる」の様相です。こうしたことが、「学ぶ－教える」の関係の中で実現されていくことになります。それがこの時期にどのように展開されていくかは、次節で詳しく見ることにしましょう。

② 就学後の様相

　次に、子どもが六歳を過ぎて義務教育の枠に入る頃から、「学ぶ－教える」に大きな変化が現れてきます。比喩的に言えば、「メダカの学校」風の「学び－教える」様相から、「スズメの学校」風の「学び－教える」の様相への変化といってもよいかもしれません。

　要するに、それまでのような目の前の大人や仲間に憧れて同一化を向け、憧れの対象を自然に取り込むかたちで緩やかに進んできた学びから、「決められたことを習得すること」としての学びへの転換です。それは古くは「読み、書き、ソロバン」と言い習わされてきたこと、例えば、掛け算九九や漢字の書き取り、加減乗除の計算や国語の教科書読みのような、反復練習を基礎に据えた、大人文化の基底をかたちづくる知識群の習得を中心とした、大

人の教育システムへ子どもが馴化することとしての、学びです。

いま私は「大人文化の基底をかたちづくるもの」と述べましたが、本来それは、一個の主体として当該社会の文化生活を営む上に必要不可欠な知的能力としてあるはずのものです。新聞や書物を読み、自分の考えを綴り、メディアから流れる情報を理解する力、日々の暮らしの中で、買い物をしたり金融機関を利用したりするのに必要な簡単な計算ができる力、周囲の人と社会生活を営むのに必要な社会的な力……等々。それらは私たち大人が義務教育を通して、また社会生活を営む中で身につけてきたものです。

そのような力をいかに義務教育という枠組みの中で子どもたちに習得させていくか、それを子どもがいかに学ぶかが、世代間の文化伝達としての教育の営みだということになります。そこには確かに「有無を言わさぬ」面もありますが、しかし、それが子どもに大人の圧力でさせられると受け取られないように、子ども自らが学びたいと思ってするようにもっていくのが、本来の教育の営みだったはずです。

この学校教育の問題点は後に詳しく論じることにして、次節では就学前の「学び」を中心に議論してみたいと思います。

第6節　就学前の学び＝周囲の人と共に生きる中での「学び」

「学び」というと、すぐに何かを「教える」「学ばせる」というように、大人主導の堅苦しい枠の中で考えてしまう傾向にあります。しかし、発達初期の子どもと養育者の「育てる－育てられる」という関係の中に生まれる学びや、幼い子ども同士の関わり合いの中に生まれる学びを考えてみると、そのような堅苦しい枠組みは却って不自然に見えます。というのも、乳幼児たちは周囲の人のすることに魅了され、そこに引き込まれるなかで、自ら「まねぶ」（真似て取り込む）かたちでいろいろな振る舞いを身につけていくからです。その「まねぶ」姿に見られる、「自ら」「自発的に」「魅了される」と

第6章 「養護」と「教育」そして「学び」と「教え」

いう様相にこそ、学びの本来の姿、あるいは少なくとも学びの基底の姿があるのではないでしょうか。

(1) 「まねぶ」こととしての学び

　人間の生涯にわたる学びの多くは、周囲の人と共に生きるなかで、周囲の人のすることを「まねぶ」（真似て取り入れる）かたちで生まれるものです（周知のように、「学ぶ」は日本語古語の「まねぶ」から派生したと言われています）。食事、衣服の着脱、排泄などの身辺自律のための学びはもちろん、言葉の学びも、友達との遊びの中でのルールの学びも、あるいは集団規範の学びも、さらには長じた後の生活の糧を得るための学びも、子産みや子育ての学びも同様です。そうした学びの中のかなりのものは、世代から世代へと伝達されます。それは子どもと大人が共に生活する上に欠かせないものだからに違いありません。

　周囲の人と共に生きるなかに生まれるこうした学びは、基本的には紙に書かれたテキストを必要としません。なぜなら、その学びのテキストは、学ぶ主体である子どもにとって、周囲の人たちの生き様そのものだからであり、またその学びの成果は記憶を測るテスト得点で評価できるものではなく、遂行行為（実践）そのものだからです。

　誕生した子どもは周囲の人たちに取り囲まれ、生活を共にします。その子どもが成長の過程で学びを通して身につけていくものは、周囲の人たちが既にその生き様を通して体現しているものです。子どもからみれば、周囲にいる人はみな、これから自分が向かうべき姿、いわばモデルを示しています。ですから、そこでの学びはいかに周囲の人がすることを自分もするようになるかというかたちで生まれます。排泄も食事も衣服の着脱も、周囲の人がそのようにしているからそれを学び取るのです。子どもの学びの目標は、共に生きる人たちの振る舞いそのものですが、周囲の人たちの振る舞いは当該社会の文化に規定された面がありますから、子どもの学びは初めから社会文化的なものだと言っても構いません。

(2) 原初の「学ぶ」かたち

　前項でみたように、「まねぶ」を基本とする発達初期の学びの特徴は、周囲の人のすることを子どもがじっと見ていると、いつのまにかそれをその子がするようになるというところにあります。その「じっと」と「いつのまにか」というところが肝心なところで、大人の側の「学ばせる」意図に主導権があるのではなく、目の前の人のすることにいつのまにか興味が惹かれてしまう子どもの側にあくまで主導権があります。ですから、育てる側からすれば、子どもが興味をもって「じっと」見つめるようになるための背景的条件を整えることが問われることになります。「まねぶ」こととしての学びは、大人の側が何かを「させる」ことで子どもに願わしい行動パターンを形成しようとするものではないことを確認しておきましょう。

(3) 同一化のメカニズム

　保育の場で1歳過ぎの子どもを見ていると、いかにこの頃の子どもが周囲の子どもや保育士のすることを真似て取り入れるものであるかを強く印象づけられます。

　ある保育の場では、1歳前後の数人の子どもを前に、「朝の挨拶の時間」と称して、保育士が一人の子どもの名前を呼び、保育士自身、「ハーイ」と声を出しながら笑顔で右手を挙げるという働きかけをしていました。

　子どもたちはみな、名前を呼んでは当の子どもと目を合わせ笑顔で手を挙げる保育士の動きをじっと食い入るように見つめています。何日かするうちに、月齢の高い子どもの中に自分の名前を呼ばれると「アー」と声を出して笑顔と共に手を挙げる子どもが出てきます。それを周りにいる子どもたちがまたじっと見ています。一週間ほどするうちに、保育士が誰かの名前を呼んで手を挙げると、自分の名前でなくても何人かの子どもは笑顔で手を挙げるようになり、そうこうしているうちに、自分の名前を呼ばれたときにだけ、「アイ」といって笑顔で手を挙げる子どもが出てきます……。これはまさに「メダカの学校」の様相です。

これに類する場面は、保育の場には枚挙のいとまがないほど頻繁に見られます。もう少し年齢が上がると、年長の子どものする竹馬がやりたくて、うまく乗り回す年長の子どもに憧れ、長い時間、食い入るようにその様子を見つめ続けている年中の子どもの姿があります。それが即座に「まねぶ」というかたちをとることはまずありませんが、しかし翌年、自分が年長になったときに、自分も去年の年長さんのようにするのだという思いで竹馬に取り組む姿の中に、乳児とは少し形を変えた「まねぶ」姿を見ることができます。

　このようにして、大人の所作や仲間の所作が取り込まれていくようになるのですが、そこで見逃せないのは、その取り込みは「させられて」ではなく、「自分から」あるいは「おのずから」のものであり、年齢が上がるにつれ、それを自分もしてみたい、それができるのが嬉しい・誇らしいという子どもの憧れや喜びや自尊感と深く結びついて現れるという点です。

　相手のすることがモデルになって取り込まれているのはその通りですが、その取り込む手前の、相手を「じっと見る」ところが、乳児の例でも竹馬の例でも実に印象深いところです。「眼力」とでも言えばよいでしょうか、とにかくじっと見る目に凄まじい力があります。相手の所作に惹き付けられ、まさに魅せられている感じです。

　その「じっと見る」経験が繰り返されるなかで、先の「ハーイ」と返事をする乳児の例でいえば、いつしか保育士の所作（手を挙げる）が自分の身体の所作（手を挙げる）に成り代わります。なぜ相手の所作が自分の身体に具現するのかはいまだ謎めいていますが、ワロンが「体位の受胎」と呼んだもの、あるいはメルロ・ポンティがフッサールを参照しながら「志向の越境」と呼んだものは、その間の事情を言い当てようとしたものです。

　行為の部分だけ取り出せば、それは「模倣」という概念で理解できそうですが、子どもの様子に着目すると、「惹き付けられている」「魅せられている」というところが肝心で、それは相手への「同一化」という表現のほうがふさわしいように思われます。

　発達初期の学びの基本は、いま見たように、自分を育ててくれる人、自分

とほぼ同年齢や年長の仲間、あるいは自分より一歩先んじて生涯過程を生きつつある人たちへの同一化が基盤になっています。言い換えれば、それは自分を育ててくれる人への信頼と自分への自信を基盤にして、また互いの身体の類的同型性を暗黙の背景として、相手と自分の境界が溶け出し、相手に起こっていることがいつのまにか自分に起こるようになるという魔術的な事態であり（乳児の場合）、あるいは周囲の人への憧れと尊敬の感情を媒介にしたものだと言えます（幼児期以降）。

ここでの「まねぶ」こととしての学びは、教え込みや反復練習をさせることによる学習とはまったく異なることを強調しておかねばなりません。多くの技能の習得が先人の行為を「見て盗む」ことと言われ、決して先人が教えるのではないと言われてきたことが、これまでの議論に当てはまります。

(4) 学びの基底

就学前のこの学びは、目の前の人への同一化と憧れに触発されて生まれ、自ら「なる」ことへの喜びを伴っていることを再度確認しておきましょう。これが学びの基底を成しています。それはまた、身・知・心、つまり身体面、知恵の面、心の面が一体となって成り立つものであり、決して知恵の面だけに限局されたものでないことにも注意しましょう。この学びの土台があってこそ、その上に就学後のさまざまな学びが成り立ち得るのです。

就学前のこの学びを軽視し、「有無を言わさぬ」かたちで教え込むことを目論む早期教育の動向は、学びの土台を欠いた、危うい砂上の楼閣を築く試みなのだということも指摘しておかねばなりません。

第7節　就学を挟んだ「学ぶ」ことの転換

就学前から就学後にかけて、子どもの学びは大きく転換することについては先に少し触れました。それまでのような、目の前の大人や仲間に憧れて同

第6章 「養護」と「教育」そして「学び」と「教え」

一化を向け、憧れの対象を自然に取り込むかたちで緩やかに進んできた学びから、「決められたことを習得すること」としての学びへの転換、つまり、掛け算九九や漢字の書き取り、加減乗除の計算や国語の教科書読みのような、反復練習を基礎に据えた、大人文化の基底をかたちづくる知識群の習得を中心とした学びへの転換です。

就学前の「学ぶ−教える」の関係は、子どもの能動的な自ら学ぶ（「なる」に向かう）気持ちの動き、つまり子ども自身の興味・関心の広がりに基礎を置いたものであり、それゆえ大人の「教える」対応も、その「なる」の芽が伸びるように緩やかに誘い・導き・教える対応で十分でした。

これに対して、就学後の「学ぶ−教える」の関係は、教師の側に強い教える構えがあって、子どもはひたすら従順に大人の教える内容を学び、それを習得することへと押し立てられます。就学前にあった「学ぶ−教える」の相互性はいつしか崩れがちになり、大人は一方的に教え、子どもは一方的に教えられたものを習得するという、一方通行の関係が目立ってきます。つまり、明確に教育課程としてカリキュラム化されたものを教師は教え、子どもは教えられたものを習得するという「上から下へ」の構図の強い「教え−教えられる」関係が際立ってきます。就学前の学びが「メダカの学校」のイメージに近いものとすれば、就学後の学びは「スズメの学校」のイメージに近いものになってくるのです。

その転換はまた、五感の動きに基礎を置いた感覚運動的な能力の定着に主眼のあった就学前の学びに対して、むしろ知的能力、特に記憶する力に大きなウエイトが置かれた、「正解」がはっきりしたものの習得（つまり教科書の学び）への転換でもあります。

もちろん、その転換に際しても、子どもの興味・関心が拡がり、学ぶ意欲が湧くように、また、その一方通行の関係が可能な限り硬い「させる−させられる」関係にならないように、教師の側には子ども一人ひとりとの気持ちの交流を図る努力が求められることは言うまでもありません。教師側のその姿勢は、これまでの議論でいえば、子ども一人ひとりの思いを受け止める「養

護」の働きに通じています。ところが、近年、教師のこの姿勢が著しく弱くなり、その結果、一方通行の硬い関係が前面に出るようになってしまいました。このことが、子どもの学ぶ意欲の低下に大きな役割をはたしているようにみえます。

　社会や文化が複雑かつ高度化すれば、カリキュラムの中身も複雑多岐にわたることになり、習得すべきものが増大して、就学期間が長期に及ぶことはある意味で必然です。そして、そこに「有無を言わさず」の面が入り込むのは確かに避けがたいところがあります。しかし、そうだとしても、知的達成の程度の問題はともかく、子どもから学ぶ意欲を引き出すことができないようでは、その教育は端的に失敗していると言わざるを得ません。

第8節　今日の学校教育の問題を考えるために

　今日の学校教育が孕む問題点は複雑多岐にわたるので、それをここで詳細に論じることはできませんし、私にその力量はありません。しかし、これまで述べてきたことを踏まえれば、そこにどういう問題点が孕まれているかを大まかに指摘してみることはできます。

（1）　就学前早期教育を求める動向は、真に「子どものため」なのか

　これまでの議論は、就学前後で「学ぶ－教える」に大きな転換があるというものでした。そこで私が考えていたのは、学びの基礎は、就学前の「学ぶ－教える」の相互的関係のなかで、言い換えれば、「養護」の働きと「教育」の働きが一体となった保育のなかで、子ども自身の五感の動きに根ざし、子どもの学ぶ喜びを動力源にその基礎が培われるというものでした。自ら学ぶこと、自ら「なる」ことの喜びが、周囲の大人の肯定的な映し返しと相まって、子どもに自信や自己肯定感を育み、それがさらなる学びを呼び込みます。これが学びの基礎であり、土台なのです。

就学後の学びは、確かにそれまでの学びとは異なって、「有無を言わせぬ」かたちで進められる面があります。しかし、それにもかかわらず、この就学前の学びの基礎や土台があれば、そして「学ぶ－教える」の相互性が教える側に十分に踏まえられているならば（一方通行の教え込みにならない配慮がなされていれば）、その上に新たな学びの建物を築いていくことは十分に可能です。

　しかしながら、就学前から就学後への学び転換をわきまえず、「就学前後の連続性」を主張して、就学後の教育内容を前倒ししようという就学前早期教育を求める声が大きくなっているようにみえます。その背景に「発達促進」の考えがあり、それが「させる」保育を助長し、「頑張らせて褒めて育てる」保育を助長してきたことについては、既に繰り返し述べてきたところです。

　この動向は、就学前の学びが本来もっているはずの「子ども自身の学びの喜び」に目を向けることを忘れ、ひたすら「知的達成を大人が喜ぶ」構図のなかで考えられています。それはしかし、学びの基礎や土台となるものを突き崩し、学校教育をまさに砂上の楼閣とする動きなのではないでしょうか。

　「学校適応を促進するために」「教育の緩やかな連続性を保障するために」と、論者の意見はまことしやかですが、その考えの過半は保護者の不安につけ込んだ、あるいは「スズメの学校」の古めかしい教育イメージのまま、教え込み教育こそ真の教育だという思い込みの上に組み立てられたものに過ぎません。

　こうした早期教育論があるべき保育のかたちを壊す動きに繋がり、ひいては家庭の子育てさえも壊す動きに繋がって、子どもの主体としての育ちを危うくしているのです。

(2)　「人を育てる」という根本目標が今の学校教育には欠けている

　「子どもから大人へ」という発達の枠組みの下では、知的能力の完成が教育の目標になるのはある意味で自然かもしれません。しかし、「＜育てられる者＞から＜育てる者＞へ」と発達のイメージをずらし、長期に及ぶ学校教

育は「未来の＜育てる者＞を育てる」のがその本来の目標であると考えるならば、いまの知育に偏ったカリキュラム編成の問題点は明らかです。〝知育偏重〟と言われながら、「子ども一人ひとりを一個の主体として育てる」「人としての心を育てる」ことを教育の根本に据え、それをカリキュラムに反映させるような動きは一向に見られません。確かに「心の教育」は語られていますが、しかしそれは偏狭な「道徳教育」の「お説教」の域を出るものではありません。真の心の教育には、これまで見てきたように、教師の側に子どもの思いを「受け止める」という「養護」の働きが欠かせないのに、そのことが「心の教育」ではほとんど顧みられていないのです。

一人の子どもが「私は私」と言える心と、「私は私たち」と言える心を両方ともっもって、しかもそれをバランスして生きることができるようになることこそ、一個の主体としての育ちですが、それは保育の目標であるばかりでなく、教育の基本的な目標でもあるはずです。そう考えてはじめて、就学前と就学後の連続性が見えてきます。心の育ちの土台があれば（「学ぶ－教える」の相互性があれば）、「有無を言わさぬ教育」の内容にも子どもたちはついていくことができるのです。

翻って考えれば、「カリキュラム精選」と言われながらそれが実現されないのは、専門学者が自分の研究領域を守る見地から「必要なカリキュラム」を主張し、結局はその綱引きに終わっているからです。そのことが人が生きる上に必要な心の育ちをカリキュラムに盛り込むことができない大きな理由ではないでしょうか。

（3）　子どもたちの学習意欲の低下と青年たちの自信のなさという問題

養護の働きを欠いた有無を言わさぬ「教え込み」教育では、子どもの学ぶ意欲を引き出すことはできません。それはわが国の子どもたちの学習意欲が世界最低の事実に明らかです。そして知識習得の結果だけで子どもを評価するという現在の教育評価の枠組みでは、わが国の青年たちにみられるように、自分に自信をもてず、自分を肯定できない青年を多数輩出してしまうことも

明らかです。

　しかしながら、だからといって、教育は子どもが興味をもつことだけに限定することもできません。子どもが大人になっていくのに必要な基礎・基本を教える教育には、「有無を言わさず」という面がどうしても含まれてくるからです。

　教え込めば興味や意欲を削ぎ、しかし、教え込まずには必要な学びを実現できない。この二律背反をどのように調和できるかは、学校教育の難問中の難問です。これまでの議論を踏まえれば、それにはまず、「学ぶ−教える」の相互性の認識に立ち返り、学ぶことの楽しさ（これには学ぶ内容ばかりでなく、学びを導く教師との気持ちの交流も関わってきます）をバネに、子どもが興味・関心・意欲を膨らますことができるように、教える側に多くの工夫が求められます。さらに、評価の枠組みを大きく変えて、知的達成度（偏差値）のみならず、主体としての心の育ちをも評価する枠組みをもち、子ども一人ひとりを個性ある人間として受け止めて育てる姿勢を教育する側が堅持する必要もあります。

(4)　総合的学習はなぜ頓挫したのか：教師の力量の問題

　私は「総合的学習」に従来の教科書暗記型の教育を打破する大きな可能性をみていました。というのも、その試みこそ、先の二律背反、つまり一方で、いかに子どもが自ら興味や意欲を持って学習に取り組むか、他方で、その学習の中にいかに「有無を言わさず」の面を含みこむことができるか、という学校教育に含まれる二律背反の問題に真正面から取り組む試みにみえたからです。

　「総合的学習」は現時点で消滅したわけではないので、これを「頓挫した」と過去形で書くのは問題ですが、それへの期待が半ば挫折したのは明らかです。これが頓挫したのは、「ゆとり教育」の故ではないと思います。ひとえに教師の力量不足と学習時間の配分の問題のためです。総合的学習には、それを指導する教師の側に大きな指導力、つまり、子どもの興味や意欲を引き

出せるように授業を工夫し、授業の展開過程で子ども一人ひとりの取り組みを見極め、適切に映し返し、子ども自身がその学習から手応えを得られるところまで付き合うという、並々ならぬ力量が求められます。また他の学習の時間との配分に関して、抜本的な見直しを必要とします。

〝教師の力量不足〟という言い方をしましたが、その背景には、①偏差値を輪切りにして教員養成大学や学部に送り込むいまの受験体制の問題、②教師をめざす人たちが「教え込み」教育を受けるなかで、学ぶ楽しさを真に実感できていないという教師自身の育ちの問題、③教員養成のカリキュラムに、子どもを主体として育てるという明確な教育内容が含まれていないという、教員養成のあり方の問題、④保護者の高学歴化を背景にした、保護者による教師へのバッシングの風潮によって、教師が著しく自信を失っているという現代社会文化の問題等々の複雑極まりない問題が折り重なっています。それに教師のすべてが力量不足だというわけでもありません。

現に、一部の力量のある（感性豊かで創造性に富んだ）教師は、素晴らしい総合的学習の実践を展開しています。その授業を見学した際、私はまさに膝を打って「これだ！　これこそ、本来の教育のあり方だ！」と思ったものでした。その創造性豊かな教育を「総合的学習」と銘打つかどうかはともかく、一部の力量ある教師は、先の二律背反を意識してとは言わないまでも、自らの授業をそのような方向で展開しようとしてきていたのです。

しかし残念なことに、そのように授業を展開できる教師は少なく、多くの教師はもっぱら教材研究に傾くか、指導マニュアルを追い求めることに傾き、「決められたことをする」だけの、黒衣のような存在に自らを貶めてきたように見えます。それが「総合的学習」が十分な展開をみなかった最大の理由だったと私は考えています。

(5)　年齢ごとの学年進行と「個人差」の問題

最後に、「学年」という括りが学校教育の本質的な問題点であることの議論が乏しいのも気がかりです。４月２日生まれの子どもから、翌年の４月１

第6章 「養護」と「教育」そして「学び」と「教え」

日生まれまでの子どもたちを一つの学年に括るというのは、あくまで制度上の問題です。しかし、その学年という括りの中には、大きな個人差が含まれてきます。しかもその個人差には、知的能力の個人差ばかりでなく、特に低学年の頃には、誕生月の違いも影響してきます。

にもかかわらず、学年ごとに輪切りにされた現実の中で、所与のカリキュラムがどの子どもにも同じように課せられ、同じテンポで授業が進められていくのです。一部の子どもたちにとっては、授業の中身は容易に理解できるだけでなく、その子どもの力からすれば簡単すぎてつまらないと思われ、他のもっと興味を惹くことに向かいたい気持ちが湧くでしょう。これに対して一部の子どもにとっては、それでも授業の進度は速すぎ、なかなか理解するのが難しく、十分に理解できないままに、自動的に次の学年に進むことになります（もちろんそこに、子どもの心の育ちの問題や、家庭生活のありようの問題も絡んできます）。

教師にしてみれば、子どもの授業を受ける構えや授業の理解力に大きな個人差があることが分かりながらも、決められたテンポでカリキュラムを進めるしかなく、「つまらないと思う子」や「分からないと思う子」を尻目に、最大公約数的な子どもを視野に授業を進めざるを得ません。理解の進度の速い子どもには「飛び級」のようなことが考えられていますが、「分からないと思う子」への対応は十分でなく、「落ちこぼしてはならない」ことばかりが主張されます。「飛び級」が許されるなら、「遅れ級」が許されてもよいはずです。一人ひとりの理解の進度に合わせて、つまり子ども一人ひとりの教育的ニーズに合わせて教育するのが教育の本来の形であると考えれば、そのように考えて何の不思議もありません。

ところが、「落ちこぼしてはならない」という暗黙の了解（共同主観的合意？）の下に、理解が十分届いていない子どもをもそのまま進級させてしまっています。その結果、「分からない」状態を引きずったまま、さらにその上に「分からないこと」が堆積し、次第に学校嫌いが生まれていくのです。

ここにも、一人の子どもを一人の人間として育てるという基本的な考えが

十分に踏まえられないまま、単に所与のカリキュラムに合わせるかたちの現行教育の問題点が浮き彫りになります。いま、大学によっては、大学に入ってから中学生の頃からの学び直しが実際に行われているという現実があります。それを直視するなら、単に学年で輪切りにして、どの子どもも１年ごとに進級させるという学校制度でよいのかどうか、親の面子はともかく、それが本当に子どものためなのかどうかが改めて問われなければなりません。

　制度をどのように改めればよいか、名案が直ちにあるわけではありません。そこにはカリキュラムの中身の問題、精選の問題、主体としての心を育てることの問題などが全部絡んでくるからです。しかし少なくとも、いまの学校教育の学年単位の考えには、子ども一人ひとりの発達の進度とその個人差という大きな問題がまつわりついていること、この認識だけはしっかりもっていなければならないのではないでしょうか。

(6)　いわゆる「小１プロブレム」について

　いま、ちまたでは「小１プロブレム」がしばしば話題に上ります。これがどのような文脈で議論されているかを整理してみましょう。

①　早期教育論の立場で

　この立場の人は、小１プロブレムは就学する子どもたちに学校教育への準備が整っていないから（保育の場と学校の場のあいだに段差があるから）起こるのだと主張して、最低限、①45分間椅子に座っておれるように、②先生の目を見て話が聴けるように、③自分の名前ぐらいは漢字で書けるようにして子どもたちを学校に送り込むべきだ、と主張します。

　保育関係者の中でも、「させる」保育、「保護者の歓心を買う」保育をめざしてきた人たちは、こうした人々の言説を盾に取ったり、隠れ蓑にしたりして、自分たちの現在の保育者主導の保育を肯定しようと努め、結果的にこうした言説に加担することになります。

　要するに、早期からたくさんのことをさせて、学校教育の準備となる力を

つけ、それによって、保育所保育・幼稚園教育と学校教育との連続性を図ることが、小1プロブレムを引き起こさないために必要だというわけです。義務教育の前倒しの議論にも通じるこの主張は、知育の面に重心をおいて考え、知育の連続性の観点からこの小1プロブレムをことさら煽っているようにも見えます。

② 家庭教育を問題視する立場で

他方、家庭教育の重要性を説く流れで、小1プロブレムを取り上げる人たちもいます。つまり、家庭の保護者が十分なしつけをしないまま、子どもを自分の思い通りに振り回すか、子どもの言いなりになるかの両極にブレることが多く（それは保護者間のブレであると同時に、同一の保護者の内部におけるブレでもあるでしょう）、その結果、わがまま一方で周囲を顧みない、自分の好きなことしかしない、すぐにすねて簡単にキレる、大人の言うことを聴けない、という状態がしばしば生まれ、それが学校不適応につながるのだと主張します。

③ 学校現場の立場で

学校現場はどうかというと、小学校にやってくる子どもがどういう保育を受け、どのような集団生活を送って学校にくるようになるかという、保育の実態も、子どもの育ちの実態もほとんど知らないという残念な現実があります。また子どもの思いを受け止め、その子の心を育てるという「養護」の働きがほとんど理解されないまま、ひたすら「させる」枠組みに子どもをはめ込んで、カリキュラムの内容を教え込み、テストで測ることのできる力をつけることが教育であるという狭量な考えに縛られている教師が実に多いといわなければなりません。

そのような教師はまた、現行の学校教育の枠組みに従順に収まろうとしない子どもを必要以上に問題視するところがあります。つまり、それらの教師は、小1プロブレムはみな子どもの育ちが十分でないから起こることだとし

てしまって、①の早期教育論者の考えに安易に与(くみ)し、学校の体制の問題や教師の子どもに接する力量の問題を問題視することがほとんどないという残念な現実があります。

④ 学びの転換にはある程度の混乱はつきものであるという立場で

いずれにしても、授業が成り立たないほどクラスの中が荒れているという、いわゆる小1プロブレムは、はたして子どもの側に授業についていくための力がついていないから起こることなのか。あるいは、集団生活に必要なルールを身につけていないから起こることなのか。あるいは、わがまま勝手に育てられているから起こることなのか。問題が起こった場面だけ取り上げれば、そのどれもが当たっているようにみえます。

しかし、これまでの議論を踏まえて考えれば、就学直後は「メダカの学校」から「スズメの学校」への転換の問題が多かれ少なかれ孕まれていて、そこにあるギャップから何らかの「混乱」が生じるのはある点では避けがたいと言わねばなりません。しかしその「混乱」が、はたして「授業が成り立たない」と言われているほどのものなのかどうか。また、そのようにして生じる「混乱」は、生じてはならない性質のものなのかどうか。むしろそのギャップから生まれる「混乱」を、子どもと教師の「学ぶ－教える」の相互的関係の中で埋め合わせていくのが、本来の小学校1年生の教育なのではないでしょうか。

そのギャップを埋めていくのに欠かせないのが、やはり学ぶことの喜びです。保育の時代に夢中になって遊び、遊ぶことの楽しさをたっぷり身につけ、また自分の存在を認めてもらった自信を梃子(てこ)に、さまざまなものに興味を拡げ、それに意欲的に取り組んできた経験の蓄積が子どもの側には欠かせません。就学前に必要なのは、あれこれのさせられて身につける力ではなく、まさに自分への自信と周囲への興味・関心から生まれた遊びと学びの力であり、それに伴われる喜びです。

学校での初めての学びは、そうした保育時代の遊びと学びの喜びを基礎に、

教師が子どもの意欲や学ぶ喜びを共に分かち合いながら、その喜びを梃子に次第に「メダカの学校」から「スズメの学校」へと緩やかに転換していく過程に位置づけられるものだと思います。小学校では最も幼い子どもたちであっても、保育の場では年長児として扱われ、年長児としてのプライドをもっている子どもたちです。そのプライドを傷つけないように、何もできない子どもと見るのではなく、これから希望をもっていろいろなことを身につけていこうとしている主体として尊重する姿勢が、まずもって教師には必要です。

そして「有無を言わせぬ」学びに向かわせる局面にあっても、メダカの学校の喜びが常に土台として息づくような「教える」営みでなければなりません。教育がそのようなかたちで展開されていないことが、小1プロブレムの本当の問題なのではないでしょうか。

第 7 章

特別支援教育の理念と障碍の問題を考える

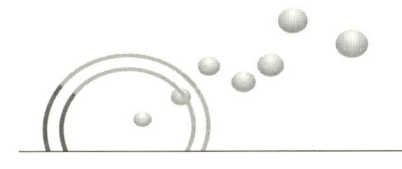

障碍のある子どもが「育てられて育つ」ことにどのような難しさがあるのでしょうか。本章では、特殊教育から特別支援教育への教育改革と、障碍のある子どもの「育てられて育つ」姿を視野に入れて、前章までの議論をなぞり、併せて「障碍」の概念を関係論の立場からどのようにとらえ直せばよいかについても触れてみたいと思います。
(なお、本書では通常の「障害」という表記を「障碍」という表記に改めています。「碍」の文字は、「石が行く手を遮っている」という意味だと言われており、この文字の意味が障碍のある子どもの表記にふさわしい、と考えたからです)

第1節　特殊教育から特別支援教育への転換

(1) 従来の特殊教育の問題点

　わが国の障碍児教育の歴史は、いかに子どもに「力をつけるか」という教師側の論理に沿って、子どもの意向にお構いなしに、「与える」「させる」教育に傾いてきたといえます。なぜそうなったかといえば、序章でも簡単に触れたように、「発達促進」の考えが障碍児教育の指導理念になってきたからです。そしてその考えは保護者にも浸透し、「力をつける」ことが障碍のある子どもの保護者にとっても当然の関心事になりました。「遅れ」を取り戻し、健常な子どもに一歩でも近づくことが障碍のある子どもの幸せにつながると信じられたからです。

　わが国のそのような障碍児教育、つまりつい先ごろまで「特殊教育」と呼ばれてきた「遅れを取り戻す」教育は、しかし、はたして子どもたち一人ひとりを幸せにしたのでしょうか。そして人間として生きるために必要な力を育むことに本当に成功したのでしょうか。

　そのような観点から、障碍児教育の場で子どもたち一人ひとりを見てみると、子どもにとってその教育は、「発達促進」という美しい言葉の陰で、「させられる」「与えられる」ばかりの毎日であり、すっかり受け身にさせられ、一人の主体としての育ちになっていない実態が浮き彫りになります。さまざまな障碍児教育理論が語られ、障碍のある子どもに関わるさまざまな技法が開発され、膨大な実践レポートや研究レポートが生まれたにもかかわらず、です。

(2) 特別支援教育への転換

　折しも、従来の特殊教育を刷新するかたちで、数年前から「特別支援教育」という新しい障碍児教育の枠組みが動き始めました。この教育改革は、これ

第 7 章　特別支援教育の理念と障碍の問題を考える

までの障碍種別の垣根を取り払い、少なくとも理念上は、「与える」「させる」という教師主導の教育の枠組みを乗り越えて、子どもの一人ひとりの教育的ニーズに「応える」という、それまでの特殊教育の発想に大きな転換を迫る、ある意味で革命的な教育改革の可能性を秘めたものでした。

ただしこの教育改革は、残念ながら、上に述べたような子どもの実態への真摯な反省に基づく、現場からのボトムアップの議論の積み重ねの結果として生まれたものではありませんでした。むしろ、教育行政主導のトップダウンのかたちで生まれたものです。おそらくそれは、世界障害者年（1981年）以降のノーマライゼーション、インクルージョンの思想を軸にした、世界の障碍児教育の動向に沿おうとした結果ではないでしょうか。

第 2 節　なぜ、この度の教育改革は実を結ばないのか

この度の教育改革は、そのようなトップダウンの教育改革であったためもあり、さらにはこの教育改革の中に整合しない考えが混在していたこともあって、その理念の「革命的な」内容にもかかわらず、残念ながら障碍児教育の実践の中身は従来と大して変わっていない、という印象を受けます。

変わったところといえば、せいぜい、これまで「障碍」という医療的認定がなく、それゆえ通常クラスで授業を受けていたいわゆる「発達障碍」の子どもたちへの教育的支援がクローズアップされるようになった程度で、それまでの「特殊教育」から「特別支援教育」へと名称は変わっても、障碍児教育全体が大きく変化したようには見えません。その理由を考えてみましょう。

(1)　発達の考えが見直されていない

第一に、やや手前味噌の感は否めませんが、個体の能力発達という従来の発達の考えの問題点に踏み込んでいないことが挙げられます。

実際、「発達」の考えが常に準拠枠になってきたからこそ、発達促進をめ

ざし、そのために、子どもの意向や思いに関わりなく、「させる」「与える」の教育が当然のごとく子どもに課せられ、そしてその教育の効果も、その発達の階段をどれだけ昇ったかによって測られてきたのでした。その特殊教育の弊害が子ども一人ひとりの育ちに如実に表れてきたからこそ、特殊教育から特別支援教育に転換しなければならなかったはずなのです。

　それまでの「与える」「させる」教育を見直し、真に子どもの教育的ニーズに「応える」教育に転換するのだとすれば、準拠枠として機能してきた「発達」の考えを見直すのが当然の順序です。にもかかわらず、そこに手がつけられていません。そのために特別支援教育に移行しても、その教育の効果は依然として子どもが能力発達の階段をどれだけ上ったか、つまり、どれだけ力がついたかで測られる旧来の教育評価の体制が維持されたままであり、その点では特殊教育の時代と何ら変わりがありません。私の見方では、そこに特別支援教育の理念と現場の教育実践が大きく捩れる最大の理由があります。

(2)　「子どもの教育的ニーズ」という概念が曖昧である

　第二に、「子どもの教育的ニーズ」という考えが十分に煮詰められて提示されていないことも問題です。

　この「子どもの教育的ニーズ」という文言は、「子ども自身が必要だと思うニーズ」という意味にも、「大人が子どもの将来のために必要だと思う大人のニーズ」の意味にも読み取れます。しかも、「個別指導計画を保護者の意向と重ね合わせて立てる」という方針もありますから、ますます後者の意味が前景に出やすいように思います。

　こうして、いつしか「子ども自身が必要だと思うニーズ」は棚上げにされ、「やはり子どもの将来に必要な力を」という従来通りの教育の姿勢に逆戻りし、「応える」という「革命的」理念は絵空事になって、「どうしてもっと頑張らないの！」という怒声が教育現場にこだまする現実が残されることになったのです。

　そのような展開になったのは、先にも少し触れた、従来の特殊教育の弊害

の認識が現場で十分に煮詰められていないところにもってきて、トップダウンの改革が降ろされてきたという事情もあるでしょう。

(3) 教師の主体としてのありようの問題が前景に出ていない
　第三に、特殊教育時代の「与える」「させる」教育は、教師の存在を黒衣(くろご)の位置に置き（誰がやっても同じという前提に立ち）、子ども一人ひとりの実態に即してというよりも、子どもの能力発達段階の査定と障碍の種別への一般的な対処法に即して教育が展開される傾向にありました。
　ところが、「応える」という理念は、子ども一人ひとりのニーズを把握し、その思いを受け止め、それによってはじめて可能になるものです。しかも、子ども自身のニーズに通じるその子の「いま、ここ」の思いは、目に見えないもの、一人の教師が自分の身体を通して感じ取ることしかできないものです。ということは、教師はこれまでのように黒衣の位置にとどまってはおれず、子どもの前に教師自身が主体として立つことが不可欠の条件になるはずです。
　この点をしっかり見据えた議論が教育の世界でこれまで乏しかったことも、この度の改革が理念に沿ったかたちで実を結ばない大きな理由の一つだと思います。この点については次節で詳しく触れることにしましょう。

第3節　障碍児教育において「学ぶ－教える」の相互的関係に立ち返る

(1) 特別支援教育において教師は一個の主体として浮かび上がる
　特殊教育の時代の教師にとっては、「何を指導するか」「どのように指導するか」というように、指導内容と指導技法ばかりがクローズアップされ、教師の主体としてのありようが問われるということがほとんどありませんでした。つまり、決められたカリキュラム・決められたプログラムに沿ってやるべきことをやっていれば、誰がやっても同じ結果になるはずというように、

教師の存在は少なくとも理論上は、没主体的・没個性的な位置づけにありました。

しかしながら、前節の末尾でも述べたように、特別支援教育では、「子どもの気持ちを受け止めて、それに応える」ことのできる教師、子どもの内部に育ってきた「なる」の芽を創造的に伸ばすことのできる教師であるかどうかが問われることになります。ということは、教師の主体としてのありようが前景に出るということです。マニュアルに従った対応では、特別支援教育になりません。

(2) 「学ぶー教える」の相互的関係

障碍のために言葉を用いてコミュニケーションすることが難しい子どもの場合、これまでの特殊教育の枠組みの下では、多くの人は「どうすれば相手に自分の意思を表現することができるようになるか」といった子ども自身の意思を表現する力、あるいは「どうすれば子どもが教師や他の子どもの言うことを傾聴し、理解することができるようになるか」といった子どもの傾聴的態度や理解力など、「コミュニケーション能力の育成」という枠組みに自然に引き込まれ、子どもを指導してコミュニケーション能力を高めることが教師の役割だと考えられがちでした。

しかし、「コミュニケーション」はもともと、子どもと教師の相互主体的な関係のありようの中に生まれ出てくるものです。教師が子どもとのコミュニケーションが難しいと思うとき、子どもの側もそのように思っているに違いなく、それを「子どものコミュニケーション能力が乏しいから」と考えるのは、両者の関係の問題として考えるべきところを、すべて子どもの能力の問題に片寄せして、またしても教師を黒衣にし、教師の主体としてのありようを不問に付す結果に繋がります。それが旧来の特殊教育の問題点でもありました。

実際、両者のあいだでコミュニケーションが難しいのは、子どもの側にコミュニケーション能力が十分でないからとは限りません。子どもの側には「先

生とコミュニケーションしたい」と思ったり、「先生とコミュニケーションするのが難しい」と思ったりというように、教師を前にしたときのコミュニケーションに向かう気持ちや心の持ち方の問題があります。また教師の側にも、子どもの気持ちを汲み取ろう、子どもの気持ちを受け止めようという、教師自身の気持ちの持ち方や、子どもを前にしたときの構え方の問題があります。それらのことをまずもって考えてみなければなりません。

　特に自閉症圏の子どもなど、コミュニケーションする気持ちになりにくい子どもに対して、通常の言語的コミュニケーションが難しいから、視覚的な手段を用いて「表現させる」必要があると考えるのは、一見したところ現実味のある対応のように見えます。しかしそれは、長い目で見たときに本当に子どもの「コミュニケーションに向かう気持ち」を育成することになっているでしょうか。あるいは、周囲に自分のことを分かってほしいのに分かってもらえないと思っている子どもに応えることになっているでしょうか。そのように考えてみれば、コミュニケーション・パートナーとしての大人（教師）の側の対応のあり方が改めて問題になり、教師の主体としてのありようが、よりはっきりと前景に出てくることが見えてきます。

（3）　コミュニケーションは相互主体的な関係の中に生まれてくる

　これまでの議論から分かるように、一人の人間が一個の主体であるとは、①人間は自分の思いをもち、それをどこまでも貫きたい存在であるという意味（自己充実欲求）、裏返せば「自分の思いを相手に受け止めてもらう必要がある」という意味と、②人間は一人では生きられず、常に周囲の人と共に生きることに喜びを見出す存在であるという意味（繋合希求欲求）、つまり「相手の思いを受け止める必要がある」という意味との狭間で、何とかバランスを図りながら生きる姿をさすものでした。

　この観点からすれば、コミュニケーションは、そのような両義性を抱えた主体と主体が関係を持つ際に立ち現れてくるものであると考えることができます。要するに、子どもと教師のあいだの「学ぶ－教える」の相互的関係は、

こうしたコミュニケーションをあいだに挟む相互主体的な関係だということです。

（4） 共に生きるための基本姿勢を育むために

前項のように考えると、相互主体的に生きるための基本、つまりお互いが一個の主体として生きることの基本は、「相手の思いを受け止めつつ、自分の思いを表現し、相手に伝え、それによって共に生きることをめざす」ことであり、しかもそれが一方だけではなく相互にめざすことだということが分かります。

子どもを養育し、保育し、教育することの根本、より広く子どもを育てることの根本は、決してあれこれの「できること」を身につけ「させる」ことではありません。また社会的応答性という意味でのコミュニケーション能力を身につけ「させる」ことでもありません。まさにいま述べた、一個の主体が周囲と共に生きるための基本姿勢を子どもが身につける、ということに尽きます。

ですからコミュニケーションを問題にする際にも、単に記号の意味のやり取りができるかどうかでなく、コミュニケーションに向かう基本姿勢が育っているかどうか、つまり子どもが一個の主体として「育てられ－育ってきて」いるかどうか、また子どもに接する大人（教師）がこの姿勢をもった一個の主体として子どもに接しているかどうかが、まず問われるのでなければなりません。

要するに、前章で「学ぶ－教える」の相互性として語ってきたことが、ここでの相互主体的関係の議論につながり、それがまた特別支援教育の「子どもの教育的ニーズに応える」という理念に合流するものだということが分かります。

（5） 障碍のある子どもに教師が関わるときの岐路

障碍のある子ども、特に自閉症圏の子どもは、幼少からの育ちの中で、身

第7章　特別支援教育の理念と障碍の問題を考える

近な他者でさえ「他者は常に何かをさせようと身構えている人」というふうに受け止めてきていることが多く、そのために、他者は警戒的に受け止められ、その他者の主体としての基本姿勢がなかなか子どもに通じにくいという事情があります。そこにおそらく自閉症圏の子どもに特有の難しさがあり、それによってこの子ども自身、人として生きるこの基本姿勢がなおさら身につきにくくなっているのだといえます。言い換えれば、彼らのコミュニケーションの難しさは、言葉や記号を操る力が乏しいからというよりも、むしろ他者をそのような基本姿勢をもった一個の主体として受け止めるところの難しさに起因しているといえます。

　ここに、自閉症圏の子どもをはじめ、障碍のある子どものコミュニケーションを問題にする際の岐路があります。すなわち、そういう困難があるから、絵カードや記号を用いてその子のいまの意思を表現させることが必要なのだと考える方向と、その前に、大人の側の基本姿勢が子どもに伝わるように、そして子どもの中に他者がしっかり位置づくように関わることが必要だと考える方向との岐路です。

　言い換えれば、コミュニケーションに直接役立つ手段の獲得に向かうのか、それともコミュニケーションの力が発揮されるための背景的条件を整える方向に向かうのかの岐路、あるいは教師が黒衣になって子どものコミュニケーション能力を育成する方向に向かうのか、それとも教師が一個の主体として子どもの前に立ち、子どもを一個の主体として受け止めて対応しようとするのかの岐路だといってもよいかもしれません。

　特別支援教育の理念が実現されるためには、このように、教師が主体として子どもの前に立てるかどうか、子どもとのあいだに相互主体的な関係を築けるかどうかが鍵を握ることが分かります。

第4節　特別支援教育の理念の実現のためには
　　　　従来の発達の見方を見直す必要がある

　これについては、第1節で「発達の考えが見直されていない」ことに触れましたが、それをもう少し詳しく述べてみたいと思います。

(1)　能力の育ちに視点を置いたこれまでの発達の見方

　子どもの発達を語るとき、これまでは何歳になれば何ができるというように、「できる」ことの積み重ねをもって発達ととらえる見方が大きな力を持ってきました。これは教師や保育者ばかりでなく、今日の文化環境においては、保護者にも深く浸透している子どもの発達の見方だといっても過言ではありません。

　確かに、能力面の進歩・向上は子どもの発達の重要な一面です。身体面、運動面、言語面、知的な面に年齢と共にさまざまな進歩・向上が認められます。そのような発達の見方を背景に、「いまはこの年齢だから、こういう課題を与えて」というふうに、年齢を目安にした年次進行型の保育・教育のカリキュラムが組まれてきたのも事実です。そして、障碍のある子どもに対してさまざまな知的能力を育もうとするのも、また対人スキルや「コミュニケーション能力」を育成しようとするのも、まさにこの発達の見方に沿おうとするからだといえます。

(2)　発達促進という考え方が特殊教育のバックボーンになってきた

　これまで障碍のある子どもは常に上に述べたような「発達」という考えの下でまなざしが向けられてきたといっても過言ではありません。つまり、障碍のある子どもは、健常な子どもの平均的な能力の里程標（発達検査や知能検査）に照らして、「障碍があるから発達が滞るのだ」と考えられ、「発達の遅れた子ども」とみられてきました。そこで考えられている障碍は、主に能

力面の問題や行動面の問題など、平均からの偏倚（かたよること）としてとらえられるものでした。

　このような見方の下では、いかにすれば「発達の遅れ」を取り戻すことができるかという、「発達促進」の見方に傾き始めるのはある意味で自然です。こうして、能力面を改善し、不適応行動を減らし、適応的行動を増やして障碍を低減するという「発達促進」の考え方が、これまでの障碍児療育や障碍児教育における保護者や保育者や教師の合言葉になってきたのでした。

(3)　従来の教育評価の枠組みは個体能力発達の考えに基盤を置いていた

　保護者や教師の目が子どもの「発達」に向かうようになって以来、障碍のある子どもの療育や教育の成果は、発達の尺度上でどこまで伸びたかによって評価され、障碍児教育に関する研究レポートの大半もその枠組みでまとめられてきました。

　従来の発達の尺度は、「できる」ことの集積から構成され、同じ年齢の子どもが到達する平均的な能力布置を示すものです。ところが、この個体能力論的な発達の見方は、子ども一人ひとりの内面、つまり子どもの心の育ちを見て評価するものではありませんでした。つまり、従来の発達尺度は、障碍のある子ども自身の抱く「生きにくさ感」や「困り感」をとらえて評価したり、子どもの意欲や心の充実感を評価したりすることができる尺度ではなかったのです。

　障碍のある子どもの場合、発達促進をめざす大人の強い「させる」働きかけによって、たとえ「できる」ことがわずかばかり増えても、それが当の子どもの生活に結びついていかないことはしばしばあります。それはなぜかを考えてみると、その強い働きかけの中で、子どもを主体として受け止めるところが弱くなっていることがみえてきます。そして、大人の強い期待感や「させる」圧力に圧迫されて、次第にその子の心が疲弊し、元気をなくし、「生きにくさ感」や「困り感」を強めている場合が少なくありません。そのことが意欲的に生きる生活につながっていない大きな理由になっているようにみ

えます。

（4） 評価の枠組みを変える必要がある

　そのような現実があるにもかかわらず、これまでの特殊教育では、その子の能力の伸びの面だけを評価して、教育の効果を云々するにとどまってきました。そのために、子どもの主体としての育ちの全体、特に心の育ちが見過ごされ、子どもの「生きにくさ感」や「困り感」や「意欲の乏しさ」は教育の俎上に上らなかったばかりか、それが問題ではないといわんばかりに、「与える」「させる」の強い働きかけが課せられ続けてきたのです。

　こうした現実を直視するならば、これまでの特殊教育のバックボーンとして機能してきた従来の能力育成＝発達という見方を見直し、教育評価の枠組みを変えることが焦眉の急となります。そのように考えはじめて、特別支援教育の理念と教育実践との「振れ（ねじ）」が解消され、子どもの「困り感」や「生きにくさ感」など、まさに子どもの教育的ニーズに応える教育が実現すると期待できるのです。

第5節　特別支援教育の現場を振り返る

　ここでは私の指導した大学院の院生のＫさんが、学生ボランティアとして特別支援の場に関与し、そこで得たいくつかのエピソードを紹介してみます。Ｋさんは「子どもの教育的ニーズ」と言われているものが、「子どもの心理的ニーズ」と「子どものための教育的ニーズ」の両方に解釈され得ることを指摘し、そのために特別支援教育に混乱が起きていることを踏まえ、実際の授業場面でどのようなことが起こり、障碍のある子どもが何に困っているかを明らかにしようとしていました。以下は、その授業風景の一端です。

学校ボランティアという立場と授業風景　　　　　　K・S

<はじめに>

　特別支援教育の試行に伴い、支援が必要とされる子どもやその子の担任の授業をサポートすることを目的として、各地に学校ボランティア制度を導入する動きが生まれた。この学校ボランティアの役割として、勉強や遊びの補助や個別支援の機会を確保することなどが言われてきたが、現場のニーズから生まれたというより、制度が先に動いたこともあって、ボランティアを受け入れた学校側では、受け入れてはみたものの、この学校ボランティアにどのような役割を担ってもらうのかが分からないという実態もあったようである。

　私自身、3年前から学校ボランティアとして小学校の現場の中に入り、実際に子どもに関わりながら、教師と子どもの関わり合う姿を見てきた。そこから言えるのは、学校ボランティアは「両立の難しい二面のニーズ」の狭間に立つ存在であるということである。つまり学校ボランティアは、学校という場にいて、教師以上に特定の子どもの思いに寄り添える立場にあり、時には、友達のように子どもと一緒に遊ぶこともできる。その一方で、学校ボランティアは教師に近い立場でもあり、教師の意向に沿って学校適応に向かわせる姿勢も否定できず、子どもを導き、何かを「させる」こともある。

　その両面あるあいまいな立場に関して、学校ボランティア活動の意義やボランティア自身が体験する困難やその成長についての研究がいくつかあるが、そこには、「子どもの心理的なニーズ」も分かるし、「子どものための教育的ニーズ」も分かる、両方の立場を実践しなくてはならないからこそ、悩みも多く、子どもとの関わりに戸惑うときもあることが報告されている。それらは私自身の経験とも合致するものであった。

　このように、学校ボランティアという立場の悩みを吐露した報告はあるものの、学校ボランティアの立場から、学校現場の「あるがまま」を活写し、そこから「子どもの心理的ニーズ」と教師の「子どものための

教育的ニーズ」を浮き彫りにしながら、支援のありようを展望しようとした研究はほとんど見当たらない。

　ここに子どもの側、教師の側の両方を間近に見てその両方のニーズを感じ取ることのできる学校ボランティアの立場の利点を生かし、特別支援教育の実際の場面を活写することを通して、両方のニーズの両立の難しい局面を描き出し、そこから特別支援教育の困難を超えていくための道筋を展望する可能性がある。

＜Aくんについて＞

　ここではAくんが３年生から４年生にかけての時期に得られた５つのエピソードを取り上げる。Aくんは高機能自閉症との診断を受け、入学当初から、支援が必要な子どもであった。甲高い声でしゃべり、算数が得意で、興味があることには夢中になる姿をよく見かけた。例えば地図を書くことが好きで、川とそれに架かる橋がたくさんあるAくん独自の街を作り出し、細かいところまで詳細に描いて、私や級友を驚かせることがあった。だが、興味あるものに没頭してしまうと、私や級友が話しかけても、何も答えてくれない状態になる。そういうときに担任教師や級友が意識的に大きな声や怒ったような口調でAくんに話しかけると、はっと気づいて、言われたことをサッとやってしまうところがあった。

＜担任の先生について＞

　Aくんの学年は約100名の生徒が３クラスに分かれており、支援が必要とされる子どもばかりでなく、実にさまざまな個性あふれる子どもたちが毎日の生活を送っていた。担任教師はAくんが３年生のときにこの小学校に赴任し、Aくんのクラスを担当することになった女性の先生である。子どもたちに対してとても明るく接していて、このクラスの子どもたちはとても元気が良かった。時には厳しく子どもを叱ることもあるが、普段から子どもたちがいつのまにか周りに集まってくるような先生であった。私は学校ボランティアとして、この担任の先生と協力しながらAくんに関わっていた。

第7章　特別支援教育の理念と障碍の問題を考える

＜エピソードについて＞

　私が学校ボランティアとして小学校に通い始めたのは、Aくんが3年生の秋口だった。出会った当時のAくんは教室では落ち着かず、私や担任の先生、さらには級友も気づかない間にすぐに教室からいなくなり、図書室や運動場へ向かうことが多かった。エピソード13はその頃の習字の授業中のエピソードである。

● エピソード13 ●　「もう終わった」

＜背景＞

　習字の準備をするために、クラスの子どもたちが教室のあちらこちらを行ったり来たりするなか、教室の後ろの隅にある本棚の近くで、Aくんは床にあぐらをかいて座り込み、お気に入りの理科の本で、宇宙に関するマンガを読んでいた。

＜エピソード＞

　私はAくんのところへ行って、しゃがみこんでから「Aくん、習字しないのかな」とAくんの顔を覗き込みながら、聞いてみた。しかし、Aくんは何も答えてくれない。表情を変えることなく、本に目をやり、絵だけを見て、ページをとても速いペースでめくり、本を楽しんでいる感じではなかった。

　そこへ「Aくんは何をしているのですか。習字はもうしなくていいのね」と、担任の先生がやや強めの口調で、Aくんに語りかけた。すると「やります！」と、Aくんはすぐさま返事をした。そして読んでいた本をポイッと放り投げ、慌ててロッカーから習字の道具を取り出し、駆け足で自分の席に向かった。そして机の前に立ったまま準備をしようとするが、道具が手につかない感じで、なかなか習字を書く態勢に入れない。

　Aくんの慌てた様子に、私も一緒に準備を手伝わずにはおれなかった。準備がようやく整い、私はAくんに半紙を3枚わたした。Aくんは墨の入った硯に筆を入れ、「力」という漢字を手本も見ずに素早く書き終え

た。そして名前を書いて筆を置くと、すぐにAくんは席から立ち上がり、ドアのほうへ向かう。

「もう終わり？　これ練習じゃないの？」と私は思わず言ってしまうほどの素早さだった。しかしAくんは私の言葉を気にもとめず、また後片付けもせず、あっという間に教室から出ていってしまった。

〈考察〉

　Aくんと出会って間もない頃で、Aくんがどんな子どもなのか、私にはまだつかめていなかった。しかし、Aくんが学校や教室で過ごすことをどのように感じていたのか、考えさせられるエピソードであった。

　まず先生の立場からすれば、クラスメートが授業で習字に取り組んでいるなか、Aくんはお気に入りの本を読んで自分勝手に振る舞っている。学習に取り組まないことに対して、一言注意をしなくてはならない。みんなと同じように、Aくんも習字に取り組んでほしいという思いが先生にはあった。

　一方でAくんは、本を読みたくて読んでいるわけではなさそうで、授業にさっと入っていけないことを、本をめくることで紛らしているかのようであった。しかし、先生の注意で習字に取り組まざるをえなくなり、追い立てられるようにしてなんとか「力」という文字を1枚だけ書いた。ただAくんにとってはそれが精いっぱいのことで、「やることはやった、もう終わった」という感じで教室を出ていってしまった。

　私は学校ボランティアをしていて、ここに特別支援教育の難しい局面を見る思いがした。先生と同じ立場から、Aくんがみんなと同じように学習に取り組んでいる姿を私も見たい。その限りで、習字をさせる方向に導くべきだったかもしれない。しかし、Aくんの表情や教室から出て行く様子を見ていると、単にやりたくないことを「やらされる」のは嫌だというよりも、むしろ「ここにはおれない、いたまれない」という思いが伝わってくる感じであった。

　子どもを支援して学校という場に適応していくように動くことが求め

第7章　特別支援教育の理念と障碍の問題を考える

られる学校ボランティアの立場でありながらも、Aくんを教室に引き戻そうとする前に、Aくんの「ここにはおれない」という思いにもっと寄り添ってみる必要があるのではないかという考えが私に生まれたエピソードであった。

　エピソード13以降も楽しい経験はほとんど得られず、Aくんにどのように関わっていけばよいのか、悩む日々が続いた。担任の先生は、Aくんのそばで私がサポートすることで、Aくんが教室で過ごせるようになってほしいという思いがあった。その頃のエピソードを次に提示する。

●エピソード14●　「ドングリの樹の下で」
＜背景＞
　1時間目が終わった頃、私がAくんのいる教室へ行ったところ、Aくんはもうすでにいなかった。Aくんを探しに、思い当たる場所を巡っていくと、運動場のドングリの樹の下にAくんはいた。
＜エピソード＞
　私はやっとAくんを見つけ、ホッとして、Aくんに近づきながら「何しているの？」と聞いてみた。するとAくんは楽しそうに「ドングリ拾っているの！」とすぐに答えた。11月のはじめでドングリにはまだ早い時期だったので「えっ〜！　ほんまに！　見せて！　見せて！」と私はAくんのほうへ身を乗り出した。するとAくんは、握り締めていた手を大切そうにフワッと開いてドングリを見せてくれた。小さくまだ熟してなくて青色なのだが、たしかにドングリだった。周りを見回すとドングリがたくさん落ちている。「Aくん、こっちにもあるで！」と声をかけ、一緒にドングリを拾い集めることにした。時間はあっという間に過ぎて、まもなく2時間目が終わろうとしていた。
　私は樹から落ちてきたドングリにばかり気をとられていたが、樹の上のほうを見やると、青いが、たくさんの実がなっている。「Aくん、上

231

のほうにもドングリがあるで！」と言うと、Aくんもサッと立ち上がり、上のほうを見た。上のドングリにまで手が届いたら、Aくんはきっと喜んでくれるだろうと私は思い、「上のドングリ取りたい？」と聞いてみた。するとAくんは「うん！」と、とても元気よく答えた。そこで「肩車しようか？」と聞いてみた。

　Aくんにとっては初めての肩車だったようで、「肩車」の意味が分からなかったらしく、表情は変わらないものの「う〜ん？」と上ずった口調で、首をかしげながら答えた。そこで私はAくんを肩に担ぎ、グッと勢いをつけて持ち上げた。すると「うわぁ〜！」というAくんの驚きと喜びのこもった歓声が聞こえてきた。下からなので、どんな表情をしているのか見えなかったが、私自身初めてAくんの喜びの声を聞いたと思えるほど、大きな手応えを得た。

　Aくんは肩車に慣れてきて、目の前にあるドングリをどんどん手に取っていった。「どうですか？」と下から私は聞いてみた。するとAくんは「秋は収穫の季節だなぁ」とつぶやく。不思議な答えではあったが、その言葉の使い方はいまの状況にマッチしていて、Aくんは機嫌良く過ごしているようだ。私は「そうですね」と答えたところで、ちょうどチャイムが鳴り、中間休みに入った。

＜考察＞

　Aくんのように、授業を抜け出して、ドングリを集めるなどということは、これまでの学校教育では考えられなかったことである。しかし、この場面でAくんはとても生き生きと過ごしていた。この充実した心のありようこそ、特別支援教育の理念がめざす一つの目標ではないだろうか。

　もちろん、Aくんの思いのままにやりたいことをやらせさえすれば、それでよいという意味ではない。Aくんがドングリを拾っているのは授業中のことであり、先生には教室でみんなと一緒に学習に取り組んでほしいという思いがある。先生の思いを受け止める立場からすれば、Aく

んが教室で過ごすことができるようになるための手立てを活用し、Ａくんの学校適応を促す試みが導かれる。しかし、それだけではＡくんの「心理的ニーズ」が無視されてしまう。

　実際、学校適応をめざすアプローチでは「うわぁ〜！」というこのエピソードでのＡくんの情感にあふれた声は聞けないのではないだろうか。また目の前で心からドングリ拾いを楽しんでいるＡくんを強引に教室に連れ戻せば、ますますＡくんは学校生活に「いたたまれなさ」を感じてしまうのではないだろうか。私はこれまで、Ａくんがこんなにも生き生きと過ごすところを見たことがなく、またＡくんにどのように関わっていけばよいのか悩んでいたこともあって、このとき私は、Ａくんがどんなことに楽しみを見出しているのか、一緒に味わってみようと思い立った。

　他方で先生の願いも分かるので、このままＡくんがドングリ拾いを続けることを許してしまっていいのか、もちろん迷わなかったわけではない。まさにここが、学校ボランティアの苦しいところである。しかし、エピソード13のように「やらされる」ことが多い学校生活の中で、Ａくんのような子どもが学校という場に「いる」ことの楽しさを知り、またクラスメートと一緒に活動することを楽しいと思えるようになることが、いろいろなことを「やらされる」前に必要なことではないだろうか。

　そこから私はＡくんに丁寧に関わり、Ａくんの思いを支えていくことで、Ａくんはとても生き生きとした表情を見せてくれた。Ａくんの心に自分の思いを押し出して過ごせた経験が、このとき心地よく刻まれたようだ。そしてこういった経験が、これからの学校生活を生き生きと過ごす上で、Ａくんの土台になっていったのである。

　Ａくんが生き生きと過ごす姿を担任の先生も目にすることがあり、Ａくんとの関わりの中で手応えを感じはじめた。例えば、習字の時間でも、Ａくんは書道に取り組むようになり、道具の片付けもするようになった。その頃の習字の授業の事例を提示する。

●エピソード15● 「先生の思い」
<背景>
　Aくんは水道で筆や硯を洗い、教室に戻ってきた。しかしきちんと拭けていなくて、墨混じりの水がポトリポトリと床に落ちていた。その水がBくんの清書した半紙に偶然落ちてしまった。「Aくん、水落ちてるよ！」とBくんは伝えたが、Aくんは気づかずに自分の席に戻ってしまった。Bくんは先生に清書が汚れてしまったことを伝えた。そのとき、Aくんは戸棚に道具をしまったところだった。
<エピソード>
　「Aくん、ちょっとおいで！」と、先生が厳しい口調でAくんを呼んだ。Aくんはなぜ呼ばれたのか分からないが、怒られることは分かっている様子で、急いで先生のもとへやってきた。先生は続けて「Aくん、これを見てごらん。Bくんが頑張って書いたのを汚しちゃったじゃない！　この前はちゃんとお片付けもできたのに……」と言った。Aくんは早口で「ごめんなさい！」と言い、先生の目を見つめ、そばに寄ってきて、手をとった。「いえ。今日は許しません！」先生はそのまま強い口調で、Aくんに言った。するとAくんは「ご・め・ん・な・さ・い！」とより大きな声ではっきり言うと、泣き出してしまった。Bくんも、緊張した面持ちで先生を見つめていた。
　しばらくして、「先生に謝っても仕方ないでしょ。Bくんに謝ってください！」と、泣き止んできたAくんにまた強く言った。するとAくんは、Bくんのほうを向き、Bくんの両肩に手を当てて、「ごめんなさい！」としっかりとした口調で言った。Bくんは、Aくんを見て何度か頷き、先生のほうを向き、もう一度頷いた。「Aくん、これから気をつけるのよ」と穏やかな口調に戻って、先生は教卓のほうへ戻っていった。
<考察>
　先生がAくんのちょっとした不注意に、普段よりも厳しく叱ることになった。たしかに「やってはいけないこと」を子どもに示すことも、先

生の役割として大切であろう。ただ先生がそこまで怒るとは、Bくんも思っていなかったようで、「(先生に)言わなくても良かったかなあ……」と、後で私にこぼすほどであった。Bくんは清書を汚されてしまったことを先生に告げ口したわけではなく、書き直すことを先生に伝えたいだけだった。先生は、Aくんに対してどんな思いを抱いていたのだろうか。

　放課後、職員室で先生と出会い、このエピソードの話になった。3学期になって、Aくんの「できる」ことが増え、Aくんと楽しく過ごす時間が生まれてきたことに、先生はとても喜んでいた。このAくんの成長を認めつつも、しかし自分で「できる」ことはちゃんとしてほしいという願いも先生にはあった。この場面でわざとではないにしても、Aくんがちゃんと筆や硯を拭いておけば、Bくんの清書を汚さずに済んだ。Aくんが「できる」ことをきちんとやってほしいという思いから、先生は叱ったとのことだった。

　ただ先生に叱られることは、Aくんにとって、大変悲しいことであった。Aくんはわざと水をこぼしたわけではないので、先生が何に怒っているのか、最初分からなかっただろう。大声で泣いてしまうが、先生のそばへ寄ってきて、手をギュッと握りしめる仕草を見ると、水をこぼしたことを反省して、謝っているというよりも、先生をこんなにも怒らせてしまったことを許してほしくて泣いているようだった。やや離れていた私やBくんにも、Aくんの情動の動きが伝わってきた。Bくんが先生のほうを見て頷くとき、先生にAくんを許してほしそうにしていた。

　Aくんが「できる」ことは、ちゃんと「できる」ようになってほしいという先生の思いがあり、Bくんの残念な思いにも配慮して「けじめ」をつける必要があった場面ではある。ただ最も大事なのは、Aくんがどのように感じていたのかである。たしかにBくんに対して、Aくんは謝っていて、その気持ちを表現しようとする姿はあった。しかし、ただ「ごめんなさい」と謝るしかなかったAくんに、学校ボランティアの私としては、Aくんがどんな思いでいたのか、もっと寄り添ってみてもよかっ

たのではないかという思いがあり、どうしたらよいのか悩む場面であった。

最後に、Aくんが4年生になってからの事例を紹介する。同じ日に起こったことなのだが、すべて提示すると長くなってしまうため、二つに分けた。

●エピソード16● 「どうしよう」
＜背景＞
　2時間目。私は「ニコニコルーム」（障碍のある子どもが自由に出入りできる部屋）で、ある子どもの学習を手伝っていた。そこへAくんがやって来た。Aくんがこの部屋に来ることはほとんどなかったので私は驚き、「Aくん、どうしたの？」と聞いてみた。しかしAくんは何も答えないまま、本棚から本を取り出し、読み始めた。私はそれまでの学習をやめるわけにもいかず、Aくんを遠目で見守ることにした。
＜エピソード＞
　突然、Aくんのほうからチョキチョキとハサミで何かを切るような音が聞こえてきた。振り返ってみると、Aくんは読んでいた本の表紙を切っていた。「Aくん、何しているの？」と私はびっくりして、Aくんに近寄り、聞いてみたが、Aくんは答えなかった。そしてAくんは、夢中でハサミを動かし、あっという間に表紙に描かれていた、お気に入りのキャラクターの絵を切り取ってしまった。学校の本だっただけに、「Aくん、それはどうなのかな」と私は言うが、Aくんは切り取った絵をまじまじと眺めている。そこへ担任の先生がやってきて、「Aくんは、ここで何をしているのですか？」とAくんに問いかけた。このときも、Aくんは切り取ったキャラクターを眺めていた。

　「先生、Aくんが本を切っちゃいました。すいません」と私が言うと、先生は「Aくん！　ちょっと来なさい！」と厳しい口調になり、Aくんのほうに近づいてきた。Aくんもこのときばかりは、切り取った絵を片

手に持ちながらも、先生のほうをサッと向いて、気をつけの姿勢をとった。
「これはCちゃん（同級生の女の子）の本じゃない！ 本は切っても良いものなのですか？」とたしなめるように先生が言うと、Aくんは「ダメです！」とはっきりとした口調で答えた。「じゃあ、なんで切ったの？」と先生が聞くと、「ごめんなさい」とAくんは先生の目を見ながら、早口で謝った。「いえ、これはCちゃんに謝ってもらいます。もしかしたら、本を弁償しなくてはいけませんね」と先生は言った。するとAくんはドキッとしたように目を見開き、まさに血の気が引いたような感じになって、先生のほうへ身を寄り添わせて、「ごめんなさい！」と先ほどよりも大きな声でもう一度言った。「先生じゃなくて、Cちゃんに謝ってください。教室に戻りますよ」と冷静な口調で先生は言うと、ドアのほうへ向かう。Aくんは先生の顔色を窺うように、右へ左へと身体を揺らしながら、先生の後を付いていった。

＜考察＞
　Aくんが本を切ることに夢中になったところや、私や先生の言語的な指示が届かなかったところは、Aくんの抱える障碍の特性であると思われる。Aくんは悪気があってやったというわけではなく、とにかくキャラクターの絵を手に入れたくてしかたなくて、手に入れた後も、先生の言葉さえ耳に入ってこないほど、とても嬉しかったようだ。そして、先生の声のトーンが厳しく変わった瞬間に、ようやくAくんは先生や私の存在に気づいたようだった。

　たとえ障碍の特性からくる行動であって、Aくんに悪気はなかったとしても、先生としては、この場面は一言Aくんに注意しなくてはいけない場面であっただろうし、それは私も同じ思いだった。つまり、Aくんに本を切ったことを反省してほしい、この本はCちゃんの本であり、みんなの本であることを伝える必要があった。もちろん先生は本気で弁償してもらおうと思っているわけではない。ただAくんに強く反省を促そ

うとしたようであった。
　先生の「弁償」という言葉に、明らかにAくんの表情は変わった。「まずい」状況にあることを強く感じているようであった。このAくんの様子の変化に、これまでよく使ってきた「ごめんなさい」という表現が、Aくんにとってどういう意味を持っていたのかを問うきっかけになった。エピソード15にも見られたが、Aくんは叱られるとすぐに「ごめんなさい」と言い、先生のほうへ身体を寄せる。それはこれまでの経験のなかで、身についてきたものだろう。Aくんにとって不都合なことが起こると、ただひたすら謝るような反応をするように、私には感じられていた。
　たしかにAくんが先生に「ごめんなさい」と言うのは、この状況に合った言葉の使い方ではある。しかし、Aくんがどう感じながら「ごめんなさい」と言ったのか。単に叱られたときに、まず使うスキルとして身につけてきたものなのか、それともAくんの心からの気持ちを表していたのか。このときのAくんの変化にふと疑問がわいた。特別支援教育だからこそ、子どものちょっとした言葉のニュアンスも問われるべきである。

●エピソード17●　「指きりげんまん」
＜背景＞
　エピソード16の続きである。その日の給食が終わった後、Aくんと先生は切ってしまった本を持って、Cちゃんのもとへ向かった。Cちゃんは朗らかで優しい女の子だった。Aくんと先生は、Cちゃんと向かい合わせになった。
＜エピソード＞
　AくんはCちゃんの前に立ちながらも、目を窓の外のほうへやったり、体を左右へ揺らしたりして、そわそわしていた。担任の先生は、Aくんの横に立って「Cちゃんごめんね。AくんがCちゃんの本を切ってしまったの。許してくれるかしら」とCちゃんに語りかけた。Cちゃんは突

然の話で、目をパチパチさせながら先生の目を見て、首をゆっくりと縦に動かした。「大切な本を切ってしまって、ほんとごめんなさいね……。Aくんはこんなことでは5年生に上がれないかもしれませんよ。Aくんも謝ってください」と先生はAくんのほうを見てきっぱり言うと、Aくんは急に姿勢を正して、「ごめんなさい！」と大きな声で言った。「Cちゃん、許してくれるかしら？」と先生はAくんの言葉に付け加えるように言った。Cちゃんもだいぶ事情が飲み込めてきたのか、普段の和らいだ表情になって、「いいよ」と明るく言った。先生もニコッとして「Aくんよかったね！　Cちゃんもありがとう」と嬉しそうに言った。

　そのときだった、Aくんは身体を弾ませるように、前に出て、小指を突き出すと、Cちゃんと指切りをした。そしてCちゃんのほうをまっすぐに見ながら、リズムに合わせて「指きりげんまん、もう1回やったら5年生になーれない。指切った！」と先ほどと同じくらい大きな声で歌ったのだ。Cちゃんは驚いて、なされるがままであったが、指きりが終わると、とても嬉しそうだった。

＜考察＞

　Aくんは「指きりげんまん」をCちゃんとした。これは私も先生もAくんがしたところを見たことがなく、このエピソード以降も、Aくんが「指きりげんまん」をすることはなかった。まさにAくんが自分なりの表現でCちゃんに謝ろうとした場面で、これまでAくんに身についてきた、「ごめんなさい」一辺倒のあり方を超えていくものであった。このAくんの姿が生まれてきたのはなぜだったのだろうか。

　Aくんが「指きりげんまん」をしたとき、身体が思わず弾んでいた。それは、まずCちゃんがAくんを許してくれたことが嬉しくて、また先生の様子に、Aくんもホッとした感じがあったためだろう。逆に言うと、Cちゃんは許してくれるだろうか、弁償をしなくてはいけないのだろうか、といった不安がAくんにはあったのだろう。そのAくんの思いに、このとき寄り添ってくれていたのが、担任の先生であった。

この場面で先生は、AくんがCちゃんにきちんと謝ることだけではなく、本を切られていい思いはしないであろうCちゃんにも配慮しなくてはならない場面だった。ただAくんが抱えている障碍のゆえに切ってしまったところもあり、先生は最初からAくんに「ごめんなさい」を言わせようとするのではなく、まずAくんと一緒にCちゃんに謝ろうとした。すなわち、Aくんの思いを代弁したり、フォローを入れたりしながら、Aくんの思いに寄り添いつつ、Aくんと一緒にCちゃんに気持ちを伝えた。その上で、AくんからもCちゃんに謝るように求めたのだった。
　結果、AくんもCちゃんに心地よいかたちで謝り、許してもらい、先生もホッとしていた。そのAくんの思いに立った、先生の関わりがあったからこそ、エピソード13や15のように、Aくんが教室を出ていったり、大泣きをしたりしたかもしれない場面で、「ごめんなさい」という表現にとどまらず、「指切りげんまん」というAくんらしい表現が生まれたのである。つまり、先生がAくんの思いに寄り添っていく中で、Aくんにも自らの思いを押し出そうとする心の動きが生まれた。これこそ、特別支援教育を実践する上に必要な関わりのあり方ではないだろうか。

　＜総合考察＞
　エピソード13〜17の5つのエピソードを通して、特別支援教育にはどのような難しさがあるのか、そのありように学校ボランティアという立場から迫り、その難しさを超えていく道筋について考えてきた。それぞれのエピソードの中で、「子どもの心理的ニーズ」と「子どものための教育的ニーズ」が容易に相容れず、捩れが生まれつつも、そのいずれをも両立させていかなくてはいけないところに、いま、特別支援教育を実践することの難しさがあったことを改めて思う。
　学校ボランティアとして現場にいると、子どもの気持ちも分かるし、その子に関わる教師の気持ちも分かるし、いずれにも応えようとし、応えていかなくてはならないので、悩みや戸惑いも多い。しかし、エピソー

第7章　特別支援教育の理念と障碍の問題を考える

ド14やエピソード17で見てきたAくんの姿に出会ったとき、まず子どもの思いを受け止めていくことに、特別支援教育の出発点があるという思いを強くする。すなわち、私たちが子どもの思いに寄り添い、支えていくうちに、子どもの内面からも、自分の思いを押し出そうとする心の動きが生まれ、それが学校生活を生き生きと過ごしていく土台となるのではないかと思われるのである。

　これまでの特殊教育では、Aくんのように通常学級に在籍する障碍を抱えた子どもへの支援が十分に行き届いていなかった。そのためにAくんからすれば、「やらされる」ことが多くて、エピソード13に見るように、自分の思いを押し出せないまま、学校生活を過ごさざるを得なかった。そういった現状があったからこそ、特別支援教育が始まり、「子どもの教育的ニーズに応える」ことの必要性が主張されてきたのである。もし最初から学校適応をめざして、社会的スキルを身につけさせること、問題行動を減らすことを主眼に教育を進めたならば、それは従来の障碍児教育のあり方と同じことになってしまうのではないだろうか。

　すなわち、これまでの特殊教育であれば、エピソード15、エピソード16にみてきたように、悪いことをしたときには、「ごめんなさい」という表現を使うことができれば、それでよかったのかもしれない。しかし「ごめんなさい」という言葉が、Aくんのどんな思いから生まれてきた表現なのか、特別支援教育が始まったいまこそ、私たちは問わなければならない。もしAくんに何らかの思いがあっても、身につけてきたスキルをまず使うことでその場をしのぎ、思いを押し出せないまま学校生活を送っていたならば、Aくんは学年が上がるにつれ、ますます辛い思いを溜めこんでいくことになるにちがいない。

　私たちがAくんの思いに寄り添っているうちに、Aくんにもその思いに応えようとする心の動きが生まれ、そこから「指切りげんまん」というAくん固有の表現が生まれてきた。そこに特別支援教育の可能性を感じる。すなわち、私たちは最初から「子どものための教育的ニーズ」に

応えようとするのではなく、まずは子どもの思いに寄り添って、「子どもの心理的ニーズ」に応えようと努めることが、特別支援教育の原点なのだと思う。

＜私からのコメント＞
　Aくんは高機能自閉症の診断を受けているようですが、いわゆる「発達障碍」が大きくクローズアップされるまで、このタイプの子どもは障碍の範疇に含まれず、通常学級で授業を受けてきました。そして特別支援教育の始まりとともに、これらの子どもたちへの支援がさまざまに考えられるようになり、これらの子どもたちの「教育的ニーズに応える」ことが特別支援教育の旗印にもなりました。
　現在では、いわゆる「発達障碍」の子どもは、通常学級ばかりでなく、特別支援学級や通級指導教室で支援を受けることも増え、全国でこれらの子どもたちへの対応が考えられるようになってきました。このKさんのエピソードは、特別支援教育の枠組みが動き始めた頃の黎明期の実態を伝えるものだと言ってよいと思います。
　ともあれ、授業の流れになかなか乗りにくい、自分のこうだと思った世界にはまり込むとなかなか抜け出せないなど、高機能自閉症の子どもの一端が授業風景と併せて描き出され、また担任教師の対応の難しさ、さらに学校ボランティアの両義的な対応の難しさがよく伝わってきます。
　このような現場の状況からどのような展開が図られるのか、なかなか見通しをもつことは難しいと思いますが、ここでも、保育の場と同じように、いかにAくんの思いをまず受け止めるかという「養護」の働きが、少なくともAくんとの関係を築いていく上に必要であることだけは確かです。しかし、クラス全体があるテンポで動いていくときに、その流れに乗りにくいAくんのような子どもたちがどのように学校で「育てられて育つ」のか、このレポートを読んでもなかなか展望が見出せないように思いました。子どもの教育的ニーズに応える面よりも、子どもが学校という枠組みに嵌め込まれていく様

子がかえって浮き彫りになるようなレポートでもあったように思います。

そこで次節では、いわゆる「発達障碍」を念頭に置きながら、私の関係発達論の立場から障碍の問題を取り上げてみることにしましょう。

第6節　障碍を関係論的に考える

(1)　「障碍」とは何か

障碍のある子どもの教育やその保護者への支援を考えるとき、まずもって「障碍」とは何かを考えておかねばなりません。その際、まず踏まえておきたいのは、第三者の観点から見た「障碍」（医療的観点からする障碍）と、子ども本人から見た「障碍」が微妙にずれる点です。本章でこれまで見てきた特別支援教育の理念にあるように、障碍のある子どもが抱えるさまざまなニーズを受け止めてそれに応えることが求められる親や教師にとっては、特に後者の障碍の見方が必要になってきます。

①　第三者の観点から見た障碍：個体論的な障碍観

通常、障碍というと、すぐさま脳の異常や身体諸機能の異常が取り上げられます。子どもの内部に何らかの生得的な異常（impairment）があって、そのためにあれこれの能力面の障碍（健常な子どもにできることができないという状態）が生まれ、またそのために「適応行動」がなかなか定着せずに、集団の流れに乗れない、みんなと同じ行動ができないなど、周囲も本人も困る不適応状態が現れてくるのだと考えるのが一般的です。確かにその子自身が内部に抱え込んだ障碍がそのような負の状態や負の行動をもたらし、その結果、周囲と共に生きることを難しくし、自分らしさを発揮しにくくなっていることは否定できません。

そこから、療育や教育によって潜在している能力を引き出し、負の行動を低減し適応行動を増やすことによって健常な子どもに近づけるようにもって

いけば、障碍児も健常児と共に生きる展望が開けるはずだという「発達促進」の発想が生まれることになります。

これは、健常な子どもを基準にそこからどれだけ逸脱しているかという点から障碍を査定し、潜在する能力を引き出し、負の行動を減らし、それによって障碍を低減し、発達を促進して、健常な子どもに近づけるという、いわば「医療モデル的な障碍観」だといってよいものです。多数が構成する「正常」を基準に、そこからの「偏倚」をとらえ、この「偏倚」を可能な限り正常化して、多数に近づけようとする考えが「医療モデル」と呼ぶ所以ですが、これはまた、障碍が子ども自身の内部にあると考える点では「個体論的な障碍観」といってもよいものです。

この種の障碍観は、障碍のある子どもの保護者や医療関係者はもちろん、多くの保育者や教師など、大多数の人が常識的に抱く障碍観です。これはまた第三者的な観点から見た障碍観であり、健常な子どもとの差異（落差）を基本に据える障碍観です。通常の障碍アセスメントで問題にされるのはこの種の障碍観ですが、ここでは障碍のある子ども本人が感じている「生きにくさ感」や「困り感」、つまり、自分の思いや意図が周囲の人に分かってもらえない、あるいは自分の思いや意図を相手にうまく伝えられないといった、生活する上で、あるいは対人関係を営む上で障碍となっていることなど、子どもの側に生まれている広い意味でのニーズ（心の動き）が十分に考慮に入れられていないことに注意する必要があります。

② 子ども本人の観点から見た障碍：関係論的な障碍観

世界障害者年（1981年）以降、障碍のある子どもを「障碍児」と呼ばずに、「特別な支援を要する子ども」(children with special needs) とする見方が広まってきました。この線に沿って考えるとき、子ども自身がどのようなニーズを抱えているのか、どのような点に「困り感」や「生きにくさ感」を抱えているのかというように、本人中心の障碍観が必要になってきます。

障碍によって脳機能や身体機能が健常な子どもと同じように働かないのは、

その子の責任でも周囲の責任でもありません。またその障碍の現実は、周囲が理想的な療育や教育を施せば容易に正常に復するような軽いものではありません。そのような脳機能や身体機能の障碍は、当の子どもの側から見れば、自分が周囲の人と共に生きていく際の**所与の条件**だと言わざるを得ないものです。

　例えば、染色体異常によって生じるダウン症は、多くの場合、何らかの知的障碍を伴いますが、では当のダウン症の子どもはその知的障碍を克服・低減するために生きなければならないのでしょうか。そうではなく、知的障碍があるという現実のなかで、いかに周囲の人と共に生きるか、また自分らしく生きるかが、その子にとっての問題であるはずです。この場合、当の子どもにとっては、ダウン症そのものが障碍であるというより、それによって当の子どもが周囲の人と共に生きることや自分らしく生きることに困難を覚えること、つまりその子の「困り感」や「生きにくさ感」がその子にとっての障碍だと言わなければなりません。

　言い換えれば、子ども本人から見た障碍とは、自分が主体として周囲の人と共に生活し、なおかつ自分らしく生きようとすることに立ちはだかるもの、つまり、本人からすれば先に述べたような意味での「生きにくさ感」や「困り感」として感じられるものだと言えます。この場合、その「生きにくさ感」や「困り感」そのものは、脳機能や身体機能の障碍から直接導かれるとは限りません。むしろ周囲の人と共に生きるなかで、周囲の人の自分に対する対応のあり方や、自分に振り向けてくる思いに対して、自分らしくできない、自分のことが分かってもらえないと感じられることに起因しているはずです。

　ですから、子ども本人にとって障碍の低減・改善とは、単に機能面の改善や能力面の向上であるとは限りません。周囲の人の自分への対応のあり方や思いのあり方が変化し、自分が少しでも自分らしく生きられるようになり、自分の心が前向きに充実するならば、それは当の子どもにとっては障碍が低減され改善されたことを意味するはずです。これは前項(1)の個体論的な障碍観と対比して、**関係論的な障碍観**と言ってもよいものです。

この関係論的な障碍観に立てば、いわゆる不適応行動と呼ばれるものも、障碍そのものから直接的に派生するとは限らず、むしろその子が周囲との関係の中で感じる「生きにくさ感」や「困り感」から二次的に派生する場合があり得ること、そしてそれがまたその子自身や周囲の「生きにくさ感」や「困り感」を助長して、さらなる不適応行動を呼ぶというように、悪循環が巡る可能性さえあることが見えてくるはずです。

　(1)の個体論的障碍観と(2)の関係論的障碍観は、「あれか、これか」の二者択一的なものではなく、障碍観としては相補的な関係にあるものです。ただし、「子どもを一個の主体として受け止め、一個の主体として育てる」という保育の観点や、「子どもの教育的ニーズに応える」という特別支援教育の理念に結びつくのは、私の見方からすれば(2)の障碍観です。(1)の障碍観は障碍そのものと向き合い、その一般的な特性を明らかにすることには通じても、一人の現実の子どもが抱えている困り感や生きにくさ感に応えることには通じにくいと思うからです。いずれにしても、障碍児保育や障碍児教育を考えるときに、(1)の障碍観だけでは十分とはいえず、(2)の障碍観が十分に踏まえられなければならないのではないでしょうか。

(2)　発達初期に現れる障碍は、
　　　「発達性の障碍」と「関係性の障碍」を必ず随伴する

　いま、二つの障碍観を概観しましたが、これまでの議論、とりわけ「子どもは育てられて育つ」という本書のテーマを踏まえると、従来の個体論的な障碍概念の狭隘さが浮き彫りになります。一例として、一人の子どもがある生得的な障碍（impairment）を抱えて誕生した場合を考えてみましょう。その子どもの成長過程には、時間経過の中で行動面や能力面にさまざまな障碍（disability、disorder）が現れてくるでしょう。その「時間経過の中で」をどのように理解するかは、まさにその子の発達や障碍を理解する際の鍵を握る部分です。

① 障碍は「発達性の障碍」を必ず随伴する

「育てられて育つ」子どもにとって、発達初期に抱え込まれた何らかの障碍（impairment）は、その後の「時間経過の中で」次々に二次的、付加的な躓き（広義の障碍）を呼び込まずにはおきません。それというのも、「時間経過の中で」の意味には、本来、親をはじめとする周囲の人の「育てる」営みが入り込み、それによって「その子がある状態に・なる・」ということが含まれてくるからです。

言い換えれば、子どもに現れる行動面や能力面の問題（disability や disorder の状態）は、そのすべてが生得的な障碍 impairment によって直接的に規定されるものではありません。そこには「育てる－育てられる」という周囲との関係の中で積み重ねられたものが必ず入り込んできます。例えば、親や療育の立場の人たちの「子どものために」という善意の願いに基づく「遅れ」を取り戻すための強い「させる」働きかけは、その願いとは裏腹に、その子どもの心に強い負荷をかけ、それによってその子の心が前向きに働かないことがいまの状態像を二次的、付加的に増悪させる可能性が十分にあります。

ですから、「時間経過の中で」ということの意味、つまり、子どもは「育てられて育つ」ということを念頭に置けば、発達初期に現れた障碍はすべて、その「時間経過の中で」負の面が増幅される可能性をもつという意味で、何らかの「**発達性の障碍**」を随伴すると考えざるを得ません。

② 障碍は「関係性の障碍」を必ず随伴する

さらに私の主張する関係発達の考えに従えば、一人の子どもの発達は心の育ちを離れては考えられないものであり、心の育ちを考えれば、直ちに、そこに周囲他者との関係の問題が流れ込んでくるのを見ないわけにはいきません。このことを踏まえれば、従来の個体論的な障碍概念のもう一つの問題点が見えてきます。

先にも見たように、従来の障碍概念は、何ができないか、どういう困った行動を示すかというように、あくまでも平均的な健常児との比較の中で、「い

ま、ここ」における断片的な行動面、能力面での disability や disorder をとらえるものでしかありませんでした。しかし、障碍を負った子どもを間近に見れば、能力面に難しさを抱えているばかりでなく、心の面にも難しさを抱えていること、つまり、さまざまな「困り感」や「生きにくさ感」を抱き、自信をもてず意欲が湧かないという、心の問題を抱えていることが見えてきます。しかもその心のありようは、周囲の人たちとの関係の中で生み出されてくるものなのです。

例えば、第2章の図2（P.57）に明らかなように、障碍が発見されたときの親のショックや焦りなどの負の心の動きは、必ず子どもの心に流れ込み、その結果、子どもの心が輝かずに、負の心の動きをもたらさずにはおきません。そしてそれが、子どもの能力面の育ちに負の影響を及ぼす可能性は十分にあります。障碍があるから負の行動が生まれるという短絡的・直接的なものばかりでなく、周囲との関係のありようが子どもの心に負の影響を及ぼし、それが子どもに二次的に負の行動をもたらす可能性もあるのです。

逆に、周囲の支援によって親の心に余裕が生まれ、子どもと共に生きる前向きの姿勢が強められると、親のその肯定的な心の動きは容易に子どもに浸透し、子どもの心も躍動し始めて、潜在していた能力が顕現することは決して稀ではありません。これは障碍のある子どもに長期間関わった人たちのレポートを読めば必ず出会える事実です。

このように、子どもの心に定位すれば、周囲の人との関係のありようが見えてきます。つまり、心を含めて障碍を考えれば、そこには必ず関係性の問題が時間経過の問題（発達の問題）と絡み合って立ち現れてきます。要するに、発達途上に現れる障碍は必ずや**関係性の障碍**（対人関係の中で生じる**負の問題**）を内包すると言わざるを得ません。

翻って考えれば、従来の個体論的な障碍概念には、障碍の特性を明らかにする視点はあっても、「あれこれの心をもって今を生きる一人の子どもの全体像」を捉える視点がなかったことに改めて気づきます。

これまでの議論を踏まえれば、障碍は、持って生まれた障碍(impairment)

を端緒としながらも、「育てられて育つ」子どもにとっては、必ず「発達性の障碍」と「関係性の障碍」が撚り合わさったものとして、「いま、ここ」の具体的な状態像に結晶化してくるものであることが分かります。繰り返しますが、いまの状態像は必ずしも持って生まれた障碍（impairment）と直結しているのではないということです。

(3) 関係論的障碍観の射程

障碍のある子どもが何らかの「困り感」を感じているとき、周囲（親やきょうだい）も何らかの「困り感」を感じないではおれませんし、その逆も言えます。子どもが何らかの障碍を負えば、子ども本人はもちろん、その子と共に生きる周囲の人たちも大抵は何らかの生きにくさを覚えるようになります。関係性の障碍は、子ども本人ばかりでなく、そこに共に生きる周囲の人たちをも巻き込むことになるのです。この点をもう少し見てみましょう。

① 保護者やきょうだいの抱く「困り感」や悩み

特に保護者は、わが子が健常な子どもと同じようにいろいろなことができるようになってほしいと願い、またわが子がもっている力を最大限に引き出してやりたいと願います。その願いは保護者としては当然のものです。しかし、その願い通りにならないところからくる焦る思いや「困り感」や悩みは、子どもの「なる」に向けての過剰な「させる」働きかけに繋がりやすく、その結果、子どもの「ある」を受け止める部分が弱くなって、「ある」と「なる」のバランスが壊れる可能性を高めます。そのことが子ども本人の「生きにくさ感」や「困り感」に通じ、そこからその子の不適応行動が増幅される一方で、保護者の焦る思いや「困り感」がさらに助長されるというように、悪循環が巡る可能性が生まれます。

そうしてみると、保護者やきょうだいにも、家族に障碍のある子どもがいることによって、さまざまな「生きにくさ感」が生まれ、それを何とかしたいというニーズが抱え込まれている事情が見えてきます。ということは、子

ども本人ばかりでなく、保護者やきょうだいも周囲からの特別な支援を必要としているということです。

実際、保護者の立場に立ってみると、医療の側から初めて障碍の診断が下されるとき、どれほどのショックを受けるか計り知れません。誤診の可能性を考えてセカンドオピニオンを求め、障碍の低減の可能性を信じてさまざまな療育機関に通い、生活のすべてを障碍の子どもに賭けて、一途に「可能な限り力を引き出して、健常な子どもに一歩でも近づけたい」と願うのはごく自然なことでしょう。そのこと自体を責めることはできませんし、発達促進を願うのは、親心としては当然のものでもあります。

そのような振りかぶった思いや、健常児との落差を実感したときの落胆する気持ちが、わが子を前にしたときの保護者や家族の「生きにくさ感」や「困り感」の内実です。ところが、先にも述べたように、保護者のこの「生きにくさ感」や「困り感」は、共に生活するなかで障碍のある子ども本人の心に通じ、その子自身の「生きにくさ感」や「困り感」に転化します。その結果、「育てられて育つ」その過程全体、つまり「育てる」ことも、「育てられる」ことも自然な流れから阻害されやすくなります。私の見方では、これも広い意味での「障碍」、いわば「関係発達論的障碍」とでも言うべきものです。

② 保育者や教師の抱く困り感

保育者や教師も同様です。集団を一斉に動かそうと思っているときに、障碍のある子どもがその流れに乗れない場合、保育者や教師は自分の実践がうまく展開しないのは、障碍のある子どもが流れに乗れないからだと発想しやすくなります。そしてそのように発想するところから、どうすれば適応行動を増やすことができるか、どうすれば不適応行動を減じることができるかという問いが導かれやすくなります。

しかし、このような発想とその基になる自分の「困り感」は、当の子どもがその場で感じている「生きにくさ感」や「困り感」に気づくのを遅らせたり、見失わせたりすることになりやすく、そのことによって結果的にその子

第7章　特別支援教育の理念と障碍の問題を考える

の「生きにくさ感」や「困り感」を助長し、さらに不適応行動を増幅してしまう危険を生みます。これは支援する立場の保育者や教師が集団を全体として動かすという考えに安易に加担する場合に特に生じやすいと言わねばなりません。

逆に、「させる」「与える」という構えが背景に退き、子ども一人ひとりの思いに目が向けられるようになると、保育者や教師の抱く「困り感」自体が大きく変化し、障碍のある子どもへの対応もたいていは柔軟になってきます。そうしてみると、障碍をどのように考えるかが、やはり大きな意味を持つと言わざるを得ません。

(4)　関係発達論の立場から障碍への支援を考えるために
① 基本的な考え方
関係発達論の立場から障碍のある子どもや障碍のある人への支援を考えるとき、中心にくるのは次のような考えです。

「人は誰しも周囲の人たちとの関係の中に生きる」という当たり前のこと、そしてそれを少し言い換えた、「自分が一個の主体として生きていることを周りから受け止めてほしいように、相手もそう思って生きている。そういう人間同士が関係をもって共に生きるためには、相手を自分なりの思いをもって生きる主体として受け止め、自分の主体としての思いを相手に伝えることが人間関係の基本である」という当たり前の考え方です。この考え方を圧縮したものが本書の「子どもは育てられて育つ」というテーマに他なりません。

ここには「障碍」の文言はでてきません。ということは、関係発達論の立場からの支援は、障碍への特別な支援の方法を考えるというものではなく、むしろ障碍のあるなしにかかわらず、人が周囲の人と共に生きるという当たり前のことのなかに、障碍の問題を含めて考えていくということです。しかし、その素朴な当たり前と言ってよい考え方が、なぜかいまの日本文化のなかでは理解しにくいようなのです。

実際、自分を主体として受け止めてほしいということは誰もが思っている

ことなのに、なぜか相手を主体として受け止めることをすっかり忘れ、もっぱら自分の正しいと思う考えを相手に押しつけ、その考えで相手を振り回す人が大勢います。その人はまさに善意からそのようにしていると思うのでしょうが、相手からすれば、ひたすら振り回されるだけで、その人に対して負の感情を抱きやすくなるのは当然です。

このことを障碍のある子どもと支援する立場の教師との関係に置き換えてみればよいでしょう。善意に発する発達促進のための一連の「させる」教育も、それが子ども本人のニーズと重なっていれば何ら問題はありません。しかし、その子のニーズと善意の「させる」教育が重ならないとき、子どもはひたすら受け身にならざるを得ません。こうしたことが学校現場でこれまで随所に見られたからこそ、特別支援教育に舵を切り直さなければならなかったのです。

障碍のある子どもも一個の主体として今を懸命に生きています。そのことを踏まえれば、支援の基本は子ども本人の主体としての思いをまずもって尊重することにあります。それこそ特別支援教育の理念にほかなりません。にもかかわらず、なぜか「発達促進」や「社会的適応」や「社会的自立」を謳い文句に、「社会的スキルの定着」や「プログラム対応」をめざす支援が花盛りです。そのような対応をめざす人は、その対応の中に人を操作したり、制御したりする面があること、それによって子どもの主体としての尊厳を傷つける結果になる可能性があることをどのように考えているのでしょうか。

② 時間横断的な人間理解で満足するか、時間縦断的な人間理解をめざすか

障碍のある子どもを含め、人間一般を理解しようというときに、私の見方では、大きく二つの理解のあり方があります。その一つは「時間横断的な理解」とでもいうべき理解のあり方であり、いま一つは「時間縦断的な理解」とでもいうべき理解のあり方です。

脳性マヒ、ダウン症、聴覚障碍、あるいはいわゆる「発達障碍」等々、その障碍を「いま、ここ」において診断することは、それだけで障碍を理解し

たことと等値される傾向にあります。つまり、時間横断的な子ども理解でもって満足し、そこからただちに、その障碍の低減に向けた対応がめざされることになります。その場合、その子どもがその障碍を抱えて生きる時間経過が顧みられることはほとんどありません。こうして、肢体に生じるマヒをどのように改善するか、知的障碍に対してどのような知的、社会的能力の定着を図るか、聴覚障碍に対してどのような補償的機能の定着を図るか等々、目先の負の問題の低減に繋がる対応がその支援であると考えられてきたのでした。

　これに対して、関係発達論的な障碍理解に基づけば、いまの状態がどのような「育てられて育つ」経過を通してもたらされたのかを考え（発達性の障碍）、またそれがどのような周囲との関係性のなかで負の循環を余儀なくされてきたかを考えて（関係性の障碍）、子ども本人の抱くニーズに応えようと努め、周囲と共に生きることの困難への支援、家族を含めた子どもの周囲にいる人たちへの支援を考えずにはおれません。それはまた一人の子どもの時間縦断的な理解と、その子どものこれからの長い人生を展望した支援をめざすことでもあるでしょう。

　口幅ったい言い方に聞こえるかもしれませんが、私は医療的な観点からする障碍の理解は、一般に横断的な理解が中心で、なかなか縦断的な視点がもてないように見えます。要するに、前節で見た「時間経過の中で」という「発達性の障碍」の観点が極めて弱い感じがするのです。このことがいわゆる「発達障碍」の問題に大きく関わってきます。

第7節　「発達の障碍」といわゆる「発達障碍」を考える

（1）「発達障碍」という概念の由来

　保育や教育の世界ではもちろん、新聞紙上でも事件との関連で「発達障碍」という言葉がしばしば目にされるようになりました。

しかしながら、不思議なことに、「発達障碍」という概念がわが国において深く検討された形跡は見当たりません。ことの発端は、診断・鑑別を求められる医療の立場の人たちが、さまざまな障碍のカテゴリー分けのなかで、既存のカテゴリーに収まらない一群の特徴をもった子どもたちに対して、「暫定的に」付与した命名だったのではないでしょうか。つまり、「発達初期に、時間経過の中で特有の症状が現れてくる、既存のカテゴリーに当てはまらない障碍」というかなり漠然とした意味で、「発達障碍」という概念が使われだしたのではなかったでしょうか。DSM-Ⅲに「広汎性発達障碍」なる概念が登場してくる事情も似たり寄ったりだったと思います。

　その名称の由来はともかく、「発達障碍」という概念は、「自閉症スペクトラム」の概念とも絡んで、一気に市民権を得るようになり今日に至っています。しかしながらこうした動向は、一人の「育てられて育つ」子どもの、その成長過程に表れたさまざまな問題（困り感や生きにくさ感）を理解することに真に寄与したのでしょうか。暫定的で苦し紛れに導かれたにすぎない「発達障碍」という命名は、その障碍そのものの理解に繋がってきたのでしょうか。

(2) 「発達障碍」という概念がもたらしたもの

　この「発達障碍」という概念が小児精神医学によって導入されて以来、少なくとも保育や教育の世界に大きな変化が生まれたことだけは確かです。前節末尾の学校ボランティアのレポートを見れば分かるように、学校現場では、新しい特別支援教育の枠組みとの関連で、いわゆる「発達障碍」の子どもたちへの対応に苦慮している現実があります。

　まず第一に、これまで「障碍のある子ども」という範疇に含まれず、「健常な子ども」という枠組みの中で担任教師の「指導性」に委ねられてきた子どもたちが、発達障碍の範疇に含まれる高機能自閉症、LD（学習障碍）、ADHD（注意欠陥多動性障碍）、アスペルガー障碍等々の診断名を医学の立場から与えられ、「障碍のある子ども」に含められることによって、親や

教師の当の子どもを見る視点が明らかに従来とは違ってきたという問題があります。

教師の側からすれば、日常的な対応の難しさ、学習指導の難しさなど、指導上の困難が、教師である自分の指導力不足のためかもしれないというそれまでの疑念から解き放たれ、「その子に障碍があったから指導が困難だったのだ」という認識へと切り替わりました。そして、それによって、自分自身の責任が免責される安堵感と共に、障碍の範疇に入る子どもたちであるならば専門家に委ねたいという「本音」も一部の教師には生まれました。つまり、この視点の切り替わりは、同じ一人の子どもをそれまでの「健常」から「障碍」の範疇に押しやる結果になり、障碍の特性の理解と、その特性に応じた特別な支援のかたちを習得することへと教師を促すことになりました。

親の側も同様で、この子がこのように扱いにくいのは自分の子育てが拙かったからではないかという自責の念に駆られていた親ほど、これらの障碍名が与えられることによって、「この障碍のゆえに子育てがむずかしかったのだ」という認識に切り替わり、自身の責任が免責される安堵感と、それまでの周囲からの非難のまなざしが不当なものだったことへの怒りが生まれました。そして、親もまた、障碍特性を学び、プログラムやスケジュール表に従った対応を学ぶことによって、子どもを特別な存在とみなすようになり、その行動改善のための具体的な対応を模索することへと強く傾き始めたように見えます。

一つの新しい障碍概念の提唱は、このように子どもを取り巻く教師や親に深い影響を及ぼし、それによって、それらの大人たちとの関係の中で生きていくしかない子どもにも深い影響を与えることになりました。しかし、これほどの大きな影響力を持つに至った診断上の諸概念は、「発達障碍」という大きなカテゴリーそのものの理解を深めることに寄与したのかどうか、ひいては、そのような診断を受けた子どものたちの心身の成長に本当に寄与するところがあったのかどうか、いくつか疑問に思われることがあります。

(3) 「発達障碍」という概念はミスリーディングである

　いわゆる「発達障碍」は、脳の機能的障碍に発端があるといわれながら、その状態像が何によってもたらされるかの直接の原因が特定できないこともあって、その診断は症候群診断にとどまっています。つまり、診断という枠組みでは、「いま、ここ」に示される子どもの状態像を所与の症候群診断基準とマッチングして、例えばＡＤＨＤという診断名を付与するに過ぎません。そのときのＡＤＨＤという診断名は、その子のいまの状態像に貼り付けられたラベルです。ところが、親も教師も果ては診断に携わる医者までもが、いつのまにか「いま、ここ」でこの子の示す状態像はＡＤＨＤによってもたらされたのだ、と理解することにすり替えられます。「いまの状態像は分類基準によればＡＤＨＤですね」というのと、「この子はＡＤＨＤだからこの状態なのですね」というのとでは大違いです。にもかかわらず、このすり替えが横行しています。

　同じことが脳研究にも言えます。ＡＤＨＤと診断されている子どもの脳活動をｆＭＲＩ（画像診断の一種）で調べたときに、健常な子どもとは異なる脳部位の活性化が認められたという場合、本来は、子どもの状態像がこのようであるときに脳の活動はこのようであるというふうに、状態像と脳の活動とのあいだに並行関係が示されたということです。ところが議論は、脳がこのように活性化しているから、子どもはこのような状態像なのだというふうにすり替えられます。

　このような議論が繰り返されるのは、素因ないしは原因系としての障碍（impairment）がまずあって、そのために脳の働きに障碍が生まれ（disorder ないしは dysfunction）、そこから行動障碍や能力障碍（disability）などの顕在的障碍がもたらされ、さらに社会的不利（handicap）が導かれるという線形モデル＝因果論的モデルが多くの人に暗黙のうちに了解されているからです。

　しかしながら、そのような暗黙の了解に示されている線形モデル＝因果論的モデル、つまり、(a) impairment → disorder(dysfunction) → disability → difficulty of life に含まれる→は常に右向きに進行するという意味なのかどう

か、本来の図式は（b）impairment → disorder(dysfunction) ⇔ disability ⇔ difficulty of life という流れになっている可能性がないのか、という吟味をもっと慎重にする必要があったのではないでしょうか。

というのも、この矢印の流れに示される時間経過は、子どもが「育てられて育つ」過程と重なるからです。

前節で見たように、障碍は子どもの内部にあると見る立場（個体論的障碍観）に立てば、症候群診断を下すときのように、子どものいまの状態像のみに定位し、**時間経過をまさに捨象して**、脳の障碍が直接的に行動の障碍をもたらすのだと短絡的・因果論的に考え、矢印は単に障碍の顕在化の過程を示すだけであると考えるのは容易かもしれません。

しかし、関係発達論的な観点からすると（つまり子どもは「育てられて育つ」と見る立場から考えれば）、ここでの右方向に進む矢印はまさに時間経過を含む意味合いをもつと考えねばなりません。たとえ最初のきっかけは何らかの impairment にあったとしても、その後の「育てられて育つ」という関係発達の中で、impairment の結果として生じた種々の disability が周囲の育てる困難を導き、周囲のその負の心の動きが子ども本人の心の動きに負の影響を及ぼして、脳活動の disorder や dysfunction が増幅され、それがさらに disability をもたらすという悪循環や負の連鎖を引き起こす可能性は、十分に考える余地のあることです。つまり、現にいま出会う子どもの状態像は、素因からの直接的な結果ではなく、周囲との関係を媒介して（時間経過の中で）、負の状態が増幅された結果である可能性は十分にあるのです。

現に最近の脳研究の中には、対人不安や対人ストレスによって脳の機能が損なわれるという逆の流れの可能性を示唆するものさえ報告されています。つまり、脳の機能が損なわれているから対人ストレスが起こるというように、常に脳に原因を求めるのとは逆の流れが問題とされるようになってきています。

また発達障碍臨床の現場からは、学校や保育の場において大人や周りの友達と関係をとることの難しさ、また親や家族と関係をとることの難しさによ

って、子どもの disability がさらに増幅し、それによって問題行動が増えて、さらに関係が難しくなるという悪循環がしばしば報告されています。その逆に、周囲との関係が改善され、子どもの心の面に肯定的な変化が生じてくると、しばらくして能力の向上が見られたり、問題行動が減ったりと、よい循環が巡ることもしばしば報告されています。これなども、現在の状態像がすべて脳の活動の結果だとする先の因果モデルでは説明のつかない事実だといえます。実際、脳にすべての原因を求めるモデルは、結局のところ発達の問題、つまり時間経過の中で状態像が変わるという問題を説明できないのです。

そうしてみると、障碍を矢印が右方向に進む線形モデル＝因果モデルで考えるか、矢印が双方向性をもつ可能性があると考えるかによって、いわゆる「発達障碍」の理解が大きく異なってくることが分かります。

翻って考えれば、状態像に基づく症候群診断として出発したはずの「発達障碍」の概念は、そもそも、発達という時間経過を正面から組み込んだ概念だったのかどうかという疑念にも繋がります。発達は確かに時間軸を前提とした概念です。ただし、本書で繰り返し述べてきたように、子どもの発達は、単に個体の内在的な力が時間軸に沿って現れてくるという単純な性格のものではありません。そこには周囲の「育てる」営みが介在し、その影響を大きく受けながら、子どもの側はもちろん、育てる側も共に変容していく過程です。逆向きの矢印は時間経過の問題と共に、この関係性の問題をも強く示唆するものです。つまり、線形モデル＝因果モデルを脱して両方向性モデルに立つということは、すなわち発達や障碍を前節でみたように、関係論的に考えることを意味します。このとき、「発達障碍」という概念はどのように理解されることになるのでしょうか。

（4）「発達障碍」を関係発達論的に考えると

いわゆる「発達障碍」の問題を取り扱うのが難しいのは、発達概念や障碍概念を個体論的に考えるのか、関係発達論的に考えるのか、その出発点にそもそもの岐路があるからです。そして「発達障碍」の概念の中身が煮詰めら

れていかないのは、論者の多くが子どもの「育てられて育つ」という時間経過を無視ないし軽視し、それゆえ、時間縦断的に子どもを見ることなく時間横断的に子どもを見て、その状態像を脳障碍の観点から暗黙のうちに因果的に説明しようとするからです。子どもは育てられて育つ。この単純な事実に立ち返れば、子どもの発達は周囲の育てる営みから切り離せないことはいうまでもありません。また、子どもの側に何らかの障碍があれば、子どもが苦しむばかりでなく、その子を育てる周囲も苦しむことは明らかで、その周囲の苦しみが日々の関わりに浸透して、子どもに負の影響を及ぼし、それが時間経過の中で現在の臨床像＝状態像に結びつく可能性は十分にあります。関係発達論の視点からすれば、障碍の問題を周囲との関係から切り離して論じることなど、およそ不可能なのです。

① いわゆる「発達障碍」は「発達の障碍」に包摂される
　私は昨今の「発達障碍」という言葉の流行に釘をさす意味を込めて、「発達」と「発達の障碍」を最近、次のように定式化したことがあります。すなわち
　人間の一生涯は、その時間経過の中で＜育てられる者＞の立場から＜育てる者＞の立場に移行し、さらに＜介護し・看取る者＞の立場から＜介護され・看取られる者＞の立場に移行していく過程であり、しかもそれが世代から世代へと循環していく過程である
と人間の生涯発達過程の基本構造をとらえた上で、
　発達とは、人間の一生涯にわたる身・知・心の面に現れてくる成長・変容の過程であり、発達の障碍とは、その成長・変容の過程において、身・知・心の面に通常とは異なる何らかの負の様相が現れ、それが一過性に消退せずに、その後の成長・変容に何らかの影響を持続的に及ぼすことである
と定式化しました。
　私にとっては、これが「発達の障碍」を考えるときのもっとも大きな枠組みです。つまり、時間経過の中で時々刻々変容を遂げていく人間にとって、生涯過程の初期に現れた障碍は、その時間経過の中で二次的・付加的な障碍

を累積することを不可避的にし、それがその人の生涯過程に持続的に影響を及ぼし続けるというのが、この「発達の障碍」の基本的な意味です。ですから、いわゆる「発達障碍」も本来はこの「発達の障碍」に包摂されるものです。そう考えれば、なぜ自閉症圏の子どもやＡＤＨＤやＬＤの子どもだけが「発達障碍」と呼ばれるのか、かえって不思議に思われてきます。

　私自身は上記の考えの下で、多くの「発達の障碍」の子どもたちと出会ってきたと考えています。当然ながらこの概念の下には、肢体不自由の子どもたち、知的障碍の子どもたち、視覚障碍や聴覚障碍の子どもたち、そしていわゆる「発達障碍」の子どもたち、あるいは筋ジストロフィーや小児がんなどの病弱の子どもたちなど、すべて障碍のある子どもがそこに包摂されます。

　そして、いま述べた「発達の障碍」の考え方に準拠すれば、身体運動面、知的な面に問題を抱えていなくても（それゆえ、従来の考え方からすれば「障碍のある子ども」とはみなされない子どもであっても）、心的な面にいろいろな困難が現れて、その後の成長・変容に負の影響が持続的に及ぶ子どもたちの場合も、この概念の中に包摂されて何ら不思議はないことになります。

　例えば、親の虐待を受けて心に傷を負った子どもたち、あるいは不登校やひきこもりの状態に陥って心が傷ついている子どもたち、さらにはレイプに遭遇した少女など、これまで発達臨床という枠の中では取り上げられても、「発達の障碍」という概念の枠の中では取り上げられてこなかった子どもたちも、私の考える「発達の障碍」の範疇に入ることになります。

② 障碍に心の面の問題を含めて考えるかどうかが一つの岐路となる

　上記の考え方に対しては、「発達の障碍」が広すぎないか、それによっていわゆる「発達障碍」の概念をかえって曖昧にするものではないかという批判もあるでしょう。しかし、そのような批判は、「発達の障碍」を暗黙のうちに身体運動面や認知的な面に限局して考え、心の面に立ち入らずに済ませようとするからではないでしょうか。あるいは、心の面の問題を障碍の概念に含めずにおこうという考えが、暗黙のうちに前提されているからではない

第7章　特別支援教育の理念と障碍の問題を考える

でしょうか。それはまた「発達」という概念をもっぱら個体の能力面に現れる変化ととらえ、そこに心の面を含めようとしない姿勢にも通じています。

しかしながら、一人の実在する子どもの生活実態を時間経過の中で十分に見据え、子ども本人の「生きにくさ感」や「困り感」の問題に真摯に応えようと思うとき、そのような従来の考え方でやっていけるでしょうか。あるいは、障碍のある子どもを理解しようというときに、その身体運動的、知的な面を時間横断的に理解するだけで、その子の心の面をとらえることなく、しかも時間縦断的にその子の変容をとらえることがないままに、その子のことを理解したと言えるのでしょうか。

私が先の発達の定義のところで、従来は「心身」と表現してきた部分をあえて「身・知・心」とわざわざ言い換えたのも、従来の「心」はもっぱら知恵（知的能力）の面を指していて、心の面に蓋をしていたからです。子どもの発達を理解する際に、身体運動面と知恵の面だけでは明らかに不十分で、心の面をとらえなければ一人の子どもを理解したことにならない点を強調して、あえて「身・知・心」と言い換えたのでした。この観点から従来のいわゆる「発達障碍」という概念をもう一度振り返ってみれば、この概念の狭隘さが改めて見えてくるはずです。

（5）障碍のある子どもの状態像と心のありようとの繋がりを考える

先に見たように、心の面を含めて「発達の障碍」を考えると、従来の「発達促進」という枠組みの自明性が揺らいできます。すなわち、①目に見える行動面や能力面の障碍（負の状態像）は、その子の心の面の問題と繋がっていないだろうか、もっと言えば、心の面の問題が行動面や能力面に負の影響を及ぼしている可能性はないだろうか、②子どもの心の面の問題は、周囲との関係を離れて考えられるだろうか、といった疑問です。

①については前節で詳しく論じました。繰り返せば、主に能力面、行動面の問題として捉えられる子どもの臨床像＝状態像が、実はその子の生来的な障碍の直接的な帰結では必ずしもなく、時間経過における心の面の成長・変

容の影響（多くは負の影響）を二次的・付加的にこうむったかたちで現れてきた可能性がある、ということを示唆します。つまり、子どもが現にいま示すその臨床像＝状態像は、障碍の本体から直接導かれたものではなく、むしろ成長過程でその子が得た負の心的な経験に大きく影響される場合があるということです。これが先の線形モデル＝因果モデルに対して疑問を抱く大きな理由でした。子どもは時間経過の中で「育てられて育つ」存在です。これはある意味で当然の考え方ですが、医療を含む臨床現場の多くは、意外なことに、時間経過を考慮することなく、子どもの行動面や能力面の問題は、障碍そのものから直接的に導かれたものだという、時間経過を捨象した考えに安易に傾きがちです。

　②も前節で「関係性の障碍」として議論したものです。すなわち、子どもの心の成り立ちに目を向けると、子どもという個体だけに目を向けて済ますわけにはいかなくなり、子どもに関わる周囲の他者たちの心のありようにも目を向けざるを得ないという関係論的視点の重要性を示唆するものです。

　実際、子どもの心のありようは、周囲の重要な他者たちからその子がどのように思われているかということと無関係ではあり得ません。重要な他者たちの瞳がわが子の負の様相を前に曇るとき、それは単に重要な他者の側の心の問題に尽きるものではなく、それは子ども本人の心に影響し、子どもが自分について負のイメージを形づくることに繋がったり、自己肯定感を抱けなかったりすることに通じます（P. 62の図3参照）。そして、そのようにしてかたちづくられたその子の自信や自己肯定感の乏しさが、意欲のなさや自発性の乏しさに繋がり、ひいては能力面や行動面に負の影響を及ぼして、一連のパニックや扱いにくい行動を生み出す可能性さえあり得るのです。

　翻って考えれば、保護者も教師も、これまで障碍を子どもの内部に帰属し、行動面に現れた負の行動を中心に障碍を考えてきたからこそ、発達促進（能力改善）に向けた強い働きかけをその教育や支援の中心に置いて当然と考えてきたのでした。

　しかしながら、上に見たように、子どもの状態像は子どもの心の動きと深

く繋がって顕現していることがしっかり理解されれば、子どもの教育や支援は、単に能力の育成、発達促進というように、目に見える部分の改善をめざす一方通行の働きかけでよいとは言えなくなります。「発達促進」に向けた大人の願いは、力を身につけたいという子ども自身の意欲や、自ら頑張ろうとする気持ちを慎重に見据えながら、まさに「学ぶ－教える」の相互主体的な関係のなかでこそ、めざされるべきものだったのです。

第8節　一教員の目から見た一人の自閉症の子どもの様子

　最後に、現在は通級指導教室に席をおきながら特別支援のコーディネーターとして活躍している小学校教員のM先生が、かつて養護学校に勤務しているときに出会った自閉症のAちゃんについて綴ったレポートを紹介してみます。

（1）　自閉症のAちゃんと出会って　　　　　　　　　　　M教諭

　学校には時間の制約やさまざまな枠組みの制約があります。そのような学校の教師という立場で子どもを見るとき、障碍のある子どもであっても、どのように課題に取り組ませるかという視点は、なかなか消しがたいものがあります。もっと楽しい経験をいっぱいしてほしいと思いながらも、どうしても何かを「させる」という枠組みからなかなか開放されないのです。

　しかし私は、学校生活という大きな枠の中に帰属することで、子どもたちや保護者が少しでも安心して暮らせるように、そして卒業後の暮らしが豊かになるようにと願って、教育的な支援に携わってきました。

　支援するというと、大人の側からの視点が大きくなりがちですが、支援してもらう側の子どもがその支援を本当に必要としているのかどうか、裏返せば支援が本当に子どもの思いに沿ったものなのかどうか、また支援する側が支援される子どもの側から何を学び取っているか、どのような影響を受けて

いるかを、いつも確かめていかなければならないと私は考えています。
　これからお話しするAちゃんについても、学校という枠がAちゃんにとって苦しくないのかと反省しつつ関わってきていましたが、振り返ってみると、実は私のほうがAちゃんからたくさんのエネルギーをもらい、また保護者の方からいろんなことを教えていただいていたということに気づきました。当然のことですが、いままで出会った子どもたちやお母さん方、そして先輩の先生方や同僚との多くの関わりが、私のいまを支えてくれています。支援というものは、きっと一方的なものではなく、支え合う相互的なものなのだと、あらためて感じているところです。

（2）　Aちゃんと出会った頃

　Aちゃんは、笑顔のかわいい女の子です。数年前私は、養護学校の小学部に入学してきたばかりの１年生のAちゃんを担任することになりました。

①　入学当初のAちゃん

　入学当初のAちゃんは、とても緊張してはいましたが、学校では楽しめるものがあることがちゃんと分かっているようで、プレイルームのボールプールや運動場のブランコなどはすぐにお気に入りになりました。
　でも、初めての所で、初めての人に囲まれ、不安でたまらないという様子も見せていました。背中や肩に力が入り、給食はもちろん一口も食べられず、手を繋ぐことや抱っこやおんぶは全く受け入れてくれませんでした。
　感覚的にも苦手なことがたくさんあって、集団の中ではいろいろなことが「恐怖」です。動き回る友達、暑さ、暗いところ、給食等々、思わぬものが恐くて、泣き叫んだり、不快な刺激をシャットアウトしたりしていました。世の中には不快なことや分かりにくいことがたくさんあると思っていたのでしょう。
　さて、私はどうやってAちゃんと仲良くなったのか、いまから振り返っても思い出せませんが、ともかく１学期の終わり頃には、Aちゃんは随分と私

に向かって要求を出してくれるようになりました。

② Ａちゃんの特徴

　Ａちゃんは、普段はおとなしくてあまり自分の思いを主張しません。意味のある言葉をほんの数語しゃべります。名前を呼ばれると「はいっ」、喉が渇くと「あちゃ（お茶）」、何かしてほしいときには「たって！」という具合いです。たまに私の手を引いて自分のしたいことを伝えようとしますが、それも手を引くだけなので、何をしたいのかよくよく推察しなければ分からないこともしばしばでした。４歳の後半から動作模倣や言葉の音の一部を模倣することも見られるようになったということでしたが、やはり慣れない人との間では、模倣するなどとんでもない、という様子でした。視覚的に分かっていることは多く、自分の持ち物や置き場所は間違えませんし、脱いだ服をロッカーに入れることもできます。しかし、自分から片付けることはありません。一つひとつ声をかければできそうなのに、やり方を見せて誘ってもなかなか乗ってきません。着替えも自分ひとりでは難しく、私の膝にすわって私が一つひとつ目の前に服を拡げてみせたり、ちょっと手伝ってあげたりすると、その後は自分でするというぐあいでした。給食袋やかばんをフックに掛けるときも、フックの近くまでは行くのですが、なかなかそれに掛けることができない日もありました。

　手順を見せてもなかなかできないのは、分からないからではなくて、Ａちゃんの感覚に入ってくる刺激が多すぎるからかもしれません。うつむき加減にうろうろしたり、窓際の高い所にのぼったりするのも、私にはＡちゃんが不快な刺激から自分を守っているように見えました。

③ Ａちゃんのお返事

　入学して間もない頃、朝の会で歌を歌いながら順番に子どもたちの名前を呼ぶと、他の子どもと同じようにＡちゃんも返事をしてくれます。でもその返事は、顔をしかめ、肩や手に力を入れ「あああっ、……はいっ！」と全身

から振り絞って声を出すので、見ている側も苦しくなります。そんな苦しい返事はしなくていいよ、と担任4人の誰もが感じたようです。司会の先生が「Aちゃん」と呼ぶと、Aちゃんが力を入れて返事をする前に、代わりに他の先生が「はい」と言うようになりました。そして「Aちゃんのにこにこ笑顔かわいいねえ！」と元気なことを確かめるように声をかけていました。その先生の対応にAちゃんも笑顔になります。

　2学期には、名前を呼ばれるとAちゃんは余裕でにこにこ笑顔をふりまいていました。この頃になると「Aちゃん今日も元気かな？　いっぱい遊ぼうね」。〝うん、楽しみ！〟と言葉ではない気持ちのやりとりで一日が始まっていたように思います。その後、2年生になって、いつのまにかAちゃんは楽に「はい」と言うようになっていました。

（3）　楽しいことを共感すること
①　トランポリン

　入学してしばらく、Aちゃんの一番のお気に入りは、体育館にある大きなトランポリンでした。朝の集いの前に跳んで以来、楽しくて安心できることが分かり、毎朝着替えたあとに20分、給食後に30分、暇をみつけてトランポリンの上で一緒に過ごしました。初めは、着替えもそこそこに教室からはだしで勝手に抜け出し、走って体育館に行っていました。どっちみち先生がいないと上れないトランポリンです。追いかけて行った私が抱っこして乗せてあげることで、「先生も了解してくれている」と思えたのでしょうし、その上「先生と一緒に跳ぶと、高く跳べて楽しい」ことが分かったようです。

　そのうちにトランポリンに行きたいときは、私の手を引くようにしてサインを出してくれるようになりました。しばらくすると「いち！」と言ってトランポリンに行きたいことを教えてくれるようになりました。「いち！」とは、トランポリンの上で「いち、にの、さーん！」と大きく飛び跳ねるのがお気に入りで、そのときトランポリンの上で「いち！」と言って要求していたのがそのまま「トランポリンに行きたいよ」という意味を伝える言葉にな

ったものでした。

　このように書くと順調に要求表現の手段が伸びてきているように受け取られるかもしれませんが、そうスムーズだったわけではありません。最初のうち、はだしで教室から飛び出してトランポリンに向かうAちゃんを、私は追いかけて一緒に走りながら、「トランポリンに行こうね」とAちゃんがトランポリンに行くのを私が認めていることを精いっぱい伝えようとしました。けれども、そんなことを感じ取ってくれる余裕はそのときのAちゃんにはなさそうでした。

　トランポリンに先客がいて乗れなかったときには、泣いて怒って私に嚙みつくこともありました。Aちゃんの「トランポリンに行きたい」という要求に応えて、私が「トランポリンに行こうね」と肯定しながら一緒についてきたときに、先客がいたりして乗れないときには特に機嫌が悪くなります。安定できると思って行ったトランポリンに拒絶されたと感じるのでしょうか、途方に暮れた様子で、自分の感情すら表現できずにただ呆然と体育館のフロアを往復し、ステージの上の大きなトランポリンを斜めにチラッと見上げているときがありました。

　それでも私に嚙みつくことはすぐになくなり、嚙みつく真似で不快な気持ちを私に伝えてくるようになりました。

② 自分の安心できる世界

　学校という場に来て、慣れるまでは周りのいろいろなややこしいことに接するのが怖かったのでしょう。教室の隅に座って、甲高い声を発して紐や長いチェーンをさわり続けることで、自分の安心できる世界を確保している感じのときがよくありました。紐にさわりながら時々目を細めて周りを斜めに見ていることがあり、そんなとき横にいる私はAちゃんのしていることを真似してみました。そうすると、Aちゃんは紐の感覚にこだわっているようでいて、案外気持ちの一部では周りをうかがっていることに気づきました。そんなとき私は「〇〇ちゃんが〇〇しているね、いいね〜」と、いつか一緒に

遊べるようになると楽しいことが増えるかな、という願いをこめて言葉をかけていたように思います。

そのうちにAちゃんは私の背中にもたれて、長い紐の代わりかどうか分かりませんが、私の髪の毛をさわりながら周りを見るようになりました。

(4) 不快なことを一緒に乗り越える
① 給食の様子

給食は、決して不快なことではないのですが、食べられないものがあまりに多くて、「食べたいのに食べられない」という思いはやはり辛いものだと思います。唯一確実に食べられるパンとご飯もそのままでは無理で、パンは表面のパリパリだけ。いろんな先生に表面だけもらいます。ご飯は、醤油を少しふりかけてオーブントースターで焼きます。それをちびちびと時間をかけて食べていました。大好きな唐揚げでさえ、いつものお母さんの味とは違うので、私が小さくちぎって差し出すのを私の膝の上に乗っておそるおそる手を伸ばして食べるという状態でした。それでも1年生の3学期になると、ほかにも食べられるものが少しずつ増えてきました。ワカサギの唐揚げ、五色きんぴらの豚肉とこんにゃく、甘辛い牛肉などですが、初めは必ず自分のお盆から外します。パンやご飯をある程度食べた頃に、おかずを小さくちぎって「さりげなく」手渡すと、そっとつまんでちょっとなめてみています。そして大丈夫な味だと分かると口に入れてくれます。もちろん渡すときは、味の濃い好きそうなものだけを選びます。Aちゃんも「さりげなく」手を伸ばしてきます。大丈夫と思うとパクパク食べて催促したりします。私の「さりげなく」というのは、「無理にとは言わないけど、どう？」という意味をこめて、でも「この味なら大丈夫だよ」という安心を添えて、また口に持っていくのではなく、視界に入るところでそっと見せます。決して顔を覗き込んだり、「おいしいよ」などと言ったりはしません。「これなら食べられるはず」と思っていますが、食べさせたいことを悟られないように「さりげなく」。そして、Aちゃんも食べたい気持ちむき出しではなく「さりげなく」手を伸

ばしてきます。

　でも、何度手を伸ばしても食べられない物もありました。セルフドッグ（自分でパンに具をはさむ）のとき、いつものパンにウィンナーをはさめるように切れ目が入っているだけで食べられませんでした。何度も挑戦していましたが、だめでした。

　しかし、その数年後には、筑前煮だろうがハンバーグだろうが、ずいぶんいろいろな物が食べられるようになりました。偏食はありますが、栄養的に心配なほどではなくなりました。

② 泥んこ嫌い

　嫌いなことといえば、泥んこや絵の具が体につくことも嫌いでした。7月も近いある日、砂場での遊びを設定しました。他の子どもたちは砂に少し水を混ぜてお団子を作ったり、溝を掘って水を流したり、砂山を作ったり、さらさらの感触を楽しんだりしています。ところがAちゃんはどうしても砂に触りたくないようです。もともと砂が濡れているのは嫌いな上に、砂場自体がいつもの砂場ではない雰囲気に圧倒されていたのかもしれません。Aちゃんの好きなさらさらの砂に誘ってもダメで、体を固くして拒否します。そして自分から砂場の横に用意したたらいのきれいな水にさっさと入って「私は、ここがいい」というように、にこにこの表情です。「きたないのきらいやー」「いややなー」「さわりたくないよー」とAちゃんの気持ちを代弁しながら〝そうだよね、こんな遊びきらいだよね、ごめんね〟という思いで、Aちゃんの水遊びを認めていると、しばらくはにこにこして水の中からみんなの様子をちらちら見ていましたが、そのうち自分でたらいから出て砂場に近寄り、そーっと濁った水に手をつけていました。そして、その日の昼休み、他の学年の先生が大声で私を呼ぶので行ってみると、5、6年生が使っていた中庭のどろんこプールに、なんとAちゃんが自分から入って楽しそうにはしゃいでいたのです。こんな感覚は嫌いなはずなのに、と驚きながらも、「Aちゃんも泥んこしたね、いいねえ、楽しいねえ」と言って、昼休みのひとときを

Aちゃんの泥んこ遊びにつきあいました。

③ いつもと違うのは嫌！

　Aちゃんはトランポリンが大好きですが、ある日給食のあとに、もう一人私が担任している女の子のBちゃんと三人でトランポリンに行ったことがありました。Bちゃんはトランポリンの端のほうに絵本を抱えて座り、揺れを楽しんでいるだけですが、教室ではさりげなく私を取り合いしている仲です。しばらくは、ポーン、ポーンといつものようにAちゃんと私の二人でリズムを合わせて楽しく跳んでいました。

　ところがAちゃんがだんだん苛々した表情になってきたので、私はできるだけ〝Aちゃんと二人で跳んでいるのを楽しんでいるんだよ〟ということを意識して伝えようとして、「いっち、にいの、さーん」と抱きかかえるようにくっついて一緒に跳んだりしていましたが、とうとうAちゃんは大声で泣き出しました。トランポリンの真ん中に座り込んで泣くので、私は「どうしたの？」「なんで泣いてるの？」「どうしたいの？」などとゆっくり尋ねると、AちゃんはBちゃんのほうに体を向け、イライラ光線を投げつけるかのように泣き続けます。Bちゃんを指さすことも、押して下ろそうとすることもしないのですが、〝Bちゃんがいるといつもと違うから嫌だ〟ということのようで、Aちゃんの言いたいことはよく分かります。「Bちゃんがいるといつもとちがうね」「がまんせなあかんね」「がまんするのいややねえ」「泣きたいね」とAちゃんの泣き声と会話をするように話しかけると、Aちゃんは私の両手を持って私の目のところに持っていきます。そうか、一緒に悲しんで泣いてほしいのかと思い、「そうかそうか、先生も悲しいよ」と泣く素振りを見せると、私のおなかにしっかりしがみついてきました。

　こういう深刻な（？）やりとりをしているとき、Bちゃんは決して邪魔をしません。その逆のときもありました。二人を連れて外に出るときなど、どっちかが泣き出すことはあったのですが、同時に泣くことは一度もなく、私が泣いている子をなだめている横で「私は関係ないからね」というような表

情で待っていてくれることがよくありました。もちろん待っていてくれた子を後でちゃんと「えらかったね、ありがとう」と褒めてあげます。そうすると、たいてい〝当然でしょう〟というような顔をしていたのを思い出します。

(5) 笑顔の向こうにある思い

　現在、中学部2年生になったAちゃんは、相変わらず笑顔のかわいい女の子です。要求を泣いて訴えなくても、いろいろなやりとりができるようになっています。言葉も単語ですがずいぶん増えています。笑顔がかわいいこともあり、多くの先生たちもAちゃんといると癒されると言います。Aちゃんも安心して学校生活を送っているようです。先生たちの中には、Aちゃんが本当に言いたいことは何なのか、Aちゃんの本当の思いは周りに伝わっているのかと心配してくれる先生もいます。Aちゃんも小さい頃の混沌とした世界がだんだんと整理されて周りが分かるようになり、折り合いもつけやすくなってきているようです。Aちゃんが周りに合わせる力が伸びてきたとも言えますが、その力が伸びた反面、自分の思いを押し出す力はどうなっているのか、合わせすぎてストレスに感じていないのか、そのストレスをうまく解消する術をもっているのか等々、担任を離れて6年にもなりますが、心のどこかで気になっています。

(6) おわりに

　いま、私は通級担当という立場でいろいろな学校に巡回相談に行くのですが、そこで子どもの支援について考えるためには、担任の先生やコーディネーターの先生と私が、できる限り同じように子どもの思いに沿ってみることが必要だと思っています。もちろん保護者の方もですが。

　子どもが周囲をどう見ているか、どう感じているか、どのような状態にあるのか、そしてどのようにありたいと願っているか、どうしてほしいと思っているか、そうした子どものニーズを周りの大人が同じように分かることができれば、どのように支援したらよいかも分かってくるでしょう。担任の先

生の気持ちがそのように動けば、子どもと担任の先生もお互いもっと分かり合うことができるようになるかもしれません。

　でもそれは、そう簡単ではありません。私たちも思い悩みながら子どもたちに関わっています。お互いの思いを少しでも分かり合うことができたときには、何だかホッと嬉しくなります。子どもたちの育ちを支えているつもりが、実は私も支えられていると感じます。いま私は、子どもたちだけでなく、多くの先生方と支え合っていること、お互い育ち合えることを喜びに感じています。

（7）　私からのコメント

　特別支援教育が謳われる前から、心ある教師は「させる」構えで子どもに臨むのではなく、子どもの思いを受け止め、汲み取り、それに沿おうという構えで接していることがこのレポートから伝わってきます。

　また自閉症の子どもの学校のなかでの様子が生き生きと伝わってきます。見慣れない場にやってきて、不安がいっぱいのときの様子は、まさに教科書に出てくるような「特性」を示すAちゃんですが、M先生との関わりの中で、少しずつ学校という場に慣れてくると、苦手なことや嫌いなことも、学校生活の中で少しずつ変化していっている様子がよく分かります。

　この変化は、単に時間経過だけによるものではなく、周りにいるM先生との関係のもち方が大きいことは言うまでもありません。食事場面でM先生が「さりげなく」示し、Aちゃんが「さりげなく」手に取るやりとりは、自閉症の子どもへの対応のもっとも大切な機微に触れているように思います。特に以下の部分です。

　「無理にとは言わないけど、どう？」という意味をこめて、でも「この味なら大丈夫だよ」という安心を添えて、また口に持っていくのではなく、視界に入るところでそっと見せます。決して顔を覗き込んだり、「おいしいよ」などと言ったりはしません。「これなら食べられるはず」と思っていますが、食べさせたいことを悟られないように「さりげなく」。

第7章　特別支援教育の理念と障碍の問題を考える

　保育の世界の「養護と教育の一体となった働き」とは、まさにこのようにさりげなく誘い、それに子どもが乗ってきたら、それを丁寧に支えていくという働きです。子どもの思いを感じ取り、それを受け止め、それから大人の願いに誘うという流れは、「ある」を受け止め、「なる」に誘うと述べてきたことでもあります。それはまた子どものニーズに応える大人の対応でもあります。それらのことが、このAちゃんとM先生の関わりのなかに見事に示されています。子どもと教師の関係が相互主体的な関係だと述べてきたのは、このような場面のことを言いたかったからです。

　強引に食べさせるのではなく、さりとて食べたくないのなら食べなくてよいという突き放した態度でもありません。これまでのAちゃんとの関わりの経過を踏まえ、またAちゃんのいまの様子を見極めながら、M先生は「これならば食べられるはず」という読みを働かせ、「さりげなく」そっと見せます。たったそれだけのことのようですが、しかし、「これまで」と「いま」を重ね合わせ、いまの子どもの思いを敏感に感じ取り、そこから「さりげなく」誘う対応を紡ぐというのは、実践として実に奥の深い難しい対応です。そのさりげない誘いにAちゃんが乗るかたちで手を出し、ちょっぴり味わってみて大丈夫だと分かると、今度はもう少し積極的に食べてみようという流れが生まれます。これはまさに「なる」への変化です。この流れは、二人のあいだの無言のままの展開でありながら、お互いに相手の思いや出方を敏感に感じ取って自分の対応を微妙に修正していくというもので、これこそ相互主体的な関係です。

　とにかく、「させる」オーラがM先生から出ていないこと、何かを「させよう」とM先生が身構えていないことが何よりも大事な点です。子どもの意に反して何かをさせようとするから、特に自閉症の子どもは落ち着かなくなり、不安定な行動を示すようになるのです。

　M先生のこの食事の場面での対応こそ、子どもの「教育的ニーズに応える」という特別支援教育の理念に沿った実践（支援）の具体的なかたちです。苦手なことも「克服させる」のではなく、まさに、いまの食事の場面のように、

子どもの思いに寄り添いながら、さりげなく教師が誘うことを通して、子ども自身がそれに向かおうという気持ちになったときに、いつのまにか克服されるのだということも、このレポートからよく分かります。

　前章や本章で述べてきた事柄は、このようなAちゃんとAちゃんに関わるM先生の様子を念頭に置いて振り返ってみると、はっきりと理解できるものになるのではないでしょうか。Aちゃんについてのこのレポートは、「子どもは育てられて育つ」ということの核心部分を示すものでもあると思いました。

第8章

思春期は
いつの時代にも難しい

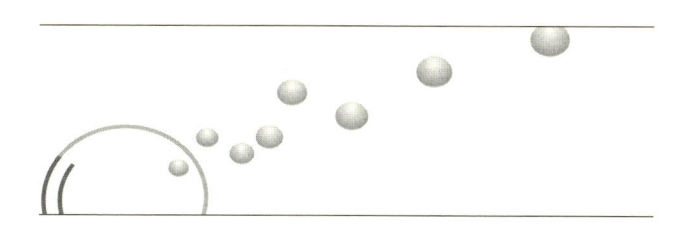

養護と教育の概念を再吟味することから、就学前保育と就学後にかけての「学びと教え」に触れ、学校教育の問題にほんのわずか言及して、特別支援教育と障碍の問題を考えてきました。その流れからいくと、本当は小学校時代の子どもの「育てられて育つ」様子を紹介すべきところですが、スペースの余裕も準備もない状況です。そこで、「育てられて育つ」過程の中でも、一つの大きな節目となる思春期を取り上げて、ひと区切りにしたいと思います。

思春期（青年期前期）は、昔から「難しい年頃」として知られていました。親や教師など子どもを育てる側から見ても、子どもの体つきや言動や態度が急に大人びてきて、学童期の頃のようには関われないという思いがつのります。しかし、どのように関わればよいかすぐには分かりません。子どもの側からしても、体つきの変化、生理的な変化（性の問題）、強い自意識の目覚めなど、大きな変化が次々に現れ、しかもそれらすべてが子どもから大人への転換に通じるらしいことが漠然と、しかし重みを持って感じられてきます。

　「子どもは子どもであって未来の大人である」という両義性が、まさに「半分子ども、半分大人」のかたちで立ち現れ、それまでは遠くにあった「大人の世界」がいまや「間近なものになった」とこの時期の子どもに実感されるのです。

　大人たち（親や教師）も、かつてこの「難しい年頃」を通過し、それから大人の側に身を置くようになったはずです。それにもかかわらず、まるでそのときの記憶がないといわんばかりに、この時期の子どもの急変ぶりに親たちは「子どものことが分からない」と嘆き始めます。これも考えてみれば不思議なことです。

第1節　身体面、意識面に現れる一連の変化

(1)　身体・生理的変化がもたらす性への関心とジェンダーの問題
① 身体・生理的変化

　思春期はまず、「第二次性徴」という言葉に象徴されるように、前年の衣服や靴が身に合わないほどの急激な身長の伸びと、それに伴う体型の変化、さらには、性に関する生理的変化（男子の場合は声変わり、勃起、遺精、夢精などの性器的変化、女子の場合には月経の開始、女性的な体型への変化など）によって特徴づけられます。こうした変化は、明らかに思春期の子どもを強く「大人側」に押しやるものです。

この生理的変化の一部は、予告なしに「ある日突然に」というかたちで生じます。女子の月経の開始は母親や女性教師に告げられることが多いにしても、男子の勃起や夢精などの変化は、本人にはおおっぴらに周囲に開示できることではないと思われるので、自分だけの秘密になり、ますますその戸惑いの度合いを強めてしまいます。

② 性への関心とジェンダー問題の浮上
　こうした生理的変化は、単にそれが生じたというにとどまらず、必ずや心理的な反響を自らの内側に引き起こします。男子の場合、遺精や夢精というかたちでの精通は、信じられないほどの性的快感をもたらし、後ろめたさを伴う自慰へと繋がります。これも周囲の大人に開示できるものではないために、たいがいは大きな秘密として自身に抱え込まれます。
　女子の月経の開始も、単にそれへの対処の仕方を身につければ終わりということではなく、女性らしい体型への変化と相まって、自分が生物学的に女性であるという現実が突きつけられます。その一方で、自分も母親と同じ女性のジェンダーをめざすのか、めざしてよいのか、どうなのかという暗黙の問いが突きつけられます。
　要するに、男子も女子も、この第二次性徴を機に、いよいよ自分の性を強く意識し、それを何らかのかたちで身に引き受けていかざるを得なくなってくるということです。しかも、クラスの身近な異性の存在は、いやがおうにも自分の性を意識させ、こうして性の問題が思春期の子どもの心に大きなウエートを占めるようになってきます。

(2) 自意識とその成り行き
① 自意識の芽生え
　この時期はまた、親や教師を鋭い目で評価的に見ることができるようになる一方、その鋭い評価的な目を自分にも向けるようになるところに大きな特徴があります。他者が自分に見えるように、自分も他者に見えているはずで

す。そこから、「自分は他者にどのように見えているのか」あるいは「自分は他者からどのように見られているのか」という問いが忽然と立ち現れてきます。これが自意識の芽生えです。

　人は、乳幼児の頃に初めて鏡の中に自分の「見え姿」を発見して以来、鏡の中に、あるいは写真やビデオ映像の中に、この顔とこの身体をもった存在として幾度となく登場していたはずです。「これは○○ちゃん」と写真の中の自分を指差して微笑む幼児は、何かしら誇らしげです。このように、自分に「見え姿」がある（見えるものである）ことは、幼少の頃から十分に分かっているはずです。しかし、そのことと、「自分は他者からどのように見られているのか」という問いとは、その意識において明らかに次元を異にしています。幼少期の自分の「見え姿」は、他者の「見え姿」とはいわば並列しているにすぎません。しかし、自意識に連なるこの問いは、自分と他者とのあいだをはっきり境界づけ、しかも対峙するかたちで向き合って、「見る─見られる」という関係において発せられています。

　さらに、自分が現実の他者（クラスメートの○○）にどのように見られているかという問いに端を発して、いつしか自分を想像的他者の位置に置き、その想像的他者が自分を見るというように、自己が二重化されるようになってきます。これも思春期の子どもの心に大きな心理的反響を引き起こさずにはおかない出来事です。

　自分を自分でどれほど好ましい存在に思いたくとも、鏡に映る自分は現実の自分を突きつけてきます。自分は他者にどのように映っているのか、他者は自分を好ましいと思っているのかどうか。自分で自分を高く評価したいのはやまやまだけれども、現実の自分は他者と比較してどうなのか。

　幼児期や学童期の頃は、周囲がたいてい良い鏡になって好ましく自分を映し返してくれていました。けれども、いま、現実の自分は他者の目にどのように映っているのか。この問いとそれへの答えは、まさに自分の自尊感に深く関わり、自分の自尊感を傷つけないように自己評価を高く持ちたいと思う一方で、周囲への羨望や嫉妬という負の感情とも背中合わせにならざるを得

ません。

② 社会的自己の萌芽

こうした見られる自分への気づきは、次第に人前で見られてよい自分を演じることへと思春期の子どもたちを押しやります。つまり、自分だけが知っている（と思っている）自分から、他者からの評価に耐えられるように振る舞う自分、また他者の評価に沿うように振る舞う自分が切り分けられ、二重化されます。これは他者からよりよく見られたいという自意識に端を発する自己変容のひとつなのですが、この時期の子どもは、相手によって自分が態度を変えているような、何かしら後ろめたい感情にとらえられてしまうことがしばしばあります。

自意識の芽生えがもたらすこうした「本当の自分」と「演技する自分」との自己の二重化の動きは、しかし、一人の人間が社会的存在として生きていく上で避けて通ることのできない重要な関門のひとつです。社会の一員であるということは、一人の人間が社会的に負わされているあれこれの社会的役割を、少なくとも人前では演じて見せるということを意味するからです。つまり、思春期の「見られる自分」の意識は、他者からの役割期待に沿おうというように自分を促し、その役割を演技しているつもりでいるうちに、それがいつのまにか自らの「社会的自己」に結晶化していくという、不思議な自己変容の出発点となるものなのです。

実際、私たち大人はみな、何らかの社会的役割を与えられており、周囲から寄せられるその役割期待に沿うことを求められています。大人はいわば社会的役割の仮面を被って人前に自分をさらしているのだと言ってもよいでしょう。大人の一歩手前にいるこの思春期の子どもたちは、こうした社会的自己に向かって、つまり大人に向かって、一歩踏み出したことになります。

③ 理想自己の萌芽

さらに、こうした自意識の高まりによって、思春期の子どもは自ら高邁な

理想を掲げ、他方で、現実の自分とその理想とのあいだの大きな落差に気の遠くなる思いを感じずにはいられません。それもこの時期特有の「いらいら、もやもや」の一因でしょう。その落差を早く埋め合わせたい気持ちが、この時期の子どもたちを隠れた喫煙や背伸びした性への関心など、自己誇大化的な振る舞いや、背伸びした振る舞いに導くことになります。

第2節　親からの離反と友達への依存

(1) 親からの離反（自立）の様相

　思春期の子どもは、それまでの学童期とは異なって、親と行動を共にすることを敬遠しがちになり、「勉強」と称しては、茶の間で家族と団欒を楽しむよりも自室にこもりがちになります。あるいは、何かを親から問われたとき、それに答えるのがおっくうになり、黙りこんだり、「うるさい」と親に口応えしたりする姿も増えてきます。これらはみな、「親からの自立の様相」と一括されてきたものです。

　思春期の子どもは、身体が大人に近づき、物事を認識する力がついてきたことを背景に、親や教師を自分と対等な人間と見る（見たいと思う）ようになり、そのぶん、親や教師に対して批判的な目を持つようになります。この批判的な目が、前節でみた自意識に跳ね返る一方、親から離れ、親から自立することへの原動力のひとつになります。その自立の様相は、一般に親や大人への離反や反発というかたちをとることが多いようです。こうして親と口をきかない、親に「うるさい」「ムカつく」といった言葉をぶつけて、親との距離をとろうとする姿がしばしば見られるようになります。

　しかしながら、こうした自立や反発の様相は、決して親への依存からすっかり脱却したということを意味しませんし、それまでの親への同一化をすべて捨て去ったというわけでもありません。「大した親だ」と思っていたのに実は「大したことのない親だ」と分かっても、どこかには「やはり大した親

だ」と思いたい部分を密かに残しています。大したことないくせに偉そうにするから「ムカつく」と言ってしまうのですが、そこには「やはり偉くて大した親であってほしい」という願いと、大したことのない親をこれまで大した親だと思い込んできた自分への腹立ちも混在していて、それでムカついている部分もあるのでしょう。あるいは、親に自分が近づきつつあることへの戸惑いが、かえって親からの距離をとる動きを強めるのかもしれません。

いずれにしても、親との関係の持ち方に大きな変化が現れてきますが、それと軌を一にして、友達関係にも大きな変化が現れてきます。

(2) 友達関係の変化
① 親友の成り立ち

この時期は、子どもたちの心の中で友達の比重がかつてなく大きくなる時期でもあります。その一つは、それまでの仲良しとは違う意味を持った「親友」が登場してくることに現れています。つまり、自分の悩みを打ち明けたり相手の悩みを聞いたりというように、それまでにはない親密さを感じる存在が新たに登場し、しかも自分がその親友に対して親友になるというように、対等な相互性が二人のあいだに生まれてくるのです。

自らに生じた身体面や意識面の一連の変化は、親や教師など、自分の周囲の大人に容易に開示できる性格のものではありません。ですから、そこから生まれる心理的反響は、自分の胸のうちに秘めておかざるを得ません。その葛藤を少しでも解消しようとするとき、それを同じ立場で語り合える相手、気心の知れた通じ合える相手が欠かせないものとなります。これが「親友」です。この親友とのあいだで次第に友情を深め、その親友に大きく依存し、その親友から大きく依存されていくことになるのです。それぞれに別個の主体でありながら、同じような悩みを抱え、比較的容易に通じ合える存在であるという、この親友同士の関係は、後の親密な対人関係をある面で先取りしているといってよいでしょう。

② 仲間集団との関係

　他方、思春期は仲間集団とどのような関係を結ぶかも重大な問題となります。とりわけ、親べったりの依存を脱して親から距離をとろうとすればするほど、仲間集団に帰属して仲間と繋がり、その仲間に依存し、そこから安心感を得たいという気分が強くなります。逆に、仲間集団への帰属と依存が、結果として親から距離を取ることになるという場合もあるかもしれません。このように、親からの自立と仲間への依存は、単純にどちらが原因でどちらが結果とは言いがたいのですが、いずれにせよ、親からの自立と集団への依存の欲求は、この時期の子どもを集団の側に強く押しやり、仲間への依存を強める結果になります。これがこの時期の大きな特徴のひとつであることは言うまでもありません。

　しかし、仲間集団はこの時期の子どもにとっては両刃の剣の意味を持ちます。一方でこの時期の子どもは、自意識に目覚め、親からの自立をめざすというように、「個」として自ら立とうとする一面を持ちます。しかし他方で、仲間集団への帰属と依存は、その集団の同質性の中に自らの「個」の部分を塗り込めてしまう強い力をもっているのです。

　しかも、集団は集団に帰属する者に集団への忠誠を求めると同時に、その忠誠の誓いを破る者、あるいはリーダーに従わない者を集団から排除する力をもっています。同じことをしてはじめて仲間であり、同じことをしないなら仲間ではない、というのが集団の同質化の論理なのです。しかしこのことが、この時期の子どもを大きく翻弄することになります。集団に帰属することで仲間意識がもて、「一緒」を実感し、安堵が得られる反面、その集団に縛られ、その集団に従うことを求められ、その集団から排除されることを恐れるようにもなるからです。

③ 仲間集団でのいじめ

　「いじめ」は、仲間集団の問題として昔からあったものです。それは集団内の序列に発していたり、集団の内と外の問題であったりしました。その種

の「いじめ」は現在でも変わらなくあり、集団の力学の問題としては今後も決してなくなりはしないでしょう。

　ところが、ただでもストレスの高いこの思春期においては、仲間集団のリーダーもその構成メンバーも、各自の心的ストレスや劣等感のはけ口をどこかに求めようとしやすくなります。もちろん、それが仲間集団の好ましい活動を通して昇華され発散される場合には、何の問題もありません。しかし、そうでない場合に「いじめ」が生まれやすくなり、しかも、仲間集団が「いじめ」集団と化すと、その「いじめ」は陰湿な様相を帯びやすくなります。

　例えば、不幸な家庭環境や成績不振などで、周囲から肯定的に受け止めてもらえない、認めてもらえないという負の経験を溜め込み、自己肯定感をもてないまま劣等感や疎外感を日々感じている子どもたちがクラス内で一つの集団を成すというような場合、そこには当然ながら、剥きだしの力関係が生まれ、序列化が生まれます。そしてその劣等感や疎外感のはけ口を集団の周辺に求めることになりやすいのです。こうして、同じクラスの中で、友達が作れないで孤立していたり、自分に自信を持てなかったりする弱い立場のクラスメートが「いじめ」のターゲットにされてしまうというようなことが起こります。

　そのようにして「いじめ」が何かをきっかけに動き始めると、周囲はそれにストップをかけることがむずかしくなります。実際、仲間集団のリーダーに「あいつ生意気だから殴ってこい」と言われたときに、その「いじめ」集団の下位にいる者は、「いやだ」とはっきり楯突くのは難しいと思います。集団に忠誠を誓わなければ、その集団から排除され、孤立の憂き目を見るばかりか、今度は自分がいじめの対象になる可能性があるからです。まして、「いじめ」集団の外部にいる子どもがそれにストップをかけることは難しいでしょう。そんなことをすれば、今度は自分が「いじめ」のターゲットになることは目に見えているからです。

　昨今の社会問題になった「いじめ」は、このように、疎外感や劣等感などある意味での弱点を抱える子どもたちが集団をなして、同じように何らかの

弱点を抱え、容易に反撃できないと見える子どもを選んで、よってたかっていじめるというかたちをとっているように見えます。この種の、スケープ・ゴートを作ってそこに自分たちの欲求不満を集団でぶつけてゆくような陰湿な「いじめ」は、もはや単なる「いじめ」ではなく「リンチ」と呼ぶべきものです。この場合、大人が毅然たる態度に出る必要があることは言うまでもありません。

(3) 規範への反発
① 親や周りの大人が示す規範への反発

思春期は、学童期が規範を素直に取り込んで、秩序立った生活に適応していたのとは対照的に、むしろ校則や大人の示す規範にさまざまなかたちで抵抗し、時には反逆する様相にもその特徴があります。

論理的思考が身につき、自由や権利といった概念がおぼろげながら分かってきた思春期の子どもたちにとって、周りの大人たちが示すさまざまな規範は、自分の行動をいちいち外部から拘束するものに感じられます。しかも、「これはだめ」「あれはだめ」と大人が言う中身は、現実の大人がしているものがほとんどです。自分はその大人に接近していこうとしているのに、そこでそのように規範を示されることは、大人の側に、自分を子どもの側に押し込めておこうとする魂胆があるのだと受け取られ、そこに強い反発が生まれます。

こうして、まずは理屈を立てて論理的にその規範の不当性を訴えようとします。「たばこを吸ってなぜ悪い、大人は吸っているじゃないか」「セックスしてなぜ悪い、大人はやっているじゃないか」というわけです。その訴えに大人は「子どものあいだは駄目だ、大人になってから」という論理的でない答えを返すことが多いので、子どもたちの不満はますます膨らみ、自分たちが力で押さえ込まれていると感じ、反発の気持ちを強める結果になります。

しかしながら、こうした周囲の大人の示す規範への反発は、自分が向かいかけている大人への反発である限りにおいて、むしろ子ども自身が自らを子

ども側に押し戻す動きになっています。これは一つの逆説だと言わねばなりません。

② 超越的な規範への反発

学童期と違って、思春期になると、規範はもはや単に両親や教師が示すだけのものではなく、両親や教師という具体的な大人を超越した、直接には目に見えないもっと大きな「大人たち」、つまり社会という得体の知れない巨大なものが突きつけてくるもの、と受け止められるようになります。その得体の知れない「大人たち」に自分が近づきつつあることへの奇妙な気分が、背伸びしてその「大人たち」に近づこうとする一方で、「大人たち」への反発を強めるという逆説を生むのでしょう。

学校へ行けというのも、勉強しろというのも、校則を守れというのも、みな「大人たち」の仕掛けであり、それに何らかのかたちで反発したいというところに、この時期の子どもたちの特徴が現れています。しかしそれは、思春期の子どもたちが「大人たち」に参入するために、いったんは潜り抜けなければならない関門でもあります。単に反発をしない聞き分けのよい子どもが望ましい子どもなのではないということを、その「大人たち」の一員である親や教師はぜひとも理解しておく必要があるでしょう。

第3節　思春期は親も戸惑う

先に、思春期の子どもは「子どもは子どもであって未来の大人である」という両義性を文字通り生きると述べました。同じことは、親の側にも言えます。親もまた、思春期の子どもを前にするとき、「大人は大人であるが、みなかつては子どもであった」という両義性が改めてわが身に突きつけられるからです。

(1)　子どもの身体的・生理的変化への親の戸惑い

　子どもの目覚ましい身体の成長ぶり、とりわけ大人の体型への接近は、親の目にはまぶしいほどに見えます。それは長年期待してきたわが子の姿であることは確かで、それはそれとして親の喜びではありますが、他方で、その変化は、わが子に近寄り難さを感じさせ、これまでのように軽く言葉をかけられない気分に陥ります。男子の場合、親はその生理的変化にうすうす気づきながらも、それを確かめるわけにもゆかず、またそれに悩んでいるらしいことが分かっても、すぐさま声をかけるのがためらわれます。女子の場合、月経の開始を赤飯を炊いて家族で祝う家庭もありますが、母親はともかく、父親がそのことに直接言及することはやはりためらわれるでしょうし、体つきの変化に関しては、男親として複雑な思いに駆られるのが普通でしょう。

　そのとき親は、自分が思春期の頃、そういえば自分の親も何かしらそっけない態度だったと思い至ってもよいはずなのですが、多くの場合、その世代間循環には思い至らないまま、なぜか子どもが自分から離れていく感じがして、それまでのようにコミュニケーションをとるのが難しくなったと感じてしまうようです。自分がたどってきた道を、いま、わが子もたどりつつあるのだと納得し、嬉しい気持ち半分、戸惑う気持ち半分で、過剰な関与を控えながら、しかし子どもを信じ、温かく見守るというのが、この時期の親に必要な一般的な対応のかたちに違いありません。ともあれ、過剰な介入と無関心という両極端だけは避けなければなりません。

　実際、この時期の子どもに「男らしくしろ」「女らしくしろ」という言葉は禁句のようで、親の気がかりから生まれるそうした言葉は、確実に子どもから無視されるか、「うるさい」「ムカつく」「そんなことは言われたくない」という反発で返されるかの結果になります。実際、子ども自身、自分の性に向かって身体が変化し始めたことに戦々恐々としている部分があり、何が男らしいのか、何が女らしいのか、それを自分がいま懸命に考え、また手探りしようとしているところだからです。

　ある集まりの場で、私はある中学生の父親から、「息子に『好きな彼女と

エッチしたくなったときには、必ずコンドームを使えよ』と言ったら、息子に『お父さんからそんなこと言われたくない』と言われたんです」と言われ、「でも、いまの時代、子どもにある程度言っておかないといけませんよね」と同意を求められました。父親の子どもに向けた言葉は、まるで先輩が後輩に言うような物言いですが、筆者の時代には、父親が子どもにそのような「助言」をすることはまずなかったと思います。いまの時代は、子どもと父親の距離がそれほどまで近いのかと思わされたエピソードでした。

　もしもそのような親の「助言」がなければ子どもは間違った行為に出てしまうということなら、あらゆることに親の「助言」が必要になるのではないでしょうか。はたしてそれが、子どもを一個の主体として受け止める親の対応かどうかは、大いに議論の余地のあるところです。

（2）　自意識の芽生えへの戸惑い

　自意識の芽生えは、自分を頻繁に鏡に映し、髪型や衣服を気にかけ、自分らしさを何とか際立たせようとする試みに子どもを引っ張っていきます。そうした子どもの動きを、単に流行を追っているだけだとか、無意味だとか、大人の側が簡単に意味づけてしまってよいものでしょうか。時代が違えば、行動も当然違ってきます。いずれにしても親は、自分の「見え姿」を気にするわが子の様子、あるいは友人を羨んだり、自分が見劣りすると嘆いたりする子どもの言動は、そのほとんどが自意識の芽生えに起因し、また内面の葛藤を隠す動きでもあることを理解しておく必要があります。

第4節　子どもの自立を見守る

（1）　親から離れていく寂しさに耐える

　小学校の頃は、買い物に行くと言えばついてきましたし、行楽にでかけると言えば喜んでついてきていました。それが思春期になると、「自分たちで

行けば」とそっけなく、何かを問えば「うるさい」「ムカつく」と言われ、「ただいま」と言ったきりで口もきいてくれないというように、子どもは明らかに親から距離をとろうとします。

　親はそれが親から自立する姿なのだと一面では納得しながら、なぜか一抹の寂しさを覚えてしまいます。そこには、早く自立してほしい気持ちと、いつまでも可愛い子どもでいてほしい気持ちとがまさに矛盾するかたちで入り交じっています。前者に傾けば、子どもを見放す動きになり、後者に傾けば過干渉や呑み込む動きになってしまいます。そのいずれにも堕すことなく、それを成長の証と喜び、寂しさに耐えることが、まずもってこの時期の親に求められます。

(2) 親批判を聞き流す

　親に口をきかない様子を見せたかと思えば、父や母の普段の振る舞いを手厳しく批判し、他所の親はこうだとか、「それが親のすることか」といった生意気な言葉も口をついて出てきます。親がそれに腹を立てて説教じみたことを言うと、今度は「生んでくれと言った覚えはない」などと刃向かってきます。

　こうした親への批判の様相は、先にも見たように、子どもに自意識が芽生え、自他を批判的に見る目が肥えてきたからです。しかし親としては、それらの態度や言葉にそれこそ「ムカつく」気分になります。けれども、そのような批判的言辞は、これも先に見たように、親にそうあってほしいという願いの表れでもあって、親への尊敬の念がすべて引き上げられたわけでも、文字通り馬鹿にしているわけでもありません。そのことをわきまえ、自分も思春期の頃はこうだったなぁと、突っ張っていた頃を懐かしみながら、わが子が自分と同じ道を歩んでいるのだと納得し、その癪にさわる言辞を聞き流すほかありません。ある意味、若い頃に親に楯突いたことのツケが、いま一世代ずれたかたちで自分に回ってきているのです。

(3) 仲間関係での葛藤を見守る

　親は、わが子が誰とつきあっているのか、悪い仲間とつきあっているのではないかと、とかく心配します。確かに気にはなりますが、親友は誰か、友達にいじめられていないかと詮索し始めると、子どもはさらに秘密にしようとします。確かに、この時期の子どもは友達関係で大きな葛藤を抱えることが少なくありません。しかし、その葛藤を親がいち早く緩和しようとして、介入的になることはやはり避けなければなりません。

　子どもは、たとえ仲間集団の中でちょっとしたいじめを受けたとしても、それがリンチのような陰湿なものでない限り、子ども自身、たいていは何とか仲間集団の中で収めたいと思っています。というのも、自分はまだ子ども側にいて、大人側に反発し、大人側から距離をとろうとしているからです。そこには子ども－対－大人の対立図式があります。それを破って、安易に大人に告げ口するのは、いわば子ども側への裏切り行為になるのです。

　何でも正直に話せばよい、いじめのない優しい友達関係を、という大人の言説は、自分の思春期の頃の経験と重ね合わせたとき、それこそ欺瞞的な言説だと思い至らないでしょうか。友達関係の中でのちょっとしたいじめに耐え、「いまにみていろ」という思いで、自分を強くしよう、タフな自分になろうと思うことが、これから厳しい大人社会で生きていくための心の準備になるのです。ただし、いじめがもはやいじめの範疇を超えて、陰湿なリンチの様相を帯び、自分独りの力ではどうにもできなくなったとき、そのときは大人の助けを求める必要があり、また大人も、ここぞというときには躊躇することなく助けに出る必要があるでしょう。

　要するに、親はこの時期の子どもの内面の葛藤をしっかり見守り、過剰な介入は控えるべきだということです。ここでも無関心と過干渉の両極端は避けられなければなりません。そして、この時期の子どもの友達関係を信じることができるかどうかは、それまでの親子の関係、つまり、幼少の頃からの子どもとの信頼関係の質にかかっており、それがこの時期にその真価が問われるのだと言ってもよいでしょう。

実際、幼少の頃から過干渉的に関わって自分の思い通りに子どもを動かしてきた親の子どもは、本当の意味での相互信頼を親とのあいだに築けないまま、それゆえに真の意味で自分に自信をもてないまま、いまに至っていることが多いようです。そのような親ほど、思春期を迎えた子どもに対して、「もう大人なのだから自分でしなさい」と子どもを突き放してしまいがちです。自分がもはや子どもをコントロールできないと思うがゆえに、そのような出方になるのですが、自分に自信を抱くことができない子どもは、そのような親の言辞を突きつけられると、いま自分がしようとしていることが、本当に自分で決めてすることなのか、親に命令されてすることなのかの区別がつかなくなり、宙吊りの気分に陥って身動きできなくなります。これが「ダブルバインド（二重拘束）・メッセージ」と言われる所以です。

　もちろん、子どもを育てることの内には、この種の二重拘束的な言説は多分に含まれているものです。しかし、幼少期から親との信頼関係の中で自分に自信を育んできた子どもは、この二重拘束的な言説に出会っても、それによって宙吊りになるようなことはありません。このように、心の育ちは常に過去を引きずり、過去に規定される面を持ちます。ですから、「いま、ここ」だけの付け焼き刃のような対応ではどうにもならないところがあります。

第5節　この時期の子どもにどのように規範を示すか

（1）　思春期の子どもに規範を示すのは難しい

　思春期の子どもにどのように規範を示すかは、おそらく簡単な答えの出ない難題です。子どもと大人の端境にいる思春期の子どもに大人が強い制止や禁止の規範を示すことは、子どもの側から見れば、自分を子どもの側に押し戻す動きのように見え、多くの場合、子ども側から強い反発を招きます。だからといって、大人が見て見ぬ振りをすれば子どもは放縦に流れます。周囲の大人への同一化を基礎に、その大人の振る舞いを「まねび」、取り込んで

きたのが幼児期からこれまでに至る規範習得の塑型でした。しかし、その大人への安易な同一化を疑問視するに至ったこの時期の子どもに、「大人の言うことを聞きなさい」という説諭は、いかにも空疎に響きます。規範を遵守することが大人への関門をくぐることだと諭してみても、「多くの大人が規範逸脱を繰り返しているではないか」と反論されるだけです。

　こうした反論への大人の戸惑いを尻目に、一部の子どもたちはまるで規範逸脱に身を投じることが大人に接近することであるかのように振る舞います。喫煙、シンナー吸引、万引き、援助交際、ホームレスの人への乱暴等々。ところが、法に触れて警察の厄介になってみると、実は「親にしっかり止めてほしかった」「親に止めろと言ってほしかった」と言うのです。規範に抵触するかどうかのギリギリのところでスリルを味わっているだけなら、「子どものすること」と大目に見てもよいかもしれませんが、限界を越えて放縦に流れたときには、大人はもはや見て見ぬふりをするわけにはいきません。しかし、そこでの出方が親としてはとにかく難しいのです。

　しかも、時代が変わって、規範からの逸脱と言っても、パソコンのサイバー空間で相手の気持ちを踏みにじるような書き込みをしたり、アダルト系のサイトにアクセスしたりするなど、親にもすぐには分からないことがしばしばあります。しかもそれらの禁止の多くは、大人が用意しておいてそれに手を出すなという類の禁止です。携帯電話ひとつとっても、持たせる・持たせないの議論に大人の世界でも決着をつけられないでいます。「いまは駄目で、あと数年後ならばよい」というような類の規範は、単に子どもを子ども側に押し込めるためだけの論理にすぎず、本当の意味での規範なのかという問題もあるでしょう。

　このような事情にあるにもかかわらず、思春期の子どもを前に、大人の態度が弱いから駄目なのだ、がつんと強い態度をとらなければ、というようにな厳罰主義、体罰主義の考えが依然として根強くあります。しかし、大人が強い姿勢を示せば何とかなるのでしょうか。

(2)　規範は厳罰主義では身につかない

　子どもが規範を身につけるのは、これまでは、家庭教育や学校教育において大人が「正しいことを正しいこととして、間違っていることを間違っているとして」教えてきた結果であり、また規範逸脱に対して与えられる罰の効果であると考えられてきました。保育所、幼稚園、小学校における大人の規範提示の大半は、この線に沿って考えられているようです。旧軍隊に典型的であった規範の教え込みと厳罰（体罰）主義は、その問題点が真剣に反省されることなく、密かに子どもへの規範提示の中に忍び込んでいるように見えます。

　実際、非行を重ねる子どもに対して、児童自立支援施設（旧教護院）の職員が厳しい態度で臨み、規範を強く教え込もうとして、違反者に対して体罰で臨むことがしばしばあったと聞きます。しかし、そのような規範の教え込みと厳罰主義で子どもの非行問題が解決したかといえば、そうではありません。厳罰主義は単に子どもに怨念を植えつけ、自尊感を限りなく傷つけ、その鬱積を自分より弱い立場の者に向かって吐き出すだけに終わり、結局は非行の再燃に繋がるだけなのです。」

(3)　「主体として育てる」ことを育てることの基本に据えなかったことのツケ

　規範は、一人の人間が社会の中で一個の主体として生きるからこそ必要になるものです。つまり、一個の主体は、「私として生きる」ために「自由と権利」を主張し、同時に「私たちとして生きる」ために「義務と責任」を履行します。そうしてみると、規範は、周囲の主体と「共に生きる」からこそ、そして周囲の主体と「共に生きる」ためにこそ、遵守されなければならないものであることが分かります。大人の生活の中でこの「共に生きる」姿勢が見失われたとき、規範はもはや真の規範ではなくなり、単に個人を拘束するものでしかなくなります。

　そのことを振り返ってみると、「私として生きる」と「私たちとして生きる」という両面を主体としての生きるありようととらえ、子どもをそのよう

な両面の心をもった「主体として育てる」ことを目標において保育や教育を行ってこなかったことのツケが、ここで表面化してくるのが分かります。

　本書で強調してきた「子どもを主体として育てる」ということが、いま多くの大人の育てる営みの視界に入っていないこと、そして大人自身、そのように主体として育てられて育ってこなかったことの問題が、思春期の子どもを前にしたときに前面に出てくるのです。

　実際、大人自身が周囲と共に生きるということを忘れ、自分だけよければよいという生活に堕しているなら、もはやモラルの問題も規範の問題も視界からほとんど消えてしまっています。何が守られなければならない規範なのか、それを子どもに示すには、大人自身が「私」として生きながら、同時に社会の一員、つまり「私たち」としても生き、自由と権利を主張しながら義務と責任を果たすというように、二面の心を備えた主体としての生き様を子どもに見せるしかありません。その生き様こそ、規範遵守の姿そのものだからです。その意味では、思春期の子どもの規範の問題は、まさに大人自身の問題なのだと言わねばなりません。

第6節　親もまた難しい思秋期にある

　上に見てきた難題のほかに、親は子どもの高校受験を巡る問題にも頭を悩ませなければなりません。親の期待はあれこれあっても、子どもの実力と相談せざるを得ず、子どもの望むところに行かせてやりたい思いがありながら、受験の失敗によって子どものプライドを傷つけてもならないしと、悩みは尽きないでしょう。

　そのように子どもがさまざまな葛藤を抱えて思春期を乗り越えようとしているとき、親は親で、自分の生涯発達過程の中で一つの曲がり角を迎えます。子どもが思春期の頃といえば、親は不惑の年の前後です。孔子の「不惑」の教えとは、迷うことが多い年頃だから早く迷わないようになれ、との教えだ

と聞きます。実際、親もこの年齢になると、なるほど子どもと顔を突き合わせれば悩みは尽きませんが、自分についてみれば、まがりなりにも仕事もこなせるようになり、経済的にも少し余裕が出てきて、それまでの一心不乱の生活を振り返ってみたい気持ちになる時期でもあります。

　ひたすら前を向いて懸命に頑張ってきたけれども、ふと気がついてみれば、自分も人生の曲がり角に差しかかっています。子どもは親など関係ないという態度だし、連れ合いともかつてのように真剣に向き合う関係ではなくなり、馴れ合いの惰性と化した生活の部分もあります。そのようなとき、ふと、自分の人生はこれでよかったか、これ以外の人生はなかったのかと、再度、自己のアイデンティティを問い直したくなります。

　その問いがエアポケットのような状態を作り出し、迷いを生み、夫婦の関係に軋みを招くような事態も起きかねません。子どもの前ではそれぞれ父親、母親であるとはいえ、自分も男であり、女であることに変わりありません。このまま人生を送ってよいのか、まだやり直せるのか、やり直すとすればいましかないのではないか、というような、まさに煩悩が心に忍び寄ります。

　それを振り払い、再度、仕事に打ち込み、趣味を楽しみ、夫婦の関係を見つめ直すことができれば、その後の人生は比較的穏やかに進行するでしょう。しかし、そこでつまずき、家庭が崩壊する例も今日では珍しくなくなりました。

　あるいは、慣れた仕事からの配置転換、窓際への降格、リストラなど、永年勤続が保障されていたひと昔前とは違う社会文化環境の中で、仕事の考え方も変わり、人生後半の人生設計も難しくなってきています。そのようななかでの「曲がり角」です。

　ある人はこの時期を「思春期」と対比させて人生の「思秋期」と呼びました。子どもが思春期を迎えそれを越えていく頃、親は思秋期を迎え、難しい子どもに面と向かうだけでなく、自分自身の難しい人生の曲がり角を見つめ直す時期でもあるのです。

終章

相手の思いが分かるということ

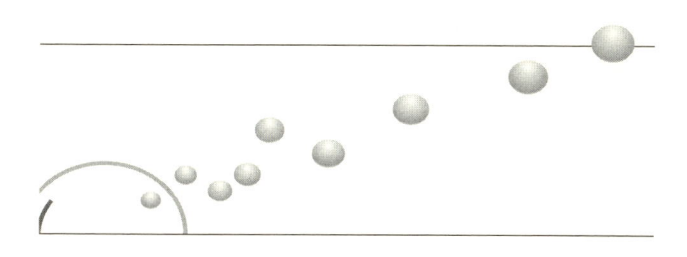

「相手の思いが分かる」という問題を論じるには、まずもって「私に」分かること、「私が」分かることを論じる枠組みが必要です。このように、「分かる」を論じようとすると、そこには一人称の心理学が必要になってきます。しかしながら、これまでの客観主義をめざす行動科学心理学では、この一人称の心理学を遠ざけ、「分かる」を主題的に論じることを避けてきました。

この終章では、少々理屈っぽくなりますが、この「私が分かる」という主題を議論できる枠組みこそ、相手の思いを受け止めるという、これまで「養護の働き」として述べてきたことの理解、ひいては「主体として育てる」ことの理解に欠かせないことに触れてみたいと思います。

第1節　これまでの議論の振り返り

　本書ではこれまで、「主体」という概念をとらえ直し、この概念が、「私」として生きるという意味と、「私たち」として生きるという意味の両方を包含する両義的な概念であることを強調してきました。「私」と「あなた」という身近な二者関係において、「私」はそういう意味での主体ですが、「あなた」もそういう意味での主体です。そしてそのような対等な主体と主体のあいだに生まれる関係は、「私があなたに主体として受け止めてほしい」と思っているように、「あなたも私に主体として受け止めてほしい」と思っているという相互的な関係（お互い様の関係）です。お互いが単に「受け止めてほしい」という思いを相手にぶつけて終わるのではなく、お互いがその思いを満たし合う関係になるためには、「私があなたに主体として受け止めてほしいなら、私もあなたを主体として受け止めることを知らなければならない」というように、一方の主体の内部で「受け止めてほしい」と「受け止めよう」とが二重化され、しかもそのことが相手の側にも起こって、相互的、互恵的な関係にたどり着かねばなりません。
　しかしながら、人は自己充実欲求と繋合希求欲求（けいごうききゅう）という相容れない欲求を抱えて生きる以上、たとえ身近で親密な関係であっても、そのような相互性や互恵性が常に維持されるとは限らず、そこに何らかの摩擦が生まれるのを免れ得ないというのがこれまでの議論でした。
　以上は、対等な関係の場合でしたが、子どもと親、子どもと保育者や教師といった、「子ども－大人」の非対等的な二者間の関係においては、まず大人が子どもに対して「あなたを主体として受け止めよう」という姿勢で臨むことを出発点に、そこから子どもは次第に、「あなたに主体として受け止めてもらって嬉しかった私は、今度はあなたを主体として受け止めることができるようになろう」という経過をたどって、子どもの内部に「受け止めても

らえる」と「相手を受け止める」との二重化が少しずつ進み、さらにそれが友達同士の関係にも拡がって、最終的には上に見たような相互主体的な関係が結べるように「発達」していくのだといってもよいでしょう。

　要するに、まず「周りの人から『あなたは大事』と思ってもらう」ことで、子どもは一個の主体として育ち始め、そこから次第に子どもは「周りの人を大事に思う」主体へと成長していくのです。それは「受け止めてもらう」から「受け止める」への成長であり、＜育てられる者＞と＜育てる者＞との世代間関係から見れば、「受け止める」が世代間で循環していくことでもあるでしょう。その過程には、「人を大事に思えない人は、誰からも大事にしてもらえない」や、「人を大事に思える人は、たいていの人に大事に思ってもらえる」といった大人の教えや導きも効いているに違いありません。

　「育てる－育てられる」という関係発達の中で、このような相互主体的な関係が生きられ、子どもの側には「育てられて主体として育つ」という結果が、大人の側には「子どもを育てることを通して自らも主体として育つ」という結果がもたらされることになります。この「主体としての育ち」こそ、子育てや保育や教育の究極の目標だと語ってきたものでした。

　この相互主体的な関係は、何よりも「相手の思いを受け止める」「相手に自分の思いを受け止めてもらえる」ということを軸に、相互の思いが通じ合ったり、通じ合わなかったりするなかで動いていく関係です。そこでは、「相手の思いが分かる」「分からない」ということが、その関係の推移の鍵を握っています。そこに注目するかどうかが、これまでの行動科学的な心理学と私のめざす心理学との分かれ道となることは、すでに他の著書を通して繰り返し述べてきたところです。

第2節　「相手の思いが分かる」を重視するか、それを排除するか

　「相手の思いが分かる」「自分の思いが相手に分かってもらえる」というこ

とを、「相手の思いが分からない」場合や「自分の思いが相手に分かってもらえない」場合と対比しながら、具体的な対人関係の場面に当てはめて考えてみれば、その大切さは言うまでもなく理解できるはずです。しかし、対人関係の展開を左右するこの肝心の部分が、これまでの心理学では（臨床心理学においてさえ）避けられたり、無視されたりしてきました。なぜそうなってきたかといえば、その理由は簡単で、「相手の思いが分かる」ということには常に曖昧さや不確かさが付きまとい、また相手を分かろうとしても分からない場合がしばしばあるからです。

(1) 「厳密さ」を追い求める行動科学的心理学：三人称の心理学

曖昧さを極力排斥し、厳密性、一般性、普遍性が何よりも大事と考え、明確かつ確実なデータに基づいて議論を展開しようというのがこれまでの行動科学的心理学を支える基本的な考え方でした。そのためには、研究に用いる概念を操作的に定義し、研究手続きを追認可能なものにし、さらに観察者＝研究者は誰とでも代替できる、いわば身体をもたない無色透明の存在、目に徹して観察対象の外的属性だけを把握する何も感じない存在、常に観察対象の外部に立つ第三者という前提（決して実現し得ない前提）に立って、データの客観性を担保することが必要だとされてきました。

このような客観主義的、実証主義的な研究枠組みにとって、「相手の思いが分かる」というような事態は、最初から研究の俎上に載せられないものです。なぜなら、「分かる」とは「分かる」本人の主観に関わるものであり、つまりは、「私は分かる」「私が分かる」「私に分かる」というように、一人称の立場で語られる事態であって、観察者の代替可能性や第三者性という行動科学の公準に照らせば許されないことだからです。要するに、行動科学的心理学にとっては、観察者が「私に相手の思いが分かる」と一人称で語る世界は、議論の宇宙を異にする異端の世界なのです。

もっと強く言えば、行動科学的心理学は、観察者が一人称で語ることを禁じる心理学、観察者はあくまでも観察対象の外部にいる第三者にとどまり、

常に三人称で語ることを自らに課す心理学だとさえ言ってもよいでしょう。しかし、この厳密主義に徹するために排除した「私は分かる」という一人称で語る世界は、人と人が相互主体的に生きている現実を掬い取るためには避けて通ることのできない領域です。そこにいま、「質的アプローチ」と呼ばれる新しい研究法が求められる根本的な理由があると私は考えています。

(2) 一人称の心理学の必要性

これまでの議論をそっくり裏返せば、私の考える心理学、つまり、「相手の思いが分かる」という主題を研究の俎上に載せることのできる心理学が視界に入ってきます。

実際、「相手の思いが分かる」という事態を振り返ってみるとき、まずもって「分かる」本人の当事者性こそが問題になります。というのも、究極のところそれは、「私は分かる」「私が分かる」「私に分かる」というように、一人称の領域の事象だからです。

ちなみに、ある観察場面において、一人の幼児が懸命に手を伸ばして、届かないところにある玩具を何とか手に入れようとしているとき（このような描写自体、行動科学的には問題があるとされ、「幼児がリーチング可能な距離を超えたところにある玩具に手を伸ばしたとき」と、「客観的に」記述しなければならないとされます）、その様子を見ていた母親は「ああ、その玩具、取ってほしいのね」と言って、おもむろにそれを取ってやった、という記述があったとしましょう（これを「記述場面A」としましょう）。その母親が「取ってほしいのね」とその子の思いを受け止める言葉をかけ、取ってやるという次の行動を紡ぎ出したのは、その母親にその子の「その玩具がほしい、手にしたい」という思いがまさに「分かった」からです。

さて、いまの場面で、幼児の様子を見ていた母親が、もしも「取ってほしいのね」という受け止める言葉を挟むことなく、すぐに玩具を手にとって、「はい」と子どもに渡すとしたらどうなるでしょうか（これを「記述場面B」としましょう）。ここでも母親に子どもの取りたいという思いが分かったと

いうことがまずあって、その場面に観察者が居合わせて正確に描写しようとすれば、「私＝観察者は、この母親が『この子の取りたい、取ってほしいという思いが私に分かった』と思ったことが分かった」というように描き出さなければならないでしょう。

この場面Bの描写を振り返ってみると、当事者であるこの母親にとって、「子どもの取りたい、取ってほしいという思いが私に分かった」という一人称の立場での「分かった」がまずあります。それと同時に、この親子の外部にいる観察者もまた「母親がそのように分かったことが私に分かった」という一人称の立場での「分かった」があります。さもなければ、先の描写自体が成り立たないことになるでしょう。つまり、ここで母親が「私に分かった」と一人称で語るのと同じように、観察者も「私に分かった」と一人称で語る他はないのです。要するに、先の事態は、母親と観察者の双方ともが一人称で「私は分かる」と語る事態なのだということです。

しかしながら、ここでの観察者は、その母子の関わり合いの場に参入して「私」の立場でその場面を経験する主体であると同時に、その場面を超越的立場に立って客観的に記述する主体でもあります。この観察者の二重性があってはじめて、観察者は「その場で私は○○と分かった」と書く地平に立つことができるのです。

このような「分かる」があるから、「受け止める」ことができ、「受け止めた」ことが子どもに反響し、関わり手も次の行動を紡ぐという流れが生まれます。これが「育てる」営みの根幹だと語ってきたのですが、その根幹には「私は相手の思いが分かる」ということがあります。しかし、そのような一人称で語られる「分かる」世界は、行動科学では切り捨てられてきたものでした。

第3節 「解釈的に分かる」と「間主観的に分かる」

　私の立場は、厳密性、一般性、普遍性を後生大事と考える前に、「私」という観察者＝研究者に生きられる実感を大事にしようとします。それは前節で見たように、一人称で語られる世界を心理学の世界にしっかり位置づけようという立場でもあります。それゆえ私の立場は、観察者が観察場面でしばしば経験する「相手の思いが分かる」「分からない」というその一人称の「私の実感」を研究に掬い取ることができるかどうかが、何よりも大きな問題となります。しかしながら、その「分かる」にもいろいろな水準があります。

（1）　解釈的に分かる

　行動科学の立場でも人が人を分かるということをまったく問題にしないわけではありません。ただし、この立場では、ある人が他者について「分かる」という問題を、常にその人の「解釈」と置き換えます。先の「記述場面A」の場合でも、母親が子どもの取ってほしいという思いが分かったのは、あくまで子どもの行動から「解釈して」分かったのだと考えます。というのも、観察者の代替可能性と第三者性というこの立場の公準からして、観察者はあらかじめ「私は分かる」という一人称の立場での記述を禁じられているからです。

　そして「解釈」である以上、そこには解釈する人の主観が多少なりとも入り込むのは避けられず、それゆえ、そこには憶測、思い込み、当て推量、決めつけなどの曖昧さ、不確定要素が含まれると考えられ、そのような曖昧さを伴う事態は極力取り扱うのを避けるべきだとされるのです。

　もちろん、観察者がそこで経験したことを他者に伝えるために記述しようとするときには、必ず三人称の視点が必要になります。なぜなら、「私は分かった」ということを記述する超越的な「私」を確保しないことには、記述

という行為そのものが生まれないからです。このことは、観察者の一人称による語りにも心理学での市民権を認めるべきだという私の立場にとっても、当然考慮されていなければならないことです。しかしながら、第三者の超越的な視点が必要だという議論から、直ちに「私」の一人称の経験を消去してよいということにはなりませんし、観察者は常に三人称で語らねばならないということにもならないというのが私の立場です。

この私の立場にとっても、相手の思いが「私」に直接的に把握できないとき（私に分からないとき）は、しばしばあります。そして「解釈」によってしか観察対象の内面に迫れないことも、しばしばあります。そのようなとき、三人称の立場の観察内容と大差なくなってしまうのはある意味で当然です。

(2) 間主観的に分かる

相手の思いが分からないことがしばしばあり、解釈してかろうじてこうかなと思える場合もあるその一方で、しかし観察者に相手の思いがまさに直接的に伝わってくるように、あるいは観察者であるわが身に滲み込んでくるかたちで「分かる」こともしばしばあります。私の心理学はそこを重要視します。というのも、そのように「分かる」ことが対人関係の展開にとってとりわけ重要な意味をもつからです。もちろん、そこでの「分かる」には、自分にも気づかない思い込みや決めつけが働いて、間違った「分かる」に陥る危険性があるのは事実です。またそれは日常的な対人関係においてしばしば起こっていることでもあるでしょう。

しかしながら、そのような誤解や思い込みが入り込む可能性を認めた上で、なおかつそのような「分かる」が現実の対人関係を動かす重要な意味をもつことを認めていくことが大切だと思います。さもなければ、先の母親が子どもに玩具を取ってやるというような場面を正しく描き出すことができなくなってしまうでしょう。

一人称の立場で「相手の思いが分かる」という事態を、三人称の立場で描き出そうとするとき、従来の「解釈によって分かる」という地平を超えよう

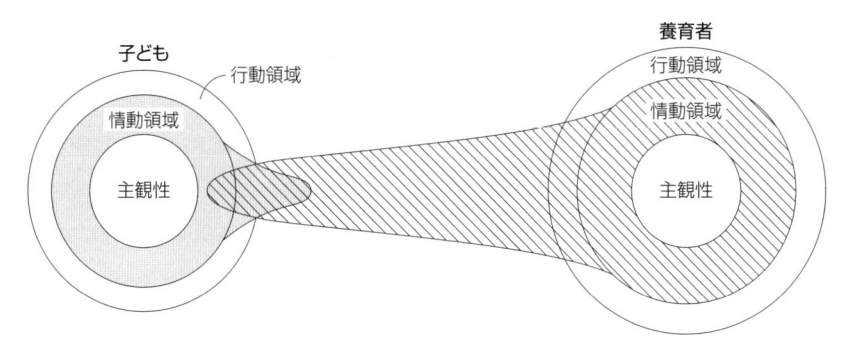

終章　相手の思いが分かるということ

子ども　行動領域　情動領域　主観性
養育者　行動領域　情動領域　主観性

出所：鯨岡峻『ひとがひとをわかるということ』（ミネルヴァ書房、2006年、122頁）より。

図8　「成り込み」または「情動の舌」の概念図

と思えば、互いに閉じた身体と身体の相互作用という行動科学のモデルを出発点に据えることはできなくなります。とりわけ、二者関係において、相手の思いが通底的、浸透的に「分かる」という事態を取り扱おうとするときにはそうです。そこで私が持ち出したのが、「成り込み」や「情動の舌」という概念であり（図8参照）、そのときの「分かる」を「解釈的に分かる」と対比させて説明しようとしたときに、「間主観的に分かる」という言い方をしてきたのでした。

「間主観的に」とは、相手の主観の中の思い（あるいは情動の動き）が、相手と私のあいだを通って（あるいは、あいだを介して）私の主観にとらえられるという事態を指します。つまり「(相手の思いが)私に分かる」という一人称の事態が、私の解釈や推論によってではなく、むしろ二者身体を通底して、あるいは二者身体が混交して、まるで私が相手に成り代わったり、あるいは私が相手に合体したりするようなかたちで「分かる」ことがあるということです。そこでは、広義の情動が二者の身体間で通底、浸透する場合があることに注目し、そのようなときに相手の思いが直接的に（滲み込む、響き合うというかたちで）私に把握される（分かる）ということが強調されます。

要するに、さまざまな水準の「分かる」の中に、解釈や推論といった媒介項を介在させることのない、直接的に「分かる」という領域を確保し、それが対人関係の中で重要な意味をもつことを強調しようということです。

第4節　「解釈して分かる」と「間主観的に分かる」の違い

　さて、「解釈して分かる」という場合にも、一人称の立場でのそれと、三人称の立場のそれとでは大きな違いがあります。行動科学的心理学の場合、当然ながら、もっぱら後者の立場で「解釈して分かる」を考えようとします。この場合、他者の内面は、観察された行動事実に基づいて、理性的に（誰が観察者でもこのようにというかたちで）推論して初めてとらえられるものだとされます。これが行動科学的な意味での「分かる」であり、つまりは「解釈」です。その解釈をもたらすその理性的判断は、観察者がその場から超越すること、観察対象と距離をとること、目でとらえられるデータに基づくこと、を前提としています。

　これに対して「間主観的に分かる」という場合、その「分かる」は、観察者がその場に関与し、観察者の身体と観察対象の身体が先の図8のようにいわば混交する条件の下で、その二者間に生まれる広義の情動（vitality affect）が両者のあいだで通底したり浸透したりするかたちで直接的、感性的に把握されるというものです。

　ただし、一人称的に「分かる」という場合にも、まさに通底的・浸透的に「はっきり」と「分かる」という場合から、「こうかな？」とやや解釈的にあやふやなかたちで「分かる」場合までの幅があります。後者の場合には、自分の置かれた状況、その出来事の背景など、さまざまなものが絡み合って、その解釈的な「分かる」を生み出しています。しかし、それも一人称の「分かる」に含まれることをやはり指摘しておかなくてはなりません。

　ここで、一人称的に分かる（直接的、通底的に分かるから、解釈的に分か

終章　相手の思いが分かるということ

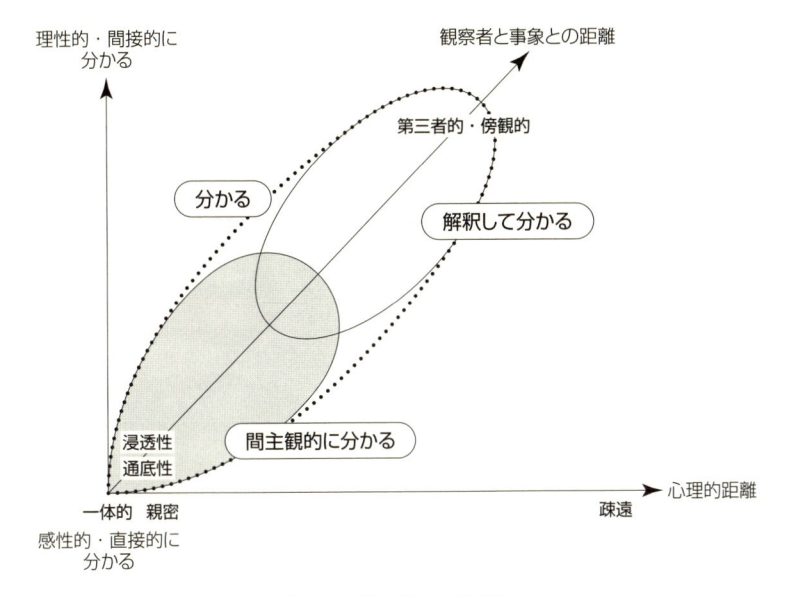

図9　「分かる」の諸相

るまでの幅をもつ)と三人称的に分かる(もっぱら解釈的、推論的にのみ分かる)の違いを試みに図9に示してみましょう。

図9の縦軸は原点に近いほど感性的、直接的に「分かる」ことを示し、原点から遠ざかるほど、理性的、間接的に「分かる」ことを示しています。横軸は原点に近いほど、観察者と観察対象との心理的、物理的距離が少なく親密な関係であること、また二者間が一体的、通底的、間身体的に通じ合いやすいことを示し、原点から遠ざかるほど、その距離が増して疎遠な関係であることを示しています。さらに原点から45度の角度で右上方に伸びる軸は、観察者の当該事象への心理的距離を表し、原点に近いほど観察者がその場に入り込んで、一人称で事態を見ている場合を示し、その原点から遠ざかるほど、観察者が事象から距離をとって、客観的、第三者的、傍観者的に事象を見ていることを示しています。

このような縦軸、横軸、45度の軸を描いて、さまざまな水準の「分かる」

という事態をこの座標軸に描きこんでみると、図9に示されているような点線で示される長楕円が描かれます。これまでの議論を踏まえれば、この長楕円は、原点に近いほど「間身体的、間主観的に分かる」を、原点から遠ざかるほど「解釈的に分かる」を示し、その中間部は両者が混交した事態であると考えることができます。

　この図9を参照しながら、行動科学的心理学の「解釈によって分かる」の立場と、私の「間主観的に分かる」の立場の違いを考えてみれば、前者は図の楕円の白い部分だけを扱うことで、観察者の透明性、代替性、得られるデータの厳密性、一般性、議論の普遍性が保障されると考えます。これは幅広い「分かる」という事象に制約を設けてその一部だけを取り上げる試みです。これに対して私の立場は、むしろ灰色（アミ）の部分の重要性を強調し、そのような「分かる」が人間関係を動かす力をもつことに注目するとともに、ある条件のもとでは解釈によってかろうじて分かる事態があることをも認め、この長楕円全体を広義の「分かる」ととらえ、それがさまざまな人間模様に関わってくると考えます。

第5節　間身体的に分かる：間主観的に分かることの基底

　「間主観的に分かる」とき、その多くは身体と身体が共鳴し、通底するというように間身体的に通じ合うことが下地になっています。以下のエピソードはその間身体的な「分かる」を例示するものです。

●エピソード18●　おひたしが苦手なＴくん　　　　　Ｎ保育士
＜背景＞
　ある保育園の給食場面での出来事である。公開保育のこの日、私は同じ町のＫ保育園の保育士としてこの保育園を訪れ、午前中から保育の様子を見てきていた。が、私の町では今年度の研究テーマとして、「主体

終章　相手の思いが分かるということ

的に活動できる子ども」を掲げて研究を進めてきているが、午前中の保育を見る限り、ここの保育がまだ「まずは子どもの思いを受け止めて」という保育の基本を十分に踏まえた保育になっていないと感じていた。

　給食の様子を見るために4歳児18名のそのクラスに入ったとき、すでに給食は半分以上進んでおり、早い子どもはもう終わりかけていた。Tくんは午前中の保育では元気に友達と遊んでいたが、何か浮かぬ顔で周りをみている。見ると、おひたしの入ったお皿が丸残りであった。

＜エピソード＞

　Tくんは他のおかずとご飯はほとんど食べ終えていたが、おひたしのお皿を前に、困った様子である。お箸の先で少しつまもうとしてはやめ、後ろを振り返って壁にかかっている時計を見、少し焦った表情になって再びお箸の先でおひたしをつまもうとするが、またしてもそこで止まってしまう。そこでもう一度振り返って壁の時計を見る。他の子どもたちはだいたい食べ終わって、食器を食器籠に戻している子どももいる。そんななか、Tくんだけが固まったようにおひたしのお皿とにらめっこしては、後ろの壁の時計を気にしている。

　その様子が気になった私は、じっとTくんを見守っていた。すると、Tくんは意を決したかのようにおひたしをお箸でつまみ、それを口に入れ、入れるやいなやお茶で流し込もうとした。が、喉につかえたらしく、そこで、「おえっ」となり、それでも無理に呑み込む。見ている私も一瞬、喉の奥が苦しくなる。担任の先生は、Tくんの様子をちらちらとは見ているが、特に声をかける様子でもない。

　周りを見渡すと、もうほとんどの子どもが食べ終え、あと数人が終わりかけているという状況である。そのとき担任がTくんを横目で見ながら、「もうみんなお皿、ピカピカだね、まだお皿ピカピカでないのは、誰と誰かな」と声をかけた。そこでTくんはまた振り返って壁の時計を見、もう一度おひたしを口に入れ、慌ててお茶で流し込んだ。

<考察>
　苦手なおひたしを何としても食べなければというTくんの気持ちははっきり伝わってきたが、4歳児の給食がこのように「食べなければ」というかたちで進んでいくことに違和感を覚えた場面であった。多くの子どもは保育者の願いどおりに綺麗に食べ終えたが、Tくんは苦手なおひたしを前に、躊躇する感じで、最後は見ている私のほうが息苦しくなった。
　特に保育者のその場面での言葉かけが気になり、時間までにお皿がピカピカになるのがよい子、ならないのはいけない子、というような雰囲気を感じて、何だか自分のかつての保育を見ているようで恥ずかしかった。Tくんが困っているのは歴然としていたのに、なぜ保育者は「Tくん、おひたし苦手なのね」と、Tくんの思いを受け止める言葉がかけられなかったのか。一言、そのように受け止める言葉がかかれば、Tくんはほっとしてうなずき、そこからまた挑戦してみようという気持ちになったかもしれないし、そのように受け止めた上で、「先生と一緒にひと口たべてみようか」などの先生の提案があってもよかったかもしれない、と思った。

<私からのコメント>
　このエピソードとこれまでの「間主観的に分かる」という議論との繋がりを考えてみましょう。Tくんがおひたしとにらめっこしている場面を見ていたとき、このエピソードの書き手には、Tくんの「向かおうとするけれども、だめだ」という思いがひしひしと伝わってきたようです。それが「間主観的に分かる」と述べてきたことです。実際、Tくんが「おえっ」となった場面では、書き手もまた自分の喉の奥が締めつけられるように感じました。これも、まさに解釈などではないかたちで、書き手の身体とTくんの身体のあいだが通底し、Tくんの喉の詰まる感じが間身体的に書き手の身体に呼び覚まされた事態でした。これは「間主観的に分かった」という事態のなかでも、

もっとも直接的な部類に属するものであると言えるでしょう。

　もしも担任の保育者の身体にもそのような感覚が間身体的に呼び覚まされていたなら、(つまり、担任の保育者にもＴくんの思いが同じように間主観的に分かっていたなら)、書き手が記していたようなＴくんの思いを受け止める言葉が担任保育者の口をついて出たでしょうし、そうなれば、その保育はまた違ったかたちで展開していたでしょう。

　そうしてみると、子どもの思いを「間主観的に分かる」かどうかが、その後の子どもと保育者の関係の具体的な展開の鍵を握ることが分かります。しかも、「間主観的に分かる」と「思いを受け止めて対応する」との繋がりがそこにはっきり見てとれるでしょう。

第6節　第三者が間主観的に分かることから触発されて、私にそれが「分かる」という場合

　「間主観的に分かる」は一人称の領域だと述べてきましたが、第三者が間主観的に分かる時点まで、「私」に気づかれていなかった相手の思いが、第三者に「分かる」ことによって「はっと」気づかされるかたちで(間主観的に)「分かる」という事態も、対人関係のなかにはしばしば見られ、これもまた重要な意味をもつ場合が少なくありません。以下はそのことを示すエピソードです。

●エピソード19●　「Ｕくんの言葉」　　　　　　　　　　Ｓ保育士
＜背景＞
　運動会まであと1カ月余り、年長クラスとして、種目も決まり練習に取り組み始めてしばらくした頃、マーチングで発表する鍵盤ハーモニカの練習をしていた。子どもたちは年度の初めから練習をし、数曲が弾けるようになっていた。運動会では、そのレパートリー以外の曲にも挑戦することになったため、鍵盤ハーモニカが苦手なＫくんは乗り気ではな

く、皆が弾いているときもなかなか弾こうとしなかった。

<エピソード>

　私はKくんの隣に行き、一対一で鍵盤ハーモニカの練習を始めた。Kくんは弾こうとする姿勢は見せるのだが、全くと言っていいほど弾けない。「他の子はゆっくりでも曲の最後まで弾くことができるのに……」と、周りの子との差にあせりを感じた私は、指導に夢中になっていった。

　毎日、練習のたびにKくんとの一対一の練習の時間を持ったが、なかなか進まず、力が入る私に、Kくんも嫌気がさしたのだろう。Kくんは、口をとがらせたり、「もう1回やってみよう」との私の声かけに反発したりして、手を動かそうとしなくなってしまった。「他の種目の練習もあるのに」という私の思いもあり、少しずつ感情的になっていく私の指導にKくんはついに泣きはじめた。周りの子どもたちは鍵盤ハーモニカを弾いていた手を止めて、Kくんの様子や私の表情を見たりしている。

　「Kくんどうするの？　練習するの？」と厳しいことばをかける私に、Kくんの友達のUくんが歩み寄り、「Kくんも頑張っているんだけどねぇ……」とぼそっと言ってきた。なかなか弾けないKくん、泣きはじめたKくん、感情的になっている先生、Uくんはこの二人の様子をうかがいながら、泣いているKくんにではなく、感情的になっている私に声をかけてきたのだ。それも、Kくんと私の両者の気持ちを考えた言葉で。日頃からやさしく穏やかなUくんの一言に、私は感情的になってしまっていた自分にはっと気づいたのだった。

<考察>

　子どもに、友達と保育者の両方を思い遣る気持ちがあるのに、保育者である私は、Kくんの気持ちを思い遣っていなかったことに「はっ」と気づいて、とても落ち込んでしまった。それ以来、保育の中でこのときのUくんの言葉が私の感情をコントロールしてくれている。

終章　相手の思いが分かるということ

＜私からのコメント＞

　このエピソードと「間主観的に分かる」という議論との繋がりは、Ｕくんが「Ｋくんもがんばっているんだけどねぇ」とつぶやくところです。「練習するの？　しないの？」と行動の水準で「見ている」先生と、Ｋくんが「頑張っている」ことが気持ちの水準で「分かっている」Ｕくんとの違いは、行動水準でとらえる見方と、間主観的な分かり方との違いに対応しています。ＵくんにはＫくんの「頑張っているのにうまくいかないという思い（気持ちの動き）」が滲み込んできたから（間主観的に分かったから）、自然にそのように言えたのであって、そこにＵくんの「解釈」があったとは思われません。そしてＵくんのその発言は、子ども同士の「分かり合い」が必ずしも言葉によるものではなく、むしろ間主観的に（間身体的に）感じ取られるものに基づいていることがしばしばあるということをも示唆しています。

　ここで保育者は自分の対応の問題点に「はっ」と気づきますが、それは自分の「こうしてほしい」という思いが強すぎた場合に、子どもの思いが見えなくなるということを裏側から示す好例でもあります。また保育者がＵくんの言葉に「はっ」と気づいたということは、Ｋくんの様子に基づいて、保育者自身もＫくんの思いが潜在的に分かっていた（間主観的に感じられるものが潜在的にあった）ということでもあるでしょう。

　そして私はいま、一読者の立場でこのエピソードを読み、Ｕくんの発言に「なるほど」と思ったのですが、もしも私がこの場に居合わせて、間近にＫくんの様子を見ていたら、やはり私もＵくんと同じようなことを言いたくなっていたかもしれません。そこから考えると、他者の（ここではＵくんの）間主観的な「分かる」が、読み手の想像力に訴えて、了解可能性を引き出すこともあり得るということが分かります。そしてそのような想像力が読み手に喚起されるためには、まず＜背景＞があって次に＜エピソード＞があり、それから書き手の＜考察＞があるというように、エピソードが３点セットのかたちで提示されていることが必要だ、というのが私のエピソード記述の立場です。

第7節　相手に分かってもらうことの大切さ

「相手の思いが分かる」という議論を重ねてきましたが、対人関係を生きるなかでは、「相手に分かってもらう」ということも重要です。誰しも、自分のことは自分が一番よく分かっていると思っていますが、実際には自分が自分の問題に気づいていないこともしばしばあります。これは、カウンセリングなど臨床の場ではしばしば経験されることです。そこからも示唆されるように、本人が気づかない自分の思いを他者に気づいてもらったり、分かってもらったりすることは、自分が自分の内面を深く理解する上で、極めて重要な意味をもちます。他者が鏡になるという比喩は、他者を鏡にして自分をそこに映し出すという意味と、他者が鏡になって自分を映し出してくれる意味との二重の意味を孕んでいます。

そのことの例示としては少々バツの悪い気もしますが、ここで私の若い頃のちょっとしたエピソードを紹介してみましょう。

●エピソード20●　「気持ちを平らに」　　　　　　　　　　筆者
　＜背景＞
　　いまからおよそ40年前、どこの大学も大学闘争で明け暮れていた頃、私もまた京都大学の文学部を封鎖した側の大学院生だった。積極的に封鎖を実行した部隊ではなかったが、大学がこのままでよいとは思えずに真剣に大学改革を志向していた私は、現状を変えるには封鎖もやむをえないと考え、この運動に関わった院生の一人であった。
　　1969年の6月、封鎖解除の動きに出た解除派と封鎖派が学内で小競り合いになった折、私は学内に入ってきた機動隊に捕えられて、遺憾ながら3泊4日の留置場も経験した。そして10月になって闘争が下火になり、封鎖も解除されて授業が再開されることになった。封鎖派の学生・

院生の大半はすでに大学に顔を見せなくなった頃、それでも引っ込みのつかない私は、授業の場に乗り込んで、「なぜいま授業再開なのか」などと強硬な態度を取り続けていたが、出口のない敗北感にかなり追い詰められた気分になっていた。

　私は浪人時代を含め、学生、大学院生の８年間を同じ下宿で過ごした。その下宿の小母さんはお茶のお師匠さんであったが、大学闘争に至るまでは下宿人と下宿屋との関係で、８年間も下宿していたわりには、人間的に関わり合うことはあまりなかったように思う。その年の11月頃のエピソードである。

＜エピソード＞

　ある日、たしか外から帰ってきてすぐのことだったと思うが、下宿の小母さん（私の母と同年輩の人）が、「鯨岡さん、ちょっとお茶をたてますから、お座敷にいらっしゃい」と言うのである。８年間も下宿してきたが、それまで奥まった座敷に招かれたことは一度もなく、また私はお茶の作法を知らなかったので、その小母さんの招きに戸惑い、「いえ、お茶の作法が分からないので、結構です」と一旦断った。ところが小母さんは、「まあ、いいからいらっしゃい」と微笑みながら、半ば強引に私を奥座敷に招じ入れた。

　奥座敷に緊張して座った私を前に、小母さんは無言でお茶を立て、「一服、どうぞ」と差し出す。「作法が分かりません」というと、「まあ、そのままどうぞ」と勧める。仕方なく、作法なしでお茶をいただくと、「鯨岡さん、お茶で一番大事なことって、何か知ってはりますか？」と言う。「さあ……。分かりません」と応えると、「お茶で一番大切なことは、心を平らにすることなの。心を平らにするために、姿勢を正すんです。背筋を伸ばすようにして姿勢を正すと、自然に心が平らになる。お茶の作法も基本はそこにあるんですよ」と言う。軽い微笑を交えて穏やかに語る小母さんの言葉が、なぜか私の心にぐさりと突き刺さって、自分のいまの煮詰まった気持ちが見透かされたような気分に、顔が赤らむのを禁

じえなかった。

<考察>

　自分では自分の選択や行動は正しいと信じ、「後には引けない」という振りかぶった気持ちでここ数カ月を過ごしてきていた。しかし、小母さんには私の動揺や煮詰まった気分や、切羽詰まった思いが丸見えに見えていたのに違いない。「心を平らに」というメッセージを「お茶の心」という表現に託して私に伝えようとしていたことはすぐに分かった。

<このエピソードへのコメント>

　遠い40年も昔のことです。しかし私がいま、「分かる」や「分かってもらう」を議論しようと思いを巡らせているとき、このエピソードが鮮やかに思い起こされてきました。このように書き出してみると、当時のさまざまな記憶が呼び起こされて苦笑いを禁じえませんが、しかし、やはり私にとって忘れ得ないエピソードだったことは確かです。お説教をされたら反発したに違いないところで、このように「分かってもらう」ことがどれほど深く心に響くものか、まさにここでの「分かってもらう」は、私にとっては鏡に自分を映し出す意味を持つものでした。小母さんには、私の内面の葛藤がまさに間主観的につかめていたのでしょう。これに類することは、人それぞれにいろいろな思い出があるに違いありません。

第8節　「大事に思う」と「大事に思ってもらう」：
　　　　相互主体的な関係の基礎

　「分かる」にしても、「分かってもらう」にしても、決して「厳密に」や「完璧に」が問題なのではありません。そこには常に曖昧さがまつわりついています。しかし、人と人が密接な関係をもつときには、常に「相手のことが私に分かる」「私のことを相手に分かってもらう」という二重のことが、「私」と「あなた」の双方にいろいろな水準で起こっています。そこでの相互性や

終章　相手の思いが分かるということ

互恵性が相互主体的な関係の基本です。

これまでの「分かる」「分かってもらう」の議論は、そのまま「大事に思う」「大事に思ってもらう」の議論に重なります。

「育てられて育つ」子どもにとって、周りの大人に「大事と思ってもらう」ことが主体としての育ちの第一歩でした。その未然の主体が、周りから「大事に思ってもらう」だけの状態から、次第に周りの人を「大事に思う」ことへと、あるいは「受け止めてもらう人」から「受け止める人」へと成長していくのです。そのようにして育った一個の主体は、周囲から「大事に思ってもらえる」という自信を背景に、積極的にヒト・モノ・コトに関わり、周囲の人を「大事に思う人」として振る舞うなかで、次の新しい命を「大事に思う人」になっていきます。そこに＜育てられる者＞から＜育てる者＞への世代間循環があることはこれまで述べてきた通りです。

言い換えれば、「あなたは大事な子どもだよ」という前の世代からのメッセージを引き継いで一個の主体として成長を遂げた人が、次の世代の新しい命を前に、「あなたは大事な子どもだよ」というメッセージを伝えていくこと。それが世代から世代へと送り継がれていくのが、「育てる」という営みの世代間循環の基本なのであり、それはつまるところ「命は大事」という思いの世代間循環でもあるでしょう。

本書では、「あなたは大事な子どもだよ」という大人のメッセージは、大人が子どもに振り向ける「養護の働き」の中核にあるものだと述べてきました。保育や教育に言及する際に、口酸っぱく「現代は養護の働きが弱くなっている」と語ってきたのは、こうした世代間循環がうまく巡らなくなった現状に私が危機感を覚えるからです。大事に思ってもらえないままに、次々にいろいろなことが与えられ、させられ、力を、力をと拍車をかけられて育てられるとき、結局は「心の土台の揺らいだ」子ども、「自分に自信をもてない」若者が無数に輩出されることになるだけではないでしょうか。

あとがき

　ちょうど丸2年間、「教育と医学」に毎月書き綴ってきたことになります。長い学者稼業のなかでも月刊の24回というのは初めての経験でした。
　「育てられて育つ」というテーマは、本書を通読された方にはお分かりのように、意外と意味深長なテーマです。そこには関係論の視点、世代間循環の発想、さらには心の育ちへの定位という三つの大きな問題が凝縮されています。そしてそれらがすべて家庭の養育、保育、学校教育に深く関わっています。裏返せば、このテーマの下でこの三つの観点とそれにまつわる問題群がどれだけ深められたかが、本書への評価になるでしょう。
　本書を終えるにあたって、当初予定していたことで取り上げられなかった問題がいくつかあります。その一つは方法論の問題、とりわけエピソード記述の方法についてです。本書でも随所にエピソード記述を取り上げましたが、それを私の方法論の問題として、さらには序章で触れた学問のパラダイム転換に関わるもっと大きな問題として取り上げてみる必要がありました。残念ながら、それはまた別の機会にということにしたいと思います。

＊　　＊

　本書は、24回の連載の原稿にいくつかの新しいエピソードを追加し、できるだけ個別具体の生きた現実を読者に伝えたいと思いました。連載を含め、その具体的エピソードを紹介する上で、本書の成立には今回も多くの方々のご協力を得ました。資料としてエピソードや実践レポートを提供していただいた方のお名前を本書のさいごに執筆協力者として掲載させていただきました。また、エピソードに登場する子どもたちや保護者の方々には、この場を借りて心よりお礼を申し上げます。
　また連載の段階から本書の完成まで、丁寧な編集の労を取っていただきま

した慶應義塾大学出版会の西岡利延子さんには、一方ならぬお世話になりました。改めて御礼申し上げます。

　私事になりますが、今回の出版にあたっても、最終原稿に目を通し、いくつも重要な指摘をしてくれた妻に、いつもながら感謝の意を表します。

　2011年1月

鯨岡　峻

執筆協力者（敬称略）
　保育士：
　　　芦田志津子　石田裕美　上村奈津美　江角祥子　樺山みちる
　　　貞本真由　濱脇美樹　藤田仁美　村田ユキ　和田清里
　大 学 院 生：上村宏樹　勝浦眞仁
　小学校教諭：森　章子

本書は、連載「子どもは『育てられて育つ』」（「教育と医学」2008年7月号～2010年6月号までの全24回）に掲載されたものをもとに、加筆・修正をしたものです。

著者紹介
鯨岡　峻（くじらおか　たかし）
1943年生まれ。京都大学文学部哲学科卒業、京都大学大学院文学研究科修士課程修了。京都大学博士（文学）。島根大学教授、京都大学大学院人間・環境学研究科教授を経て、2007年より中京大学心理学部教授。京都大学名誉教授。
著書『〈育てられる者〉から〈育てる者〉へ』（NHKブックス、2002年）、『エピソード記述入門』（東京大学出版会、2005年）、『ひとがひとをわかるということ』（ミネルヴァ書房、2006年）、『障害児保育』（ミネルヴァ書房、2009年）、『エピソード記述で保育を描く』（共著、ミネルヴァ書房、2009年）、『保育・主体として育てる営み』（ミネルヴァ書房、2010年）など。

子どもは育てられて育つ
――関係発達の世代間循環を考える

2011年3月20日　初版第1刷発行

著　者―――鯨岡　峻
発行者―――坂上　弘
発行所―――慶應義塾大学出版会株式会社
　　　　　　〒108-8346　東京都港区三田2-19-30
　　　　　　TEL〔編集部〕03-3451-0931
　　　　　　　　〔営業部〕03-3451-3584〈ご注文〉
　　　　　　　　〔　〃　〕03-3451-6926
　　　　　　FAX〔営業部〕03-3451-3122
　　　　　　振替　00190-8-155497
　　　　　　http://www.keio-up.co.jp/

装　丁―――巖谷純介
印刷・製本―――株式会社加藤文明社
カバー印刷―――株式会社太平印刷社

Ⓒ2011 Takashi Kujiraoka
Printed in Japan　ISBN 978-4-7664-1780-7

慶應義塾大学出版会

子どものこころの不思議　児童精神科の診療室から
村田豊久 著　自閉症臨床の第一人者といわれる筆者が、こころはどう育つのか、発達障害とは何なのか、長年の臨床経験をもとに、エピソードをまじえ、子どもの発達段階に合わせて解説。こころの発達を知るための格好の書。　●2800円

支援から共生への道　発達障害の臨床から日常の連携へ
田中康雄 著　発達障害という診断をもつ子ども、そして保護者に、医師として何ができるのか。注目の児童精神科医が、診察室を出て自ら教室や福祉施設へ足を運び、「連携」を培っていく心の軌跡。支援に携わる方々へのエールとなる書。　●1800円

子どものこころ　その成り立ちをたどる
小倉清 著　誕生から乳幼児期、小・中・高校にかけての子どものこころの形成・発達過程を、豊富な具体例を通してわかりやすく解説。著者は児童青年精神医学界で活躍中の臨床医。父母、教師に一読をすすめる。　●2400円

参加観察の方法論　心理臨床の立場から
台利夫 著　行動観察のひとつの方法としての「参加観察」について、心理臨床に長年携わる著者が、地域の公園や公民館（子どもの居場所）、精神病院、養護学校などにおける参加観察の事例と記録を取り上げ、その特性について論考する。●3800円

〈次世代を育む心〉の危機
ジェネラティビティ・クライシスをめぐって
小此木啓吾・濱田庸子・山田康 著　現代の社会構造と心理構造の変化の関係をジェネラティビティ・クライシスの概念で分析する。「ひきこもり」「児童虐待」「中高年のうつ病」などから、現代社会の抱える病理とその克服法を考察する。　●1800円

表示価格は刊行時の本体価格（税別）です。

慶應義塾大学出版会

月刊 教育と医学
毎月27日発行
教育と医学の会 編集

◉ **質の高い内容を、分かりやすく**
　第一線の執筆陣が、専門領域外の読者にも分かるように執筆しているので、最高の内容を分かりやすく読むことができます。

◉ **多角的に論じる**
　教育学、医学、心理学、社会学、民俗学の研究者、教育・福祉・看護の現場の方々が、各号の特集について多角的に論じます。

◉ **発達障害についての定評**
　日本の第一線の研究者・臨床家が、最新の情報を提供し、定評を得ています。

◉ **特別支援教育について最新の情報を掲載**
　国立特別支援教育総合研究所からの最新情報を「久里浜だより」に毎号掲載。

最近の特集テーマから
　特集1・今、必要な子育て支援とは／スクールカウセリングの実態と課題
　特集1・世界の子育て支援に学ぶ／特集2・慢性疾患をもつ子どもと学校教育
　特集1・「発達障害」の疑問に答える1／特集2・子どものうつは今
　特集1・「発達障害」の疑問に答える2／特集2・特別支援教育コーディネーターの展開
　特集1・「発達障害」の疑問に答える3／特集2・情動的知能（EI）とは何か
　特集1・ひきこもり・不登校の今を考える／特集2・「わかる！ 授業」の工夫
　特集1・学校と医療機関の連携／特集2・格差社会と子どもの貧困
　特集1・デジタル教科書と新しい教育／特集2・体に表れる子どもの心のSOS

◉ **メルマガ「教育と医学」（無料）配信中！**
　誌面に載りきらなかった情報など、「教育と医学」を読んでいる人にも、まだこれからという人にも役立つ情報が満載。ぜひ、当社ホームページからお申込みください。
　http://www.keio-up.co.jp/kmlmaga.html

▼A5判　96頁　定価 720円（税込）
▼定期購読は1年12冊分8000円（税・送料込。発行所直接発送）
　　※価格は、2011年3月現在。今後、価格の改定を行うこともあります。